ENZYKLOPÄDIE
DEUTSCHER
GESCHICHTE
BAND 34

I0198676

ENZYKLOPÄDIE
DEUTSCHER
GESCHICHTE
BAND 34

HERAUSGEGEBEN VON
LOTHAR GALL

IN VERBINDUNG MIT
PETER BLICKLE
ELISABETH FEHRENBACH
JOHANNES FRIED
KLAUS HILDEBRAND
KARL HEINRICH KAUFHOLD
HORST MÖLLER
OTTO GERHARD OEXLE
KLAUS TENFELDE

ARMUT, UNTERSCHICHTEN, RANDGRUPPEN IN DER FRÜHEN NEUZEIT

VON

WOLFGANG VON HIPPEL

2., aktualisierte und um einen Nachtrag erweiterte Auflage

OLDENBOURG VERLAG
MÜNCHEN 2013

Bibliografische Information der Deutschen Nationalbibliothek

Die Deutsche Nationalbibliothek verzeichnet diese Publikation in der Deutschen Nationalbibliografie; detaillierte bibliografische Daten sind im Internet über <http://dnb.d-nb.de> abrufbar.

© 2013 Oldenbourg Wissenschaftsverlag GmbH, München
Rosenheimer Straße 143, D-81671 München
Internet: oldenbourg-verlag.de

Umschlagentwurf: Dieter Vollendorf
Titelbild: Bettlerfamilie an der Haustür; Rembrand 1648; bpk, Staatliches Museum Schwerin
Satz: Schmucker-digital, Feldkirchen b. München
Druck und Bindung: Grafik+Druck GmbH, München

Dieses Papier ist alterungsbeständig nach DIN/ISO 9706.

ISBN 978-3-486-70224-8
ISBN 978-3-486-72501-8

Vorwort

Die „Enzyklopädie deutscher Geschichte" soll für die Benutzer – Fachhistoriker, Studenten, Geschichtslehrer, Vertreter benachbarter Disziplinen und interessierte Laien – ein Arbeitsinstrument sein, mit dessen Hilfe sie sich rasch und zuverlässig über den gegenwärtigen Stand unserer Kenntnisse und der Forschung in den verschiedenen Bereichen der deutschen Geschichte informieren können.

Geschichte wird dabei in einem umfassenden Sinne verstanden: Der Geschichte in der Gesellschaft, der Wirtschaft, des Staates in seinen inneren und äußeren Verhältnissen wird ebenso ein großes Gewicht beigemessen wie der Geschichte der Religion und der Kirche, der Kultur, der Lebenswelten und der Mentalitäten.

Dieses umfassende Verständnis von Geschichte muß immer wieder Prozesse und Tendenzen einbeziehen, die säkularer Natur sind, nationale und einzelstaatliche Grenzen übergreifen. Ihm entspricht eine eher pragmatische Bestimmung des Begriffs „deutsche Geschichte". Sie orientiert sich sehr bewußt an der jeweiligen zeitgenössischen Auffassung und Definition des Begriffs und sucht ihn von daher zugleich von programmatischen Rückprojektionen zu entlasten, die seine Verwendung in den letzten anderthalb Jahrhunderten immer wieder begleiteten. Was damit an Unschärfen und Problemen, vor allem hinsichtlich des diachronen Vergleichs, verbunden ist, steht in keinem Verhältnis zu den Schwierigkeiten, die sich bei dem Versuch einer zeitübergreifenden Festlegung ergäben, die stets nur mehr oder weniger willkürlicher Art sein könnte. Das heißt freilich nicht, daß der Begriff „deutsche Geschichte" unreflektiert gebraucht werden kann. Eine der Aufgaben der einzelnen Bände ist es vielmehr, den Bereich der Darstellung auch geographisch jeweils genau zu bestimmen.

Das Gesamtwerk wird am Ende rund hundert Bände umfassen. Sie folgen alle einem gleichen Gliederungsschema und sind mit Blick auf die Konzeption der Reihe und die Bedürfnisse des Benutzers in ihrem Umfang jeweils streng begrenzt. Das zwingt vor allem im darstellenden Teil, der den heutigen Stand unserer Kenntnisse auf knappstem Raum zusammenfaßt – ihm schließen sich die Darlegung und Erörterung der Forschungssituation und eine entsprechend gegliederte Aus-

wahlbibliographie an –, zu starker Konzentration und zur Beschränkung auf die zentralen Vorgänge und Entwicklungen. Besonderes Gewicht ist daneben, unter Betonung des systematischen Zusammenhangs, auf die Abstimmung der einzelnen Bände untereinander, in
sachlicher Hinsicht, aber auch im Hinblick auf die übergreifenden Fragestellungen, gelegt worden. Aus dem Gesamtwerk lassen sich so auch
immer einzelne, den jeweiligen Benutzer besonders interessierende Se-
rien zusammenstellen. Ungeachtet dessen aber bildet jeder Band eine in
sich abgeschlossene Einheit – unter der persönlichen Verantwortung
des Autors und in völliger Eigenständigkeit gegenüber den benachbar-
ten und verwandten Bänden, auch was den Zeitpunkt des Erscheinens
angeht.

Lothar Gall

Inhalt

Vorwort des Verfassers

„Unterständische Schichten in der Frühen Neuzeit" – so wurde der vorliegende Band in der „Enzyklopädie deutscher Geschichte" zunächst angezeigt. Der nun gewählte Titel sucht die Unklarheit, die mit Begriffen wie „unterständisch" oder „außerständisch" verbunden ist, zu vermeiden, ohne deshalb selbst sonderlich präzise zu sein; aber das erreichbare Maß an Präzision ist bei sozialen Sachverhalten ohnehin begrenzt. Die Formulierung „Armut, Unterschichten, Randgruppen" trifft zudem besser die Zielrichtung: Es geht darum, die gesellschaftliche Wirklichkeit in „Deutschland" während der letzten drei bis vier „vorindustriellen" Jahrhunderte von ‚unten' her zu betrachten, und zwar auf breiterer Grundlage, als dies die Terminologie der „unterständischen Schichten" allein abzudecken vermag: „Armut" betraf in vorindustrieller Zeit vor allem, aber nicht nur die „Unterschichten", und diese lassen sich keineswegs einfach als „unterständische Schichten" definieren, als Schichten also, die aus einer wie auch immer gearteten ständischen Ordnung herausfielen. Ebenso sind „Randgruppen" nicht ohne weiteres als „unterständisch" und „arm" zu qualifizieren. Untersuchungsgegenstand sind jene Schichten und Gruppen, die in der Realität und in der Bewertung der damaligen Gesellschaft auf deren unteren und untersten Rängen angesiedelt waren, falls man ihnen überhaupt einen Rang zuerkannte, und die individuell, konjunkturell und strukturell bedingten Notlagen („Armut"), welche das Leben ihrer Mitglieder mit unterschiedlicher Härte mehr oder weniger ständig prägten. Fragt man nach dem ‚Unterbau' oder auch nach dem ‚Bodensatz' einer Gesellschaft, nach dessen Größe, Zusammensetzung und Rekrutierung, nach Lebensbedingungen und Handlungsspielräumen, nach Abstiegsrisiken und Aufstiegschancen und nicht zuletzt nach der Art und Weise, wie ‚die Gesellschaft' mit den betreffenden Schichten und Gruppen umgeht, sich ihnen fürsorglich zuwendet, sie duldet, abwehrt, ausgrenzt oder verfolgt, so führen derartige Fragen letztlich in zentrale Bereiche der jeweiligen Gesellschaftsordnung überhaupt, lassen Bauprinzipien und Funktionsmechanismen, Verhaltensmuster und Wertesystem der jeweiligen Gesellschaft erkennen.

Räumliche und zeitliche Grenzziehungen bereiten bei ökonomischen und sozialen Sachverhalten gewöhnlich größere Schwierigkeiten als in der „politischen" Geschichte. Der folgende Überblick bezieht sich auf den deutschsprachigen Bereich und gerät daher auch in seinem raumbezogenen Allgemeinheitsgrad sehr viel ‚enzyklopädischer', als dem Verfasser mit Blick auf regionale Vielfalt gerade in „vorindustrieller Zeit" lieb ist. Die gängige Zeitgrenze zwischen Mittelalter und Neuzeit um 1500 erweist sich für die vorliegende Thematik als problematisch. Die neuere Forschung vermerkt eher eine deutliche Zäsur, die um die Mitte des 14. Jahrhunderts gerade auch im Umgang der Gesellschaft mit der Armut auszumachen ist und im Langzeittrend sogar einschneidender erscheinen mag als der Wandel im Zeichen von Reformation und Gegenreformation. Die teilweisen Rückgriffe ins 15. Jahrhundert suchen diesem Umstand Rechnung zu tragen; sie sollen damit zugleich Kontinuität und Veränderung in der Realität wie in der Wahrnehmung von Armut, Unterschichten und Randgruppen besser sichtbar machen. Das Jahr 1800 schließlich steht als symbolisches Datum für jene Übergangs- und „Sattelzeit" von der Mitte des 18. bis zur Mitte des 19. Jahrhunderts, während welcher die altüberkommenen „mittelalterlichen" sozialökonomischen Ordnungs- und Wertungssysteme endgültig zerfielen oder zerschlagen wurden. Die neuen Prinzipien von persönlicher Freiheit und Rechtsgleichheit und das langsam entstehende kapitalistische Wirtschaftssystem schufen die Basis für eine grundlegende Neuformierung von Wirtschaft und Gesellschaft und wirkten sich entsprechend nachhaltig auf Ursachen und Erscheinungsformen von Armut, Unterschichten und Randgruppen aus. Der allmähliche und mühsam genug vollzogene Übergang von der traditionellen Armenpolitik zu einer gesamtgesellschaftlich ausgelegten Sozialpolitik im 19./ 20. Jahrhundert war eine wesentliche Konsequenz dieser Entwicklung.

All denen, die die Entstehung des Bändchens hilfreich und geduldig begleitet haben, sei herzlich gedankt – namentlich Peter Blickle, Martin Dinges und Adolf Dieckmann für konstruktiv-kritische Lektüre, wertvolle Hinweise und nicht zuletzt tatkräftigen Beistand beim Kürzen.

I. Enzyklopädischer Überblick

1. Armut, Unterschichten, Randgruppen – Begriffe und Sachverhalte

„Armut", „Unterschichten", „Randgruppen" – alle drei Begriffe erweisen sich als erklärungsbedürftig und erfordern den Rückbezug auf die jeweilige Gesellschaft und ihr Normensystem. Daß in der Regel ein enger Zusammenhang zwischen den drei genannten Größen besteht, dürfte einleuchten. Unterschichten und soziale Randgruppen waren von Armut besonders betroffen, Randgruppen bildeten überwiegend einen Teil, und zwar meist den ‚untersten' und verachtetsten Teil der Unterschichten.

„Armut" ist eine relative, in den jeweiligen politischen und öko- Armut nomischen, sozialen und mentalen Kontext eingebettete Größe. In wirtschaftlicher Hinsicht ist sie generell gekennzeichnet durch Mangel an unterhaltssicherndem Einkommen und Eigentum und damit durch das Fehlen an einkommens- und eigentumsbedingten lebensgestaltenden Handlungsspielräumen. Das Spektrum reicht von jener Dürftigkeit, wo die Betroffenen zwar im ‚Normalfall' über einem Existenzminimum liegen, aber nach den Maßstäben der jeweiligen Zeit und Gesellschaft als „arm" gelten, weil sie buchstäblich von der Hand in den Mund leben müssen (Armut in weiterem Sinne, sekundäre Armut), über die Gruppen derjenigen, die zum Überleben fremde Hilfe auf Zeit oder auf Dauer benötigen (unterstützungsbedürftige und unterstützte Armut, primäre Armut, nach G. Simmel Armut „als soziologische Kategorie") und die daher im Vordergrund jeglicher „Armenpolitik" stehen, bis zu denjenigen, die über die wirtschaftlich bestimmte Armut hinaus auch sozial ab- und ausgegrenzt werden (und u.U. selbst zu solcher Ab- und Ausgrenzung beitragen). Dabei bleiben die Übergänge insbesondere zwischen sekundärer und primärer Armut fließend. Dem ‚relativen' Charakter von Armut entsprechend ist auch die gesellschaftliche Wahrnehmung und Einschätzung von Armut kürzer- und längerfristigem Wandel unterworfen und beeinflußt ihrerseits die soziale Wirklichkeit von Armut, muß also in jeder Analyse von Armut angemessen berücksichtigt werden.

Ursachen von Armut

Die Ursachen für Armut in ihren verschiedenen Graden sind außerordentlich zahlreich und lassen sich nicht einfach auf den Begriff bringen. In Annäherung an die zeitgenössische Einschätzung gerade während der Frühen Neuzeit bietet eine von R. JÜTTE vorgeschlagene Kategorisierung zumindest formale Orientierungshilfe, indem sie auf die Wechselbeziehung zwischen Armut und Arbeit abhebt und Armut infolge mangelnder Arbeitsfähigkeit, mangelnden Arbeitseinkommens, mangelnder Arbeitsgelegenheit und mangelnden Arbeitswillens unterscheidet. Mit Blick auf den zu behandelnden Zeitraum hinzuzufügen ist der Hinweis auf die ungenügende Entwicklung von Absicherungssystemen gegen die nachteiligen wirtschaftlichen Auswirkungen individueller wie kollektiver Schicksalsschläge und kritischer Lebenssituationen und auf die Tatsache, daß hierbei der Kategorie des Geschlechts eine nicht zu unterschätzende Bedeutung zukam, weil Frauen angesichts eingeschränkterer Arbeits-, Handlungs- und Lebensspielräume und spezifischer Risiken wie lediger Schwanger- und Mutterschaft, Verlassenwerdens und geringerer Wiederverheiratungschancen vom Absturz in Armut und soziale Grenzlagen besonders bedroht waren.

„Unterschichten“, „Randgruppen“: moderne Terminologie

Die Begriffe „Unterschichten“ und „Randgruppen“ werden im folgenden mit Blick auf das Problemfeld „Armut“ verwendet und sollen dazu beitragen, dieses zu differenzieren und zugleich zu konkretisieren. In beiden Fällen handelt es sich, anders als bei „Armut“, um moderne Terminologie, mit deren Hilfe man die einschlägigen gesellschaftlichen Verhältnisse zu erschließen und zu beschreiben sucht. Adäquates zeitgenössisches Vokabular steht hierfür nicht zur Verfügung. Bezeichnungen wie „armer Mann“ oder „gemeiner Mann“ decken ein zu weites soziales Spektrum ab; „Povel“ (Pöbel) ist darüber hinaus mit sozial und moralisch abwertender Bedeutung aufgeladen. Auch die in Spätmittelalter und Frühneuzeit gängige Kategorie des „Standes“ bietet keine bessere Alternative, denn sie wurde von den Zeitgenossen „nicht primär empirisch-sozial, sondern normativ-ethisch begriffen“ und war „schier unbegrenzt verwendbar“ [W. CONZE, Stand/Klasse, in: Geschichtliche Grundbegriffe, Bd. 6, Stuttgart 1990, S. 201, 206]. Gerade mit Blick auf die „ständisch“ kaum näher definierten Bevölkerungsgruppen der unteren und untersten Ränge, um die es hier geht, erscheint sie daher nicht sonderlich geeignet, deren Stellung in der damaligen Gesellschaft angemessen zu begreifen.

„Stand“

„Schichtung“

Der Verwendung des Begriffs „Schicht“ liegt die Annahme zugrunde, daß innerhalb einer Gesellschaft deutlich faßbare Rangunter-

schiede im Sinne einer Über- und Unterordnung bestehen und daß diese
Über- und Unterordnung charakterisiert und gesellschaftlich wahrgenommen und sanktioniert wird durch eine Mehrzahl von Schichtungs-
kriterien oder Schichtungsdimensionen, die sich miteinander verbinden
oder einander überkreuzen und überlagern können und in ihrem jeweiligen Zusammenspiel das – historisch wandelbare – Schichtungssystem
einer Gesellschaft bestimmen.

Entsprechendes gilt für die „Unterschichten" in der Frühen Neu- „Unterschichten" –
zeit. Von einer kohärenten „Unterschicht", gar mit einem Mindestmaß Vielfalt und
an ‚Zusammengehörigkeitsgefühl', kann damals angesichts einer lokal Gemeinsamkeiten
und sozial, rechtlich und mental stark segmentierten und hierarchisier-
ten Gesellschaft nicht gesprochen werden. Dennoch verweisen wesentliche Schichtungsdimensionen auf Gemeinsamkeiten, welche die damaligen „Unterschichten" charakterisieren:

Geht man davon aus, daß Teilhabe an der politischen Macht, Vermögen und Einkommen, Rechtsstellung, Berufsqualifikation und Sozial-
prestige (ständische „Ehre") die wichtigsten Schichtdimensionen waren
und daß gerade in der Frühen Neuzeit mit einem hohen Maß an Status-
konsistenz zu rechnen ist, so ergeben sich als Kriterien der Zugehörigkeit zu den Unterschichten ähnlich wie bei der Armut im wesentlichen
solche negativer Natur: Mangel an Möglichkeiten zur rechtlichen, politischen und wirtschaftlichen Teilhabe in der Bürgergemeinde (u. a. mittels Bürgerrecht und daraus abzuleitenden Ansprüchen an das Gemein-
deeigentum und notfalls auf Gemeindehilfe), Mangel an Vermögen
(vor allem hinsichtlich Haus- und Grundbesitzes als wichtigster Ver-
mögensform in einer agrarischen Gesellschaft), Mangel an Einkommen
und Ausbildung, an Selbständigkeit der wirtschaftlichen (Familien)
Existenz, ein bestenfalls beschränktes Kapital an sozialer „Ehre", das
nicht zuletzt von Herkunft und angemessenem Lebensstil abhing. Daraus ergeben sich als Merkmale der Unterschichtenexistenz: Unsicherheit der Lebenslage, Unmöglichkeit zu langfristiger Lebensplanung,
die Erfahrung von eigener sozialer Unterlegenheit und von der (peri-
odischen oder ständigen) Bedrohung, in die unterstützungsbedürftige
Armut abzusinken. Auf der anderen Seite wirkten Unterschiede im
Rechtsstatus (etwa bei Gesinde oder Handwerksgesellen, hinsichtlich
des Bürgerrechts innerhalb von Stadt- oder Dorfgemeinde oder im Ge-
flecht obrigkeitlicher Herrschaftsbeziehungen), Unterschiede hinsichtlich der Verfügung über – wenngleich nur bescheidene – Produktionsmittel und Unterschiede hinsichtlich berufs- und gruppenspezifischer
Lebensführung und Ehrvorstellungen auf die bereits betonte Fragmentierung und Segmentierung im Bereich der Unterschichten hin.

Abstufungen
innerhalb der
Unterschichten

Anhand der genannten Kriterien lassen sich wiederum mehr oder weniger deutliche Abstufungen erkennen, in denen sich auch die Wechselbeziehungen zwischen Unterschichtenstatus und Armutsgraden niederschlagen; sie seien hier in einem ersten Zugriff skizziert:

Am Übergang von den Mittel- zu den Unterschichten plaziert waren die kleinen Handwerker (gewöhnlich Meister ohne Gesellen) in Stadt und Land, die Klein- und Kleinstbauern auf dem Land: Sie verfügten zumindest formal über eine selbständige Familiennahrung, zählten üblicherweise zur Bürger- oder Dorfgemeinde (die Handwerker gewöhnlich auch zu einer Zunft) und konnten sich mit ihren Familien in ‚Normalzeiten‘ aus eigener Kraft erhalten, glitten aber angesichts ihrer schmalen Existenzgrundlage sehr rasch wenigstens auf Zeit von der Dürftigkeit in Hilfsbedürftigkeit ab; elementare Armut bildete für sie weithin eine fast alltägliche Erfahrung.

Ebenfalls in der breiten Übergangszone zwischen Mittel- und Unterschichten ist ein Großteil der Handwerksgesellen anzusiedeln: Nach Berufsausbildung und Selbsteinschätzung bildeten sie die nachrückende Generation des ehrbaren Handwerks, aber wenigstens in Zeiten wachsenden Bevölkerungsdrucks verzögerte sich oder verschloß sich vielen von ihnen der Übergang zu selbständiger Berufsausübung und Familiengründung, so daß der Gesellenstatus zu einem entsprechend ausgedehnten Lebensabschnitt geriet, der Merkmale der Unterschichtenexistenz trug.

Eindeutiger den Unterschichten zuzurechnen waren das gewöhnliche Gesinde und die verschiedenen Kategorien von Hilfsarbeitern (Taglöhnern), von Verlegern abhängige Handwerker und Heimarbeiter sowie das gemeine Militär (Landsknechte, Söldner). Nicht zuletzt aus ihren Reihen rekrutierte sich die auf Unterstützung angewiesene und auf Zeit oder auf Dauer auch unterstützte Armut, wenn durch Teuerung, Krankheit oder Tod des Ernährers der notdürftigste Unterhalt nicht mehr gewährleistet war. Nach ihrer Herkunft war derartige Armut wenigstens zu einem Teil durchaus auch den Mittelschichten zuzurechnen. Witwen, Waisen, alleinstehende Frauen, Invaliden, körperlich und geistig Behinderte stellten ein beträchtliches Kontingent der ortsfesten Armen, die nicht in der Lage waren, sich und ihre Angehörigen voll zu ernähren.

In der gesellschaftlichen Achtung unterhalb dieser sozial einigermaßen integrierten „würdigen" Armut rangierte jene mobile Armut, die wenigstens seit dem Spätmittelalter zunehmend abgewertet, ausgegrenzt und kriminalisiert wurde. Das professionelle Bettlertum bildete hier gleichsam die Brücke zu den gesellschaftlichen Außenseitern und Randgruppen, die ihrerseits zum weitaus größten Teil den Unterschichten zuzurechnen sind.

Die Bereitschaft, Minderheiten aufgrund „abweichenden Verhaltens" zu stigmatisieren und so zu einer „Randgruppe" zu machen, hängt maßgeblich von der (wandelbaren) Toleranzschwelle der Mehrheit in einer Gesellschaft gegenüber Anderssein und gegenüber Verletzungen herrschender Normen ab. Die Frühe Neuzeit war eine Periode, in der besonders auch die Expansion der obrigkeitlichen Normierungsintervention die Ausgrenzungstendenzen innerhalb der Gesellschaft entschieden verstärkte und damit auch das Spektrum der „Randgruppen" erweiterte. Unter dem Armutsaspekt interessieren hier vor allem jene Personenkreise, die man zeitgenössisch zusammenfassend als „herrenloses Gesindel" bezeichnete, weil sie sich dem gängigen Regelwerk sozialen Verhaltens nicht fügten und daher als Bedrohung des sozialen Friedens betrachtet wurden. Abgesehen von solch negativ nivellierender Perspektive handelte es sich bei den Randgruppen ebensowenig wie bei den Unterschichten um homogene soziale Einheiten, auch wenn die Defizite der Unterschichtenexistenz bei ihren Mitgliedern fast durchweg in besonders ausgeprägter Form zu finden waren. So läßt sich eine bunte Vielfalt des Randgruppendaseins ausmachen; sie reichte vom ortsfesten über vagierenden Bettel bis ins kriminelle Milieu der „Gauner" und Räuber, umschloß auch den nach Raum und Zeit unterschiedlich weit gezogenen Kreis der „Unehrlichen" und betraf aus religiösen Gründen die Juden, aus ethnischen Gründen (besonders auch wegen ihrer Nichtseßhaftigkeit) die Zigeuner.

„Randgruppen" – Gemeinsamkeit der Marginalisierung, Vielfalt der Existenzformen

Der folgende Überblick sucht die angesprochenen Aspekte und Probleme so gut wie möglich zu systematisieren: Zunächst werden die Schwierigkeiten elementarer Lebensmittelversorgung und ihre Bedeutung für die vorindustrielle „Massenarmut" beleuchtet, dann Zusammensetzung, Lebensbedingungen und Verhaltensweisen der von Armut vor allem betroffenen Unterschichten und Randgruppen analysiert und schließlich die Bemühungen der zuständigen gesellschaftlichen Institutionen um Linderung oder Bekämpfung von Armut und Bedürftigkeit in ihren verschiedenen Erscheinungsformen dargestellt.

Grundlinien der Darstellung

2. Massenarmut und Hungerkrisen in vorindustrieller Zeit

Armut schließt in ihrer elementarsten Form stets den Hunger ein. Hunger als Langzeit-Zustand ist die spürbarste Form von Armut. Bei extremen Formen des Hungerns ist über die physischen und psychischen

Hunger – elementarste Form der Armut

Schäden hinaus, die bereits „gewöhnlicher" Hunger auf Dauer bewirkt, mit gehäuftem Auftreten sogenannter Hungerkrankheiten zu rechnen, die in Kombination mit Infektionskrankheiten zahlreiche Opfer fordern. Hunger kann bedenkliche soziale Sprengkraft entfalten, indem er die ohnehin prekäre wirtschaftliche Situation der Unterschichten zusätzlich schwächt und Verteilungskämpfe und Unruhen auslöst, falls die jeweilige Obrigkeit nicht in der Lage ist, solchen Krisensituationen möglichst vorbeugend zu steuern.

Hunger als prägende Lebenserfahrung

Es steht außer Frage, daß Unter- und Mangelernährung sowie Hunger in akuter Form von „Hungerkrisen" infolge von Mißernten und Teuerung im vorindustriellen Europa für große Teile der Bevölkerung fast überall und fast ständig gegenwärtig waren. Die Angst vor elementarem Mangel bildete ein weithin bestimmendes Lebensgefühl, der Kampf um das täglich Brot im wörtlichen Sinne war die wichtigste Komponente damaliger „Armut".

Hoher Anteil der Nahrungsmittel an den Lebenshaltungskosten

Noch über die Mitte des 19. Jahrhunderts hinaus mußten „weniger bemittelte Familien" – und dazu zählte selbst ein beträchtlicher Teil des Handwerks – für eine nach Quantität und Qualität bestenfalls mäßige Nahrung in Normalzeiten 65–70% ihres Einkommens aufwenden; in den vorangehenden Jahrhunderten dürfte der Prozentsatz sogar eher bei 70–80% gelegen haben. Diese Tatsache kann als erste Orientierungshilfe dienen, wenn es um die Frage geht, wie kurz- bzw. langfristige Teuerung infolge von Mißernten bzw. infolge wachsenden Bevölkerungsdrucks zur Entstehung und Verschärfung von elementarer Armut beitrug. Denn dank der reicher fließenden Dokumentation vor allem über Löhne und Preise lassen sich die Mechanismen akuter Hungerkrisen und dauerhaften Mangels für breite Bevölkerungsschichten seit dem Spätmittelalter mit einer zuvor kaum erreichbaren Präzision analysieren.

2.1 Der Kurzzeittrend – Teuerungs- und Hungerkrisen

Krisen „alten Typs" und ihre Ursachen

Kurzfristige, sich höchstens über mehrere Jahre erstreckende Teuerungs- und Hungerkrisen werden nach der Wortprägung des französischen Historikers E. LABROUSSE gemeinhin als Krisen „alten Typs" bezeichnet, weil sie nach Ursachen, Verlauf und Auswirkungen in vorindustriellen Produktions- und Wirtschaftsformen wurzeln. Auch in Mitteleuropa traten sie infolge wechselhafter klimatischer Gegebenheiten mit „unregelmäßiger Regelmäßigkeit" auf – häufiger und mit härteren Folgen, als man sich heute gewöhnlich vorstellt, denn die Lebensmittelproduktion in Form des Getreideanbaues trug bis ins späte 18. Jahrhundert weithin monokulturartige Züge; ungünstige Witterungsbedingungen konnten sich daher intensiver auswirken als bei stärker diversifiziertem Anbau, zumal ein rascher und preiswerter überregionaler Ausgleich wegen der Unzulänglichkeit des Transportsystems zumindest auf dem Landweg nicht möglich war. Minder- und Mißernten wirkten sich infolge schrumpfenden Angebots und sprunghaft steigender Lebensmittelpreise mit systemimmanenter ‚Logik' für Produzenten und Verbraucher in gruppen- und schichtenspezifisch unterschiedlicher Weise aus: Wer in normalen Zeiten zu den agrarischen Selbstversorgern rechnete, war in Notjahren selbst auf kostspieligen Zukauf angewiesen; der kleine Überschußproduzent durfte froh sein, wenn er nicht unter die Selbstversorgergrenze abrutschte; nur für die Gruppen der großen Überschußproduzenten und Empfangsberechtigten von Naturalabgaben (Gülten, Zehnten) konnte sich die Notsituation gewinnreich gestalten, weil ihre Produkte selbst bei geringerem Volumen größeren Gewinn abwarfen. Am ungünstigsten entwickelte sich naturgemäß die Situation derjenigen Bevölkerungsteile, die auf den Erwerb ihrer Nahrung über den Markt angewiesen waren. Der hierfür erforderliche höhere Aufwand ging auf alle Fälle zu Lasten von Quantität und Qualität der Nahrung und zu Lasten von Ausgaben für andere Lebensbedürfnisse. Solch erzwungener Konsumverzicht aber verschlechterte die Lage der betreffenden Bevölkerungsschichten zusätzlich, weil das dadurch bedingte Sinken der Nachfrage nach den entsprechenden Gütern und Dienstleistungen wiederum ihre eigenen Einnahmen minderte: Für Ernte-, Dresch- und Feldarbeiten wurde weniger Arbeit benötigt; ein Teil des Gesindes mußte aus denselben Gründen bei nächster Gelegenheit mit Entlassung rechnen; Handwerker erhielten weniger Aufträge und mußten etwa vorhandenen Gesellen kündigen. Und soweit Arbeit und gewerbliche Produkte dennoch Abnehmer fanden, konnten die Anbieter, wenn überhaupt, nur Preiserhöhungen durchsetzen, die weit unter den Steigerungen der Lebensmittelpreise lagen. Minder- und Mißernten senkten also die Armutsschwelle deutlich ab und drohten die vorhandene beträchtliche Spannweite zwischen Arm und Reich zu vergrößern.

Realer Einkommensverlust, Nahrungsmangel und Hungerelend während der Krisen alten Typs spiegeln sich am unmittelbarsten im massiven Anstieg der Getreidepreise, mit denen der Preis für Brot, das wichtigste Grundnahrungsmittel, naturgemäß eng gekoppelt war. Denn Getreide blieb selbst in Notzeiten noch immer ein vergleichsweise billiger Kalorienträger, und deshalb konzentrierte sich gerade dann die Nachfrage der breiten Bevölkerungsschichten noch stärker als gewöhnlich auf Getreide und trieb dessen Preis weit stärker in die Höhe, als

Marginalien:

Sozial differenzierte Auswirkung von Mißernten und Teuerung

Bedeutung des Anstiegs der Getreidepreise

dies infolge geringerer Nachfrage bei gehobenen Lebensmitteln wie Fleisch oder Butter der Fall war. Die oft hektischen Ausschläge der Getreidepreise nicht selten um 100% und mehr von einem Jahr zum anderen sind demnach bis ins 19. Jahrhundert hinein zugleich ein besonders zuverlässiges Zeichen für den außerordentlich engen Spielraum im Budget des größten Teils der Bevölkerung.

Die Situation gestaltete sich naturgemäß besonders kritisch, wenn mehrere schlechte Ernten aufeinander folgten; dann war damit zu rechnen, daß Armut und Not selbst bis weit hinauf in die Mittelschichten griffen und daß eine stattliche Zahl von Menschen direkt durch Hunger und mehr noch indirekt durch die Ausbreitung von Krankheiten dahingerafft wurde, die dann leicht epidemischen Charakter annehmen konnten (Malaria, Lepra, Fleckfieber, Tuberkulose, vor allem Krankheiten des Magen-Darmbereichs wie Typhus und Ruhr). F. BRAUDEL spricht

„Soziale Massaker"
und „soziale
Ungleicheit vor dem
Tode"

geradezu von „sozialen Massakern", die auf solche Weise stattgefunden haben. Die in der vorindustriellen Wirtschafts- und Gesellschaftsordnung ausgeprägte „soziale Ungleichheit vor dem Tode" (A. PERRENOUD) wurde in solchen Notzeiten besonders offensichtlich. Der Bevölkerungsrückgang infolge von schwereren Hungerkrisen und sich damit überlagernden Seuchen, vor Ort nicht selten um 10 Prozent und mehr, traf also vor allem die ‚kleinen Leute'.

Gerade den Unterschichten fiel es schwer, den Gefahren ungenügender Ernten anders als mit ad-hoc-Überlebensstrategien zu begeg-

Überlebensstrate-
gien in Hungerkrisen
und deren
Nachwirkungen

nen: Borgen von Geld und von Nahrungsmitteln; Verkauf und Verpfändung etwa vorhandenen Besitzes; weitere Minderung des Konsums mit allen Folgen der Unterernährung; Suche nach Ersatznahrung in Wald und Feld; Selbstversorgung vor allem durch Felddiebstahl und Wilderei; Aussetzen von Kindern; Inanspruchnahme fremder Mildtätigkeit. Hungerjahre setzten regelmäßig große Scharen von bettelnden Menschen in Bewegung, die vor allem auch durch den Zug vom Land in die Städte ihre Überlebenschancen zu verbessern suchten – und dadurch zur Verbreitung von Epidemien beitrugen. Schulden, der unwiederbringliche Verlust existenznotwendigen Besitzes oder das Zerbrechen von Familien konnten die betroffenen Menschen über die Krisenphase hinaus belasten und im – keineswegs seltenen – Extremfall dazu führen, daß sie in die dauerhaft unterstützungsbedürftige Armut oder in die Randgruppe der heimatlosen mobilen Bettler und Vaganten absanken.

Zeitgenössische Berichte über schwere Hungersnöte zeigen ein beachtliches Maß an Einsicht in das Funktionieren derartiger Krisenmechanismen, auch in den Umstand, daß die Krisen sozialen Zündstoff bargen und daß es neben den zahlreichen Verlierern durchaus auch etliche Gewinner unter den „Reichen" gab. Anders jedoch als in England und Frankreich, wo Hungerrevolten zumindest während des 18. Jahrhunderts an der Tagesordnung waren, haben derartige Einsichten und die reale Not im Gebiet des Deutschen Reiches bis zum Ende des 18. Jahrhunderts erstaunlich selten zu sozialen Unruhen geführt. Ein entscheidender Grund hierfür scheint gewesen zu sein, daß die Obrigkeit im Krisenfall die nach volkstümlichem Grundkonsens geschuldete Hilfe gegen Teuerung und Hunger gewöhnlich in dem erwarteten Ausmaß zu leisten suchte. Die Einflußnahme auf Marktgeschehen und Marktpreis im Sinne sozial ausgleichender „Gerechtigkeit", wie sie den vormodernen Normen der „moralischen Ökonomie" (E. P. THOMPSON) entsprach, ließ sich (bei zweifelhafter Wirksamkeit) in den kleinstrukturierten Territorial- und Marktverhältnissen des Deutschen Reiches offensichtlich leichter durchführen und rechtfertigen als in größeren Staaten, in denen sich „kapitalistisch" funktionierende weitere Märkte herauszubilden begannen und übergreifende Verteilungsgesichtspunkte gerade in Notsituationen mit den lokalen Bedürfnissen und Interessen leicht zusammenstießen.

Hungerrevolten und „moralische Ökonomie"

Alle obrigkeitlichen Maßnahmen, um Teuerung und Hungersnot über Lebensmittel- und Marktpolitik wenigstens abzumildern, bildeten zumindest indirekt auch ein wichtiges Stück Armenpolitik. Wirklich greifen konnte freilich nur eine Politik vorausschauender Vorratshaltung für den Notfall. Diese uralte Technik, Hungersnot zu begegnen, scheint in Deutschland vergleichsweise weit verbreitet gewesen zu sein. Die Städte hatten seit dem Spätmittelalter eine derartige „Lebensmittelpolitik" entwickelt, und einige Territorialfürsten folgten ihnen auf diesem Wege. Am nachdrücklichsten betrieb Preußen unter Friedrich d. Gr. die sog. Magazinierungspolitik. Sie diente zunächst ausschließlich der Versorgung des Heeres, konnte aber für die Produzenten wie für die Konsumenten ein Stück weit auch als wirtschaftlich und sozial wirksamer Preisregulator wirken, indem die Vorräte in guten Jahren aufgestockt wurden und in schlechten Jahren wenigstens teilweise für Ausgleich des zu geringen Angebots sorgten.

Lebensmittelpolitik der Obrigkeiten

Die zahlreichen ad-hoc-Maßnahmen, welche die Obrigkeiten immer wieder ergriffen, wenn die Teuerung bereits in Gang gekommen war, waren dagegen großenteils mehr zu ihrer eigenen Legitimation und zur Beruhigung ihrer Untergebenen geeignet als zu tatsächlicher Behebung von Not. Die Versuche, durch Verbot von Getreideexporten, durch den Ankauf von auswärtigem Getreide u. ä. einen möglichst großen Anteil an den dringend benötigten Nahrungsmitteln für die eigenen Untertanen zu sichern, brachten am ehesten Vorteile für Territorien mit

Maßnahmen in Zeiten akuter Teuerung

guter agrarischer Ausstattung und eventuell für solche, die Druck auf schwächere Nachbarn auszuüben vermochten. Der lange Katalog innerterritorialer Ausgleichsmaßnahmen zwecks möglichst sozialverträglicher Verteilung der knappen Güter reichte von Vorkehrungen, die Ernte voll für den Brotbedarf zu sichern, über solche zur Stabilisierung von Getreide- und Brotpreis und zur Streckung der Vorräte bis hin zu Bemühungen, das Einkommen besonders bedrohter Familien wenigstens teilweise abzusichern, zu direkter Unterstützung für Bedürftige durch unentgeltliche oder verbilligte Abgabe von Brot bzw. Getreide an einen festumrissenen Personenkreis und zur Ankurbelung verstärkter privater Wohltätigkeit.

Teuerung infolge von Krieg; „Kipper und Wipper"   Teuerung und Hungersnot waren nicht nur, wie bisher geschildert, Produkt klimatischer Wechselfälle, die Mechanismen einer Teuerungskrise konnten auch das Werk von Menschen sein. Kriege hatten entsprechende Auswirkungen, wenn Durchzüge und Gefechte, Kriegslager und Plünderungen die normale Feldarbeit be- oder gar verhinderten, die Ernte dezimierten, notwendiges Inventar (Vieh, Saatgut, Gerät) und Gebäude vernichteten, umfangreiche Fluchtbewegungen auslösten und auf diese Weise direkt oder indirekt nicht selten auch Seuchenzüge auf den Weg brachten. Derartige Situationen sind besonders aus dem Dreißigjährigen Krieg bekannt. Hinzu kam das Erfordernis der Kriegsfinanzierung, die sprunghaft steigende Steuerlast oder Münverschlechterung mit inflationärem Effekt zur Folge hatte und in letzterem Fall durch überproportionalen Anstieg der Lebensmittelpreise vor allem auch zu Lasten der lohnabhängigen Arbeitskräfte und kleinen Gewerbetreibenden ging. Das bekannteste Beispiel dieser Art ist die sog. Zeit der Kipper und Wipper zu Beginn des Dreißigjährigen Krieges (1618–1622/23). In diesem Fall scheint die Erfahrung von Kriegsgewinnlertum und eigener Entbehrung auf Grund der Münzverschlechterung die Protestbereitschaft erhöht zu haben und führte in einer ganzen Reihe von Städten zu ernsthafteren Unruhen.

2.2 Der Langzeittrend – Bevölkerungsentwicklung und Nahrungsspielraum

Die Teuerungs- und Hungerkrisen wirkten zwar über ihre akute Phase hinaus nach, fielen aber für die langfristige Entwicklung des Lohn- und *Lohn-Preis-Schere* Preis-Geschehens nicht entscheidend ins Gewicht; im Langzeittrend bestimmte das Spannungsverhältnis zwischen Bevölkerungsentwicklung und Nahrungsspielraum den Lebensstandard der überwiegenden Mehrheit. Erhöhte sich der Druck des Bevölkerungswachstums im

Lauf von Jahrzehnten und Jahrhunderten, so stieg das Preisniveau für Lebensmittel (und hier wiederum besonders für die billigen Kalorienlieferanten) stärker als dasjenige für gewerbliche Erzeugnisse und als das Lohnniveau. Es ergab sich also zeitlich gestreckt eine vergleichbare Engpaßsituation wie bei einer Teuerungs- und Hungerkrise, und es öffnete sich dementsprechend die Lohn-Preis-Schere vor allem zugunsten der Überschußproduzenten von Lebensmitteln und zuungunsten der landarmen und landlosen Bevölkerungsschichten. Genau umgekehrt gestaltete sich die Situation, wenn der Bevölkerungsdruck nachließ, sei es daß die Bevölkerung abnahm oder stagnierte, sei es daß die landwirtschaftliche Produktivität den Bevölkerungszuwachs überflügelte; dann verbesserte sich die reale Einkommenssituation gerade auch derjenigen Bevölkerungsteile, die ihren Unterhalt vorwiegend durch Handarbeit erwarben, also vor allem auch der Unterschichten.

Tatsächlich lassen sich in der Bevölkerungsentwicklung Mitteleuropas seit dem Hochmittelalter mehrere Wellenbewegungen ausmachen, die jeweils entsprechende Scherenbewegungen zwischen Löhnen und Preisen zur Folge hatten: *Phasen des Lohn-Preis-Geschehens, 14.–18. Jahrhundert*
1. Der Anstieg des Bevölkerungsdrucks und der Nahrungsmittelpreise bis in die erste Hälfte des 14. Jahrhunderts wurde jäh unterbrochen durch den schweren Einbruch der Pest 1348/49 und die wiederholten schwächeren Seuchenzüge während der nächsten Jahrzehnte; der Bevölkerungsstand ging dadurch schätzungsweise um ein Viertel bis ein Drittel zurück, die verfügbare landwirtschaftliche Nutzfläche pro Kopf wuchs, die Lebensmittelpreise sanken angesichts der verminderten Nachfrage kräftiger als die Löhne.
2. Eine Trendwende im Lohn-Preis-Geschehen zeichnete sich erst während des frühen 16. Jahrhunderts ab; sie dauerte analog zum Bevölkerungswachstum bis tief in die erste Hälfte des 17. Jahrhunderts ungebrochen fort.
3. Die Verwüstungen des Dreißigjährigen Krieges, vor allem die vom Kriegsgeschehen entschieden geförderten Seuchenzüge führten zu Bevölkerungsverlusten, wie man sie in dieser Größenordnung aus anderen europäischen Staaten zur damaligen Zeit nicht kennt. Auf etwa ein Drittel des Ausgangsbestandes geschätzt, waren sie die entscheidende Ursache dafür, daß sich das Lohn-Preis-Gefüge bis in die erste Hälfte des 18. Jahrhunderts hinein erneut umkehrte, nun wieder zugunsten der knapper gewordenen Arbeitskraft.
4. Das anhaltende Wachstum der Bevölkerung, die bis zu diesem Zeitpunkt den Stand von 1620/30 wieder voll erreicht, wenn nicht bereits überschritten hatte, übte erneut zunehmenden Druck auf den Nahrungs-

spielraum aus und bestimmte damit bis in das frühe 19. Jahrhundert den Umschlag des Lohn-Preis-Geschehens zugunsten der agrarischen Marktproduzenten.

Wachsender Druck auf die Lebenshaltungskosten der ‚kleinen Leute‘ im 16. und 18. Jahrhundert

Der Lebensstandard der breiten Bevölkerungsschichten war also spürbaren langfristigen Schwankungen unterworfen. Perioden wie das „lange“ 16. und wieder das 18. Jahrhundert, die in der Wirtschaftsgeschichte gerne als Phasen ökonomischen Aufschwungs und ökonomischer Expansion und nicht zuletzt auch als Phasen guter Agrarkonjunktur dargestellt werden, erweisen sich demnach aus der Perspektive der ‚kleinen Leute‘ als Zeiten ökonomischer Verelendung. Wie die plötzliche Verknappung der Nahrungsmittel durch eine Mißernte bewirkte auch die langfristige Verknappung des Nahrungsspielraums infolge anhaltenden Bevölkerungswachstums eine Umverteilung des Sozialprodukts zugunsten der Wohlhabenden und Besitzenden und zu Lasten des kleinen Mannes. Und sie verstärkte nach der Logik des Marktes zusätzlich die Einkommensunterschiede innerhalb der Unterschichten. Der

Unterschiedlicher Verfall der Reallöhne innerhalb der Unterschichten

Reallohnverfall traf Handwerksmeister meist entschieden weniger als Handwerksgesellen und diese wiederum weniger als unqualifizierte Arbeitskräfte wie Handlanger und Taglöhner, und er wirkte sich am härtesten für unqualifizierte Frauenarbeit aus, die ohnehin höchstens halb so gut entlohnt wurde wie gleichwertige Männerarbeit. Frauen und Familien, die auf den Zuerwerb auch der Frau angewiesen waren, müssen demnach als Hauptverlierer der ökonomischen Engpaßsituationen und ihrer Pauperisierungseffekte im 16. und 18. Jahrhundert gelten.

Ausklingen vorindustrieller Massenarmut im Zeitalter des „Pauperismus“

Dank effizienterer Agrartechnologien und dank der im Zeichen der Industrialisierung neu entstehenden leistungsfähigen Verkehrs- und Transportsysteme verabschiedeten sich die wetterbedingten Krisen alten Typs in Mitteleuropa mit den Hungerjahren 1816/17 und 1846/47. Und ebenso begann sich die vorindustriell-agrarisch geprägte negative Rückkoppelung zwischen Bevölkerungswachstum und Lebensstandard der Unterschichten seit der Mitte des 19. Jahrhunderts aufzulösen, nachdem sie in dem vieldiskutierten und unterschiedlich erklärten Übergangsphänomen des „Pauperismus“ zur Zeit des Vormärz noch einmal wirksam geworden war.

3. Unterschichten – Strukturen und Lebenssituationen

Unterschichten – Gemeinsamkeiten und Unterschiede

Mangel an politischem Einfluß, an Vermögen, Einkommen und Ausbildung, an selbständiger wirtschaftlicher Existenz, an sozialer „Ehre“, das waren bereits genannte gemeinsame Merkmale der Unterschichtenexistenz, aus denen Unsicherheit der Lebenslage, Unmöglichkeit zu langfristiger Lebensplanung, die Erfahrung von eigener sozialer Unterlegenheit als weitere Gemeinsamkeiten folgten. Andererseits wirkten wie in der gesamten frühneuzeitlichen Gesellschaft Unterschiede hinsichtlich des Rechtsstatus und der Verfügung über Produktionsmittel, hinsichtlich berufs- und gruppenspezifischer Lebensführung und Ehrvorstellungen sowie das allseitige konkurrenzbestimmte Bemühen um Absicherung knapper Ressourcen auf soziale Differenzierung, Fragmentierung und Segmentierung hin. Insgesamt fehlte es „an scharfen, eindeutigen Schnittlinien" zwischen Mittel- und Unterschichten wie zwischen diesen selbst; es dominierten eher „die fließenden Übergänge" [95: KOCKA, 111]. Zudem stieg und fiel der Anteil der Unterschichten an der Bevölkerung periodisch entsprechend den bereits skizzierten Schwankungen des Bevölkerungsdrucks; eine grobe Schätzung geht von etwa 50% im 15., 50–60% im 16., 30–40% im 17. und erneut 50–70% im 18. Jahrhundert aus.

Fließende Übergänge zu den Mittelschichten

3.1 Ländliche Unterschichten

Sucht man den Anteil der Unterschichten an der Gesamtbevölkerung genauer zu ermitteln, so sind die ländlich-dörflichen Verhältnisse von vorrangigem Interesse, denn „auf dem Land" lebten in Mitteleuropa während der Frühen Neuzeit wenigstens 80% aller Menschen. Zu den ländlichen Unterschichten rechneten die „unterbäuerlichen" Bevölkerungsgruppen. Innerhalb der dörflichen Gesellschaft herrschte wenigstens in den geschlossen vererbenden Zonen (Anerbengebieten), dem weit überwiegenden Teil Mitteleuropas, eine fast ständisch anmutende Schichtung zwischen mehreren Gruppen. Die Größe des Besitzes und die Teilhabe an Pflichten und Rechten der Gemeinde bildeten hierbei die wichtigsten Kriterien. Wie die ‚Klasse' der „Bauern" in sich vielfach gestuft war (Ganz-, Halb-, Viertelsbauern), so galt dies auch für die „unterbäuerlichen" Dorfbewohner.

„Unterbäuerliche" Bevölkerung

Die oberste Stufe der unterbäuerlichen Schicht bildeten Landbesitzer, die auf teilweise noch tragfähigen Kleinbetrieben ihren Haupterwerb in der eigenen Landwirtschaft fanden. Durch landschaftlich unterschiedliche Benennungen (z. B. Kötter, Köbler, Seldner) wurden sie als eigene Schicht unterhalb der Bauernschaft erfaßt. Großenteils waren sie keine vollberechtigten Mitglieder der Dorfgemeinde; ihr Kampf um ausgedehntere Teilhabe an Allmende und Weidenutzung bildete vor allem im 18. und frühen 19. Jahrhundert vielerorts einen wesentlichen Aspekt innerdörflicher Auseinandersetzungen.

Abschichtung nach Größe von Haus- und Grundbesitz

Unter ihnen standen jene Dorfbewohner, die – wenn überhaupt – nur über bescheidensten Hausbesitz und vielleicht noch ein kleines Stück Land verfügten und nur gewohnheitsrechtlich in entsprechend geringem Ausmaß die Allmende nutzen durften. Ihrem Haupt- oder Alleinerwerb mußten sie also außerhalb einer eigenen Landwirtschaft nachgehen. Die gängigen regionalen Bezeichnungen charakterisieren sie vielfach bereits durch den bescheidenen Besitz bzw. die bescheidene Wohnsituation oder durch charakteristische Arbeitsbereiche: Häusler, Büdner (von Bude), Brinksitzer (auf Brink, unbebautem Land, sitzend), Einlieger, Hausleute, Inwohner (da oft in gemieteten Wohnungen lebend), Taglöhner, Insten, Hofgänger (gegen Taglohn auf einem Gutshof arbeitend), Heuerling (auf Grund eines Heuervertrags mit einem Bauern an diesen Abgaben und Arbeit leistend als Entgelt für Miete und Pachtland).

Mischerwerb, Arbeitswanderung, Handwerk und Heimarbeit

Die Kombination verschiedener Tätigkeiten je nach Gelegenheit auch im Jahresablauf bildete besonders für die Angehörigen dieser Unterschicht eine durchaus übliche Methode, ihren Unterhalt zu verdienen. Arbeit im Taglohn bei Bauern oder auf einer Gutswirtschaft war eine der gängigsten Erwerbsmöglichkeiten, wobei längerfristige Bindungen an bestimmte Arbeitgeber (so bei den Heuerlingen gegenüber Bauern) ein Mindestmaß an Sicherheit gewährten, aber auch eine u. U. drückende Abhängigkeit mit sich brachten. Soweit es an ausreichender Arbeit in der Landwirtschaft vor Ort mangelte, konnten sich regional typische Formen der Wanderarbeit wie die „Hollandgängerei" in Nordwestdeutschland oder andernorts die Saisonwanderung von Bau- und Erntearbeitern entwickeln. „Mischerwerb" und ein vergleichsweise hohes Maß an regionaler Mobilität waren oft eng aufeinander bezogen. Großflächig noch stärker ins Gewicht fiel Handwerksarbeit als Haupt-, Teil- oder Nebenbeschäftigung: Offensichtlich bot das Handwerk in vielen Gegenden Mitteleuropas ein Ventil für den wachsenden Bevölkerungsdruck gerade auch auf dem „flachen Land" vor allem während des 18. Jahrhunderts; eine bis dahin unbekannte „Territorialisierung der Gewerbe" (E. SCHREMMER) war die Folge. Um 1800 lebte schätzungsweise die Hälfte aller selbständigen Handwerker auf dem flachen Land, vielfach außerhalb zünftiger Bindungen und gewöhnlich ohne Gehilfen. Griff die Nachfrage nach bestimmten gewerblichen Erzeugnissen über den lokalen und regionalen Markt hinaus, so eröffnete sich für die landarme oder landlose dörfliche Unterschicht in Heimarbeit eine weitere wichtige Quelle des Unterhalts, zu der auch Frauen und Kinder beitragen konnten (vgl. dazu 3.4).

Vor allem aus den unterbäuerlichen Schichten, aber auch aus den *Gesindedienst* nachgeborenen Kindern von Bauern rekrutierte sich das ländliche Gesinde der Knechte und Mägde (vgl. dazu 3.3).

Als letzte Gruppe der ländlichen Unterschichten sind die Armen zu *Unterstützte Armut* nennen, die sich nicht bzw. nicht voll aus eigener Kraft zu erhalten vermochten und daher auf Zeit oder auf Dauer Unterstützung benötigten.

Angaben aus den verschiedenen Regionen Deutschlands lassen *Wachstum der* erkennen, daß die unterbäuerlichen Schichten nicht nur absolut, son- *ländlichen* dern auch prozentual während der bereits bekannten Phasen verstärkten *Unterschichten* demographischen Drucks im 16.und 18. Jahrhundert kräftig zugenommen haben. Es ist davon auszugehen, daß ein beträchtlicher Teil des Zuwachses auch aus den Reihen der Bauernschaft kam. Chancen zum sozialen Aufstieg in deren Reihen eröffneten sich dagegen höchstens in Krisenphasen, wenn es an geeigneten Anwärtern zur Übernahme freier Höfe mangelte, wie während und nach dem Dreißigjährigen Krieg oder nach schweren Seuchenzügen. Die eigentlichen Bauern bildeten daher spätestens im 18. Jahrhundert weithin eine (freilich nach ihrem Einfluß beherrschende) Minderheit. Die Schätzung D. SAALFELDS, der Anteil der landarmen und landlosen Familien habe um 1500 etwa 20%, um *Größenordnungen* 1800 etwa 40% der Gesamtzahl ausgemacht, liegt wohl eher zu niedrig; J. KOCKA geht davon aus, daß der Anteil der unterbäuerlichen Schichten an der Landbevölkerung um 1800 zwischen 50 und 80% lag und sich etwa hälftig aus landarmen und landlosen Existenzen zusammensetzte [95: Weder Stand, 86].

Das starke Wachstum der unterbäuerlichen Schichten besonders *Verteilungskämpfe* seit der Mitte des 18. Jahrhunderts vermehrte und verschärfte zweifel- *um Landreserven im* los die Verteilungskämpfe um knappe Ressourcen, vor allem auch um *Dorf* die meist schlecht genutzten Landreserven der Gemeindeländereien, so daß man geradezu von einem allenthalben zu beobachtenden „Zustand unaufhaltsamer Desintegration" der dörflichen Gesellschaft am Ausgang des 18. Jahrhunderts gesprochen hat [49: WEHLER, 172]. Gleichwohl erwiesen sich auch dann noch die Mechanismen der „peasant *Abfedernde Mecha-* society" mit ihren schichtübergreifenden Arbeitserfahrungen und herr- *nismen der „peasant* schaftlichen Abhängigkeiten, ihren Verwandtschafts- und Nachbar- *society"* schaftsbeziehungen, ihren Wertvorstellungen und Normen wie ihren patriarchalisch-symbiotischen Arbeits- und Klientelbeziehungen, Solidaritäten und wirksamen Formen sozialer Kontrolle weiter als einigende Klammer nach außen – wenngleich meist asymmetrisch zugunsten der Bauernschaft – und überlagerten und milderten zumindest die vorhandenen Konfliktpotentiale und Konflikte zwischen dörflichen Schichten und „Klassen".

3.2 Städtische Unterschichten

Anteil an der städtischen Bevölkerung

Die ländlichen Unterschichten stellten wiederum durch Zuwanderung auf Zeit oder Dauer einen nicht zu unterschätzenden Prozentsatz der Unterschichten in den Städten, in denen um 1800 großzügig gerechnet 20–25% der Bevölkerung lebten. Auch dort lag der Anteil der Unterschichten während der gesamten Frühen Neuzeit insgesamt wohl kaum unter der 50%-Marke; in den kleinen Städten und Städtchen mit vielfach ländlichem Charakter mag der Prozentsatz niedriger gewesen sein, in den größeren und großen Städten mit weiterreichenden Wirtschaftsbeziehungen stieg er vielfach deutlich über den genannten Grenzwert. Insgesamt gilt: Je größer und wohlhabender eine Stadt war, desto umfangreicher war auch die Gesamtheit der Unterschichten und desto differenzierter fiel deren Spektrum aus.

Mindere Rechtsstellung

Für einen beträchtlichen Teil der städtischen Unterschichten (Beisitzer, Beisassen, Mietlinge, Hintersassen, Schutz- oder Schirmverwandte) wirkte sich das Fehlen des (vollen) Bürgerrechts nachteilig auf seine wirtschaftlichen Möglichkeiten aus (Niederlassung als Handwerker, Anspruch auf Armenunterstützung). Die Aufnahme ins Bürgerrecht aber handhaben die zuständigen Gremien gerade mit Blick auf mögliche Anforderungen an die Stadt zumindest in den Perioden langfristig wachsenden ökonomischen Drucks äußerst restriktiv, um den unerwünschten Zustrom ärmerer Elemente in engen Grenzen zu halten.

Ökonomische Abgrenzungs-Kriterien; Steuerlisten

Für die Zuordnung zu den Unterschichten noch bedeutsamer als die Rechtsstellung in der Stadt war freilich das ökonomische Kriterium der auskömmlichen Nahrung. Die Größe der Unterschichten im städtischen Bereich wurde und wird besonders häufig anhand von Steuerbüchern ermittelt, wobei nach dem Stand des 15./16. Jahrhunderts wenigstens in Oberdeutschland gängigerweise der Vermögenswert von 100 Gulden als akzeptabler, wenn auch keineswegs unumstrittener Grenzwert zwischen Mittel- und Unterschichten gilt. In den Reichsstädten, für welche die beste Information verfügbar ist, besaßen damals 50–70% der steuerlich erfaßten Personen weniger Vermögen und verfügten damit über kaum mehr als 5–10% des versteuerten Gesamtvolumens. Die starke (und tendenziell steigende) Ungleichverteilung des Wohlstands zumal in den größeren Wirtschaftszentren würde sogar noch deutlicher sichtbar, wenn die nicht versteuerten, da nicht verbürgerten und meist besitzschwachen Stadtbewohner berücksichtigt würden. Ge-

Handwerk und Unterschichtenexistenz

messen am 100-Gulden-Kriterium griff der Bereich der Unterschichten weit in die Berufsgruppen des Handwerks hinein: Zu ihm zählten mehr oder weniger vollständig die Meister wenig angesehener Handwerkszweige wie Weingärtner, Gärtner, Weber, Schuhflicker, Korbmacher, Bader usw., viele Meister aus den übersetzten Massenzünften der Schneider und Schuster und ferner solche, die für bessersituierte Berufskollegen im Stücklohn arbeiteten oder – so vor allem im Textilbereich – für Kaufleute (Verleger) als Lohnarbeiter mit eigenen Produktionsmitteln tätig waren, schließlich die Kleinkrämer. Nicht nur zwischen, sondern auch in den einzelnen Handwerken war das Wohlstandsgefälle trotz aller Ausgleichsbemühungen der Zünfte beträchtlich, und selbst in der vergleichsweise günstigen Phase des Spätmittelalters waren daher unter den konzessionierten Almosenempfängern und Bettlern auch Meister der verschiedensten Gewerbe zu finden. Gegen Ende des 18. Jahrhunderts lag z.B. in Koblenz ein Sechstel aller Handwerker und Krämer unter der Armutsschwelle, die Unterstützung erforderlich machte, und ähnliche Werte ergeben sich für Mainz.

Gerade eine derartige ‚Grenzsituation‘ erhöhte in wirtschaftlicher wie in sozialer Hinsicht das Bedürfnis, sich nach unten abzugrenzen, und das Bemühen um jegliche Form der zünftigen Absicherung, um sich vor dem Absinken des ökonomischen Niveaus zu bewahren. Verschärfte Aufnahmebedingungen (Wanderpflicht, Meisterstück, Vermögensnachweis, Aufnahmegebühren) und verstärkte sowie kostentreibende Reglementierung der Ausbildung vor allem seit der Mitte des 16. Jahrhunderts, der Kampf gegen die Konkurrenz von Störern, Stümp(l)ern oder Pfuschern und die weitgehende Abschließung gegen Frauen, aber auch der oft kleinlich wirkende Streit zwischen verschiedenen Zünften um die genaue Festlegung ihrer Produktions- und Verkaufsrechte, das hartnäckige Pochen auf „Ehre" (eheliche und ehrliche Geburt der nachrückenden Handwerker und ihrer Frauen), die vielzitierten und -geschmähten Verknöcherungserscheinungen des „alten Handwerks" im Zunftsystem sind nicht zuletzt als Ausfluß derartigen wirtschaftlichen, sozialen und mentalen Sekuritätsstrebens in der Gruppe zu bewerten.

Abgrenzungs-Strategien der Zünfte

In einer Grenzsituation befand sich dementsprechend ein erheblicher Teil der Handwerksgesellen, die wenigstens in den größeren Städten kaum weniger als ein Fünftel der erwerbstätigen Bevölkerung ausmachten. Vor allem während der Phasen wachsenden Bevölkerungsdrucks im 16. und 18. Jahrhundert verschlechterten sich die Chancen der Gesellen, zur Selbständigkeit aufzusteigen. Für Hildesheim im späten 18. Jahrhundert hat man sie auf etwa 50% geschätzt. Die ohnehin vorgeschriebene verlängerte Gesellenzeit und der Reallohnverfall minderten schon im 16. Jahrhundert spürbar die in etlichen Gewerben auch für Gesellen bestehenden Chancen zur Gründung einer Familie. Beruf-

Handwerksgesellen

liche Gemeinsamkeiten mit den Meistern einerseits, abweichende berufliche Lebenssituation und wirtschaftliche Interessen sowie hohe Mobilität andererseits förderten die Tendenzen zu eigenen großräumig ausgelegten und agierenden Gesellenvereinigungen, den seit Mitte des

Absicherung ihrer Stellung in der städtischen Gesellschaft

14. Jahrhunderts auftauchenden „Bruderschaften" und „Gesell(en)-schaften". Diese vertraten ebenso wie die Zunft-Zusammenschlüsse der Meister umfassend die wirtschaftlichen, rechtlichen, sozialen und kulturell-religiösen Bedürfnisse und Anliegen ihrer Mitglieder, wobei sie sich in einem berufsständisch organisierten und denkenden Umfeld für gewöhnlich strikt an den bestehenden Zunftgrenzen orientierten. Das gilt selbst für die zahlreichen Konflikte mit den Meistern, die im 18. Jahrhundert zunehmend häufiger in Form von „Aufständen" und „Unruhen" offen ausgetragen wurden. Lohnfragen spielten damals keineswegs die dominierende Rolle, standen vielmehr mit rund 20% der Fälle hinter Ehr-Streitigkeiten (30%) deutlich zurück und lagen etwa gleichauf mit Auseinandersetzungen über Fragen der Gesellenautonomie oder über zünftige Beschäftigungs- bzw. Ausschließungsregeln vor allem gegen unzünftige Konkurrenz (jeweils ca. 20%).

Die eigenen Organisationen waren das wichtigste Instrument der Gesellen, ihren Lebensstandard in einem nicht nur materiell verstandenen Sinn innerhalb der städtischen Mittelschichten abzusichern. Doch obwohl sie sich finanziell gewöhnlich deutlich besserstanden als andere Unterschichtgruppen, wies das Erlernen eines übersetzten und wenig

Bedrohtsein von sozialem Abstieg

angesehenen Handwerks ebenso wie die (vor allem im Bau-, z.T. auch im Transport- und Textilgewerbe mögliche) Gründung einer eigenen Familie sie in ökonomischer Hinsicht fast zwangsläufig und auf Dauer den Unterschichten zu. Die Gesellen blieben so in besonderer Weise von sozialem Abstieg in die Unterschichten bedroht. Gesellendasein auf Lebenszeit, „Pfuschertum", verlegte Heimarbeit, die Ausübung von Nebentätigkeiten oder auch mehrerer Berufe in saisonalem Wechsel, Taglöhnertätigkeit, Überwechseln in die (nicht allzu zahlreichen) Manufakturen, Eintritt ins Militär oder auch das Absinken ins Vagantentum bildeten keine ungewöhnlichen ‚Karrieren'. Zu „Systemkritik und

Fortdauernder Grundkonsens mit den Meistern

Fundamentalopposition" [95: KOCKA, 184] gegen die überkommene Gewerbe- und Gesellschaftsordnung hat die soziale Grenzlage jedoch noch lange Zeit nicht geführt; der trotz aller Spannungen und Streitigkeiten bestehende Grundkonsens zwischen Zünften und Gesellenvereinigungen begann sich erst gegen Ende des 18. Jahrhunderts zunehmend deutlicher aufzulösen, und wenn Handwerksgesellen dann – langsam genug – zu Vorreitern der Arbeiterbewegung geworden sind, so brachten sie nicht nur tradiertes Organisationsbewußtsein ein, sondern auch

die Zielvorstellung von demokratischer Integration in den bürgerlichen
Mittelstand.

Unter den Handwerksgesellen als qualifizierten Arbeitskräften und potentiellen künftigen Handwerksmeistern rangierte wenigstens der größte Teil des städtischen Gesindes (vgl. 3.3), aber auch die Gruppe der untersten städtischen Bediensteten wie Torwächter, Boten, Büttel, Almosenknechte, Waldhüter u.ä., ferner die im 17./18. Jahrhundert neuauftauchende Gruppe der Soldaten-Söldner, die freilich selbst dann, wenn sie innerhalb der Städte lebten, kaum einen vollintegrierten Teil der städtischen Gesellschaft bildeten (vgl. 3.5), schließlich die Masse der Hilfsarbeiter in Handels- und Transportgeschäften wie unselbständige Schiffer, kleine Fuhrleute, Karrenschieber, Sack- und Kohlenträger und unter diesen noch einmal die einfachen Handlanger und Tagelöhner: Bei ihnen, die besonders im Bausektor und in der Landwirtschaft werkten, waren die Defizite der Unterschichtenexistenz besonders deutlich ausgeprägt. Ihre Randstellung in der städtischen Gesellschaft zeigte sich nicht nur an der gängigen Randlage ihrer Wohnquartiere, sondern auch in ihrer überwiegenden Herkunft aus den ländlichen Unterschichten, in ihrer starken Fluktuation innerhalb des Stadtgebiets selbst sowie zwischen Stadt und ländlichem Umfeld. Die Gefahr, daß sie und ihre Familien in die unterstützungsbedürftige Armut absanken, war dementsprechend groß. Gleiches gilt für die meisten alleinstehenden Frauen, die mit oder ohne Einbindung in eine Zunft vor allem im Bereich der Textilherstellung und -verarbeitung durch gewerbliche Hilfsarbeiten wie Spinnen, Wollkämmen und Spulen, aber auch durch Stricken und Sticken, als Näherinnen, Wäscherinnen oder Hökerinnen ihren traditionell höchst spärlichen Unterhalt großenteils in Lohnarbeit zu verdienen suchten. Die als unterstützungsbedürftig und -würdig eingeschätzte Gruppe der „Hausarmen" oder „verschämten Armen" schließlich bildete jenen Teil der Unterschichten, der, selbst gesellschaftlich noch akzeptiert, doch bereits in die Grauzonen mißtrauisch kontrollierter Marginalität hinüberführte; sie war keineswegs homogen zusammengesetzt, sondern umschloß Angehörige der verschiedenen Mittel- und Unterschichten. Kaum weniger als 4–5% (in größeren Städten auch 5–10% und mehr) der ansässigen Bevölkerung bezogen langfristige und nicht nur teuerungsbedingte (Teil-)Hilfe – auch dies schätzungsweise höchstens die Hälfte der eigentlich Bedürftigen. Der hohe Überhang an Frauen – kaum weniger, oft deutlich mehr als zwei Drittel der hilfsbedürftigen Haushaltsvorstände – spiegelt angesichts beschränkter, meist unqualifizierter und schlecht entlohnter Erwerbsmöglichkeiten erneut die besonders prekäre wirtschaftliche

Marginalien:

Weiteres Spektrum der Unterschichten

Taglöhner

Frauen

Unterstützte Armut

Lage des weiblichen Geschlechts wider, wenn familiäre Abstützung fehlte oder die Familie zerbrochen war, ob es sich nun um alleinstehende (vielfach alte) Frauen oder ob es sich um solche mit Kindern – Witwen und verlassene Frauen – handelte. Hinzu kamen Familien mit zahlreichem, noch nicht mitverdienendem Nachwuchs. Elternlosigkeit (Waisen, Findelkinder), Arbeitsunfähigkeit infolge Alters, körperlicher und geistiger Gebrechen oder schwerer Krankheiten, dazu wenigstens auf Zeit Arbeitslosigkeit und Krankheit, ferner – immer wieder genannt – Schwangerschaft und Kindbett bei Frauen, die während dieser Zeit nichts verdienen konnten, lassen sich als gängige weitere Ursachen ausmachen.

Angesichts der fast alles beherrschenden Bedeutung, welche der Ernährung für die Unterschichten zukam (vgl. 2.), blieben deren Spielräume für die nächst-elementaren Lebensbedürfnisse wie Kleidung und **Wohnverhältnisse, Wohntopographie** Wohnung besonders gering. Selbstverständlich kam für Angehörige der Unterschichten nur der billigste Wohnraum in Betracht, d. h. in der Vertikale gesehen Keller- und Dachgeschoß der Häuser, in der Horizontale gesehen wenigstens bei den Städten vor allem die Randlagen an den Stadtmauern und in Vorstadtquartieren. Das „Modell der zentralperipheren Abstufung der sozialen Raum- und Standortbewertung" [27: ISENMANN, 64], seit dem 14. Jahrhundert nachweisbar, kann als durchaus gängiges Muster während der gesamten Frühen Neuzeit gelten. In den Gassen und Gäßchen am Rand der Stadt, entlang der Stadtmauer und hinein in Vorstädte und in angrenzendem offenen Gartengelände, im Spätmittelalter selbst auf Friedhöfen, traf man auch am ehesten auf allerlei Behelfsunterkünfte von ortsansässigen wie mobilen Bettlern und Angehörigen anderer Randgruppen. Hohe Wohndichte, besonders niedrige Hygienestandards sowie ungenügende oder fehlende Feuermöglichkeit trugen im Zusammenspiel mit schlechter Ernährung das Ihre dazu bei, daß sich derartige Bezirke durch Seuchenanfälligkeit und (auch jahreszeitlich besonders ausgeprägte) größere Sterblichkeit auszeichneten. So existierte zwar keine strenge soziale Absonderung nach Wohnquartieren, aber doch eine räumlich-kleinräumig erfahrbare soziale Distanz zwischen den wohlhabenderen Bürgern und den ‚kleinen Leuten', die zu einem erheblichen Teil nur zur Miete bzw. Untermiete wohnten und einen entsprechend hohen Grad an Mobilität auch innerhalb des Stadtgebiets aufwiesen. Das Fehlen von Gesinde und das Er-
Größe und Struktur von Unterschichten-Haushalten fordernis, daß heranwachsende Kinder früh mit außerhäuslicher Erwerbstätigkeit beginnen mußten, sowie häufigere Unvollständigkeit der Familie führten im übrigen dazu, daß die Haushalte von Angehörigen der Unterschichten im Durchschnitt kleiner und anders zusammenge-

setzt waren als diejenigen von Angehörigen der Mittel- und Ober-
schichten.

Nach dem knappen Überblick über die Unterschichten auf dem
Land und in der Stadt seien einige Unterschichtgruppen noch näher betrachtet: das Gesinde als seit langem bekannte Berufsgruppe mit eigenem Status, Heimarbeiter und Berufssoldaten als neu entstehende
Gruppen ökonomischen bzw. ‚politischen‘ Ursprungs.

3.3 Gesinde

Sieht man von „Dienstboten" mit gehobenem Status und besserer Qualifikation bei ‚vornehmen Herrschaften‘ ab, so entstammte die große
Masse des Gesindes in Stadt und Land den Unterschichten und läßt sich
auch nach eigenem Status und Lebensperspektiven als Teil der Unterschichten begreifen. Großflächig gesehen machte das Gesinde ein **Größenordnungen**
Fünftel bis ein Viertel der Unterschichten aus – bei beträchtlichen regionalen Unterschieden im Durchschnitt kaum weniger als 10% der
Bevölkerung, in den Städten je nach deren Größe und Bedeutung noch
einige Prozent mehr. Es übertraf damit an Zahl Handwerkslehrlinge
und -gesellen zusammen. Bildete das Handwerk eine ausgesprochene
Männerdomäne, so war das Gesinde zum größeren Teil weiblichen Ge- **Überwiegend weib-**
schlechts – im städtischen Durchschnitt etwa 75–80%; nur in wohlha- **liche Berufstätigkeit**
benderen Städten lag der Prozentsatz darunter, ebenso – und zwar deut-
lich – im ländlich-dörflichen Umfeld, soweit zur Bewirtschaftung hinreichend großer landwirtschaftlicher Anwesen auch Knechte in größerer Zahl angeheuert wurden. Der überwiegende Einsatz im häuslichen
Bereich und das entschieden niedrigere Lohnniveau für Mädchen und
Frauen wirkten auf solches Ungleichgewicht hin und machten die
Dienstbotentätigkeit zum wichtigsten weiblichen Arbeits- und Er-
werbsbereich außerhalb der eigenen Familie. Der offensichtlich häufig
vorhandene Frauenüberschuß in den Städten zumal in den mittleren
Jahrgängen, eine Folge des Zuzugs vom Land, ging wesentlich auf
diese Gruppe zurück.

Das Berufsleben des Gesindes begann spätestens mit 12–14 Jah- **Lebensphase oder**
ren. Das Dienstboten-Dasein war nicht selten ein Lebensberuf, über- **Lebensberuf?**
wiegend füllte es jedoch offensichtlich eine Lebensphase zwischen
Kindheit und eigener Familiengründung. So bildeten z.B. im Salzburgischen, in der Oberpfalz oder auch im Westfälischen während des
18. Jahrhunderts über dreißigjährige Dienstboten eine deutliche Minderheit.

Angesichts hierarchischer Rangordnungen, in denen Geschlecht, Alter, Körperkraft, Erfahrung und erlernte Kenntnisse differenzierend auf Arbeits- und Lebensbedingungen und nicht zuletzt auf die Lohnhöhe durchschlugen, wie angesichts der Rückbindung an die jeweilige „Dienstherrschaft", unterschiedlicher Zukunftserwartungen und beachtlicher Unterschiede zwischen Stadt und Land bildete das Gesinde kaum eine Gruppe mit gemeinsam erfahrbarer und begriffener Lebenssituation. Gemeinsam war allerdings die Erfahrung, rechtlich der Hausgewalt des Hausherrn zu unterstehen und damit fest in die gewöhnlich harte Arbeits- und Lebensgemeinschaft des „ganzen Hauses" (O. BRUNNER) eingebunden zu sein. Das bedeutete für die Dauer des Dienstverhältnisses ein gewisses Maß an Sicherheit des Unterhalts, zugleich aber ein hohes Maß an Abhängigkeit, das durch sogenannte Gesindeordnungen noch verstärkt wurde. Derartige Ordnungen, seit den 1530er Jahren in wachsender Zahl erlassen, galten gewöhnlich für ganze Territorien und sollten im Zuge landesweiter Vereinheitlichung das Gesindewesen regulieren. Sie belegen zugleich das Interesse der Obrigkeit, dem ständig beklagten Mangel an Dienstboten in einer Weise zu steuern, die – zumal durch restriktive Lohnvorschriften – vor allem den Dienstherrschaften zugute kam. Die patriarchalische Hausväter-Ideologie ging hier im wesentlichen konform mit den Interessen der Bauern und Bürger, Grund- und Gutsherren und damit auch der Landesherrschaft selbst. In besonderem Maße galt dies für die Institution des Zwangsgesindedienstes, wie sie die adeligen Gutsherren östlich der Elbe seit dem 16. Jahrhundert weithin durchzusetzen wußten. In Preußen hob erst das vielzitierte Edikt vom 9. Oktober 1807 die zunehmend kritisierte Einrichtung auf, das Königreich Sachsen tat diesen Schritt sogar erst 1833.

Die Dauer des Dienstes in ein und demselben Haushalt war zweifellos ein gewichtiger Aspekt im Dienstbotenleben. Es war weithin gängig, Dienstverträge über ein Jahr abzuschließen; in manchen Gegenden aber, z.B. in Franken, wurde Gesinde auch nur den Sommer über geheuert; dort war daher saisonaler Bettel der im Herbst entlassenen Arbeitskräfte eine geläufige und als gegeben hingenommene Erscheinung und bildete damit zugleich einen bedenklichen Ansatzpunkt für das Abgleiten in Vagantentum und kleine Kriminalität zumal in Zeiten der Teuerung. Auch in Schleswig-Holstein waren halbjährige Dienstverträge die Regel – mit der Folge, daß die davon betroffenen Knechte gewöhnlich im Winterhalbjahr als Wanderarbeiter und Taglöhner ihren Unterhalt zu verdienen suchten. Daß das Gesinde selbst oft genug binnen Fristen unter einem Jahr seine Stelle wechselte – häufiger, als den Herrschaften lieb war –, belegen die fast stereotypen zeit-

(Marginalien: Einbindung ins „ganze Haus"; Gesindeordnungen; Zwangsgesindedienst; Dauer der Dienstverhältnisse)

genössischen Klagen; begründet war die offensichtlich beachtliche (wenngleich räumlich nicht allzuweit ausgreifende) Fluktuation vor allem in der Hoffnung auf verbesserte Arbeits- und Verdienstmöglichkeiten. Andererseits war der langjährige oder sogar lebenslange Dienst besonders von Frauen bei ein und derselben Herrschaft wenigstens in den ‚besseren' Häusern mit ständigem Bedarf an Dienstboten ein nicht selten zu beobachtendes Phänomen.

Im Normalfall eröffnete das Dienstbotenleben nur höchst bescheidene Lebenschancen; das vielzitierte „ganze Haus" garantierte keineswegs patriarchalisch-harmonische Gemeinschaft zwischen „Herrschaft" und Gesinde und angemessene Fürsorge in Notsituationen. Altersarmut von lebenslänglichen Dienstboten war eine gängige Erscheinung. Nur bei entsprechender Disziplin und längerfristig sicherer Anstellung, die auch einigermaßen gegen die Wechselfälle des Preisgeschehens schützte, ließ sich ein Notgroschen für Krankheit und Alter oder auch die Minimalausstattung für eine Familiengründung ersparen. Diese erfolgte überwiegend wiederum innerhalb der ländlichen und städtischen Unterschichten (Inleute, Taglöhner), aus denen sich das Gesinde selbst zum größten Teil rekrutierte; Einheirat in die untere Mittelschicht des kleinen Handwerks setzte eine entsprechend tragfähige Mitgift voraus.

Nur bescheidene Lebenschancen

Die unzulänglichen Voraussetzungen für die Gründung einer eigenen Familie haben dazu beigetragen, daß vor- bzw. außereheliche Beziehungen bei Dienstboten nichts Unübliches waren. Vor allem auch Dienstmägde begingen aus Sorge vor Ehrverlust und vor drohenden Strafen oder auch vor befürchteten sowie infolge von bereits eingetretenen Notsituationen (Dienstentlassung, Stadtverweisung, Versorgungsprobleme) Kindesaussetzung und das Verbrechen des Kindsmords und verfielen deshalb im Zeichen verschärfter Strafjustiz seit dem 16. Jahrhundert der Todesstrafe, bis im Zeitalter der Aufklärung allmählich in Theorie und Praxis ein humanisierendes Umdenken einsetzte und im späteren 18. Jahrhundert die Hinrichtung zunehmend durch lebenslängliche oder langjährige Zuchthausstrafe ersetzt wurde.

Uneheliche Mütter und Kindsmord

3.4 Heimarbeiter

„Heimarbeit", ganz überwiegend die Herstellung von Textilien, bildete während der Frühen Neuzeit für immer größere Teile zumal der ländlichen Unterschichten die wichtigste Quelle ihres Lebensunterhalts; sie konnte daher als sinnvoller Ausweg aus dem Dilemma steigenden Bevölkerungsdrucks dienen, wurde allerdings ihrerseits wiederum neuer

Impulsgeber für weiteres Wachstum der Bevölkerung vor allem im Unterschichtenbereich. Bereits seit dem Spätmittelalter entstanden auf Textilbasis dichtbevölkerte Gewerbelandschaften, zunächst in Flandern-Brabant, Oberdeutschland und der Nordschweiz (besonders im gesamten Bodenseegebiet und in Oberschwaben bis Augsburg), in denen Leinen und Barchent produziert und verlegt wurde. Im 16. Jahrhundert kam die Leinenerzeugung in einer ausgedehnten Zone von Schlesien über Sachsen und Thüringen bis nach Westfalen und an den Niederrhein hinzu und weitete sich im 18. Jahrhundert u. a. auf die Oberlausitz, Böhmen und Mähren aus; die Verarbeitung von Baumwolle faßte nach Schwaben vor allem in Sachsen, aber auch in Niederösterreich, Tirol und Vorarlberg und insbesondere in der Nordschweiz Fuß, die Herstellung von Wollstoffen in der Region Aachen-Monschau, in der Oberlausitz, im Vogtland, in Schlesien und Brandenburg, in der Niederlausitz, in Böhmen und Württemberg, die Produktion von Seide u. a. in Krefeld und im Umfeld von Basel (Seidenbandweberei).

Entstehung von Gewerbelandschaften

Die Zahl der in der „Hausindustrie" tätigen Arbeitskräfte wuchs vor allem während des 18. Jahrhunderts in beachtliche Dimensionen. Für Deutschland um 1800 hat man sie (wohl zu hoch) auf knapp eine Million geschätzt gegenüber 1,1 Millionen Beschäftigten im eigentlichen Handwerk.

Vorteile und Risiken der Heimarbeit

Die Herstellung der genannten Produkte in Heimarbeit bot den betreffenden Arbeitskräften nicht zu unterschätzende Vorteile: Sie vermochten nun Zeiten der Unterbeschäftigung und Arbeitslosigkeit im Jahresablauf voll zu nutzen, wobei u. U. die ganze Familie bis hinunter zu den Kindern vom 5./6. Lebensjahr an beim Spulen, Spinnen und Weben mitwirken konnte. Die mit handwerklichen Produktionsmethoden betriebene Heimarbeit barg aber auch schwer kalkulierbare Gefahren, weil sie die Produzenten weithin von Kaufleuten abhängig machte. Derartige „Verleger" vertrieben die Waren weiträumig und lieferten eventuell auch die Rohstoffe für die Verarbeitung, ohne selbst in die Produktion investieren zu müssen; sie konnten daher etwa sinkende Rentabilität durch niedrigere Einkaufspreise auf die eigentlichen Produzenten überwälzen und sich notfalls ohne eigenen Verlust aus dem Geschäft zurückziehen. Aber auch wenn das Handelskapital nicht bis in die Produktion vorzudringen vermochte, waren die Arbeitskräfte fast allein von den Risiken betroffen, die ein für sie kaum überschaubarer überregionaler, wenn nicht internationaler Markt mit sich bringen konnte: wachsenden Konkurrenzdruck anderer Regionen, Konjunktureinbrüche infolge von Krieg und Handelssperren, Veränderung der Konsumgewohnheiten und seit dem späten 18. Jahrhundert zunehmend die Mechanisierung zunächst der Spinnerei, dann immer mehr auch der Weberei. Die damit unvermeidlich verbundenen Verdrängungsprozesse zu Lasten der älteren Hausindustrie zogen sich bis in die zweite Hälfte des 19. Jahrhunderts hin und waren weithin mit bedrückenden „Selbstausbeutungs-" und Verelendungserscheinungen bei den Heimarbeitern verbunden, wie sie der schlesische Weberaufstand 1844 besonders spektakulär und nachhaltig ins öffentliche Bewußtsein rückte.

Es wäre jedoch falsch, von dem Endstadium dieser Entwicklung unbesehen auf den Zustand in früheren Jahrhunderten rückzuschließen. Zunächst schuf „verlagsindustrielle Heimarbeit" [189: BRAUN, Industrialisierung] vor allem für zahlreiche Angehörige der unterbäuerlichen Schichten (einschließlich der nichterbenden Kinder von Bauern in Anerbengebieten) neuartige und durchaus tragfähige Voraussetzungen zu Heirat und Familiengründung und wirkte sich daher über die Wirtschaftsstruktur hinaus auf die „Lebensformen" im weiteren Sinne aus (Bevölkerungsentwicklung, Sozialstruktur, soziale Beziehungen im Dorf, Familienformen). Obwohl die neue gewerbliche Existenzbasis der „Hausindustrie" im jeweiligen agrarischen Kontext verankert blieb, minderte sie die bisherige Bedeutung von Haus- und Grundbesitz als Voraussetzung zur Heirat, wertete dagegen Arbeitsfähigkeit und Geschicklichkeit in der Textilfabrikation auf, ermöglichte dementsprechend (relativ) frühere Eheschließung auch ohne größeren Sachbesitz („Bettelhochzeiten") und förderte die „Individualisierung der Eheeinleitung und Eheschließung" [189, BRAUN, 65 ff.]. Darüber hinaus wirkte sie sich auf Familienstruktur und Familienverfassung aus: Zwar blieb wie bei den Bauern der Verbund von Lebens- und Arbeitsraum in der Familie erhalten, doch umschloß diese bei den Heimarbeitern kaum familienfremde Haushaltsmitglieder, dagegen häufiger mitarbeitende Verwandte. Die Trennung zwischen männlichem und weiblichem Arbeitsbereich war offenbar weniger scharf ausgeprägt als in der bäuerlichen Wirtschaft; die Angleichung bei der Arbeit begann die Stellung der Frau inner- und außerhalb Hauses zu verändern, und das soziale Rollenverhalten der beiden Geschlechter (auch im sexuellen Bereich) näherte sich einander stärker an.

Auch die Beziehungen zwischen den Generationen begannen sich in der Heimarbeiterfamilie zu verändern. Großer Kindersegen scheint weniger willkommen gewesen zu sein, weil er die Mutter von der Arbeit abhielt und die ohnehin äußerst dürftigen Wohnverhältnisse weiter beschränkte. Auf alle Fälle wurden Kinder, solange sie bei den Eltern lebten, außerordentlich früh und intensiv in die familiäre Produktion beim Spulen und Spinnen eingebunden mit entsprechend nachteiligen

[Marginalie:] Auswirkungen auf Familiengründung, Familienstruktur und innerfamiliäre Beziehungen

Folgen für ihre körperliche und geistige Entwicklung und auf Kosten jeder qualifizierteren Ausbildung. Durch ihren Beitrag zum Familienunterhalt und angesichts kaum vorhandener Möglichkeiten, sie durch Aussicht auf Eigentumsübertragung im Erbgang zu binden, gewannen sie andererseits recht bald größere Freiheit gegenüber elterlicher Autorität und Kontrolle und entzogen sich ihr nicht selten durch frühes Ausscheiden aus dem elterlichen Haushalt und eigene Familiengründung, während das sonst häufige Zwischenstadium des Gesindedienstes entfiel.

Jenseits der Familienverfassung schlug sich die Verschiebung der ökonomischen Existenzgrundlage vom agrarischen zum gewerblich-industriellen Bereich in einer Vielzahl anderer Lebens- und Verhaltensmuster nieder, ob es nun die Ernährung oder Kleidung und die hierbei gezeigte und kritisierte Neigung zu Prestigekonsum im Wettbewerb mit anderen sozialen Gruppen des eigenen Umfeldes, aber auch die extrem beschränkten Wohnverhältnisse betrifft. Für Bemühungen, die eigene Existenz durch Erwerb von bescheidenem Land- und Hausbesitz besser gegen Teuerungskrisen und Absatzstockungen sowie gegen Fremdabhängigkeit abzusichern, blieben selbst in Zeiten guter Konjunktur die Spielräume sehr schmal. So erwies sich die Situation der Heimarbeiter insgesamt als besonders labil. Längerfristige Lebensplanung mit dem Ziel des „Vorankommens" war unter solchen Umständen kaum möglich; bereits das bloße Über-die-Runden-Kommen muß für diese Existenzen als Erfolg gewertet werden.

Veränderte Lebens- und Verhaltensmuster

3.5 Militär

Die Herausbildung der europäischen Staatenwelt in der Frühen Neuzeit war von fast ständigem „Kriegstheater" begleitet. Vor allem seit dem Dreißigjährigen Krieg, im Zeitalter des Absolutismus und der stehenden Heere wuchsen die Truppenstärken in bisher unbekannte Dimensionen. Die deutschen Staaten ohne die Habsburger Monarchie unterhielten am Ende des 18. Jahrhunderts etwa 320 000 Soldaten – das entsprach annähernd 2% der Bevölkerung; vorhandenen Familienanhang eingeschlossen, dürften damals kaum weniger als 4%, in Preußen sogar etwa 7–8% der Bevölkerung direkt oder indirekt dem „Soldatenstand" angehört haben.

Größenordnungen

Der „Soldatenstand" selbst durchlief während der Frühen Neuzeit eine beachtliche Entwicklung: Der Landsknecht des 16. Jahrhunderts unterschied sich deutlich von dem geworbenen Söldner oder zwangsrekrutierten Untertan des 18. Jahrhunderts. Gemeinsam waren ihnen

allenfalls die Randstellung in der zivilen Gesellschaft, die durch geson-
derten Rechtsstatus zusätzlich unterstrichen wurde, ungünstige wirtschaftliche Verhältnisse und entsprechend geringes soziales Ansehen.
Die beiden letztgenannten Punkte treffen vor allem für den einfachen Söldner des 18., wohl weniger ausgeprägt für den Landsknecht
des 16. Jahrhunderts zu. Der Beruf des (oberdeutschen) Landsknechts, Landsknechts-
der seit dem ausgehenden 15. Jahrhundert in scharfer Rivalität mit den dasein – Chancen
Schweizer Reisläufern die Kriegsführung zu prägen begann, entfaltete und Risiken
eine nicht zu unterschätzende Attraktivität für jüngere Menschen mit
der erforderlichen Körperkraft und Belastbarkeit: Der Sold für den ge-
wöhnlichen Fußknecht erreichte und überstieg die Löhne von Hand-
werkern, so daß selbst Meister aus den unteren Berufskategorien und
noch häufiger Handwerksgesellen den Werbern zuliefen. Das vergleichsweise hohe Einkommen, durch die Aussicht auf Beute noch entschieden erhöht, war allerdings gegen die größeren Berufsrisiken auf-
zurechnen: fahrendes Leben mit allen Unwägbarkeiten, Körperschäden
mit Dauerfolgen, Unsicherheit der Soldzahlung, überhaupt Unsicherheit des Dienstverhältnisses, da die Truppen kurzfristig geworben und
bei Ende des jeweiligen Kriegszugs entlassen wurden, Verlust der Fä-
higkeit zu geregelter und qualifizierter Arbeit, falls zuvor vorhanden,
Schwierigkeiten, in der alten Heimat wieder Fuß zu fassen, keine Al-
tersvorsorge. Familiäre Rückbindungen waren dadurch nicht grundsätzlich ausgeschlossen; dem umfangreichen begleitenden Troß, dem
wichtige logistische Funktionen zukamen, gehörten, mit und ohne
Trauschein, auch Soldatenfrauen und -familien an. Solange die Landsknechte zu einer Fahne geschworen hatten, waren sie in eine eigenstän-
dige genossenschaftlich geprägte Organisation mit berufsspezifischen
Ehrvorstellungen eingebunden und standen unter besonderem Kriegs-
recht, wie sie die „Artikelbriefe" im einzelnen festlegten. Kritischer für
sie und ihr Umfeld gestaltete sich die Situation, wenn sie nach erfolgter Nähe zur Rand-
Entlassung oft in Gruppen bewaffnet als „gartende Knechte" oder gruppenexistenz
„Knechte auf der Gart" (wohl von Garde, Guardia) auf der Suche nach
neuem Dienst eine wahre Landplage bildeten, zumal bei ihnen Betteln
sehr rasch gewalttätige Formen annahm, in Diebstahl und oft genug in
Raub überging. Die zahlreichen gegen sie erlassenen Mandate belegen,
daß die Obrigkeiten kaum instande waren, erfolgreich gegen derartige
Elemente vorzugehen. Aber erst die Periode des Dreißigjährigen Krie-
ges brachte den Typ des entwurzelten Söldners in Massen hervor, der –
Täter und Opfer zugleich – den brutalen Kriegsalltag jener Jahrzehnte
entscheidend mitprägte und nach dem Krieg oft genug in die mobile
Armut und Kriminalität absank.

Die stehenden Heere des Absolutismus

Die stehenden Heere des Absolutismus, zu einem großen Teil durch Werbung rekrutiert, bildeten eine geschlossene Welt mit eigenem Rechtsstatus bei äußerst harten Dienstbedingungen und schlechter Besoldung. Der einfache Soldatenstand war dementsprechend wenig angesehen und übte höchstens auf Ungelernte, Angehörige wenig geachteter Massengewerbe oder gescheiterte Existenzen mit zweifelhafter Vergangenheit eine gewisse Anziehungskraft aus. Ansonsten trieben Leichtsinn und Notlagen den Werbern ihre Klientel zu, soweit nicht Betrug und Zwang bis hin zu Menschenraub für Nachschub sorgten; Vaganten, „starke Bettler" und sonstige „Müßiggänger" mußten mit Zwangsrekrutierung rechnen, und kriminelle Elemente konnten von Gefängnis und Zuchthaus zum Militär „begnadigt" werden, um die Reihen der Streitkräfte zu füllen. Angesichts grundsätzlich langer

Dienstverhältnisse und Lebensbedingungen

Dienstzeiten (meist 15–20 Jahre, wenn nicht lebenslänglich oder auf unbestimmte Zeit), bedeutete Soldatsein, daß die betreffenden Männer während ihrer ‚besten Jahre' dem ‚bürgerlichen' Leben grundsätzlich entzogen waren, soweit sie nicht, wie für Hannover belegt, den Militärdienst als „Gelegenheitsarbeit" und Überbrückungshilfe auf kürzere Frist nutzen konnten; erst seit Ende des 18. Jahrhunderts wurden die amtlich vorgesehenen aktiven Dienstzeiten deutlich reduziert. Die miserable Besoldung, deren Kaufkraft sich im Verlauf des 18. Jahrhundert etwa halbierte, das niedrige Prestige, der häufige Mangel an nutzbringender Qualifikation und die geringen Aufstiegschancen (eventuell zum Unteroffizier) verhinderten oder erschwerten Heirat und Familiengründung. Dennoch war ein recht erheblicher Teil – kaum weniger als ein Drittel – der Soldaten beweibt, zumindest seitdem die teilweise rigorose Politik der Ehebeschränkung für das Militär im 18. Jahrhundert durch populationistische Erwägungen aufgelockert wurde. Die Obrigkeit hatte gegenüber Soldatenheiraten grundsätzliche Vorbehalte, weil sie leicht eine Belastung für Armee und Garnison darstellten; andererseits band eine Ehe den Söldner fester an seinen Dienstherrn, minderte seine Neigung zur Desertion, und die Soldatenkinder galten wiederum als ziemlich sicherer Nachwuchs für die Truppe. Insofern lag die Errichtung von Waisenhäusern für Soldatenkinder im 18. Jahrhundert durchaus im Interesse der jeweiligen Fürsten, und auch die höchst bescheidenen Ansätze zu einer Hinterbliebenenfürsorge sind unter diesem Gesichtspunkt zu bewerten. Das Militär blieb jedenfalls weitgehend ein Fremdkörper in seiner zivilen Umgebung, selbst wenn es mitten unter der Zivilbevölkerung lebte und wenn sich dadurch auch zahlreiche Berührungspunkte ergaben; der Bau eigener Kasernen wurde erst im Lauf des 18. Jahrhunderts üblicher; ansonsten waren die Soldaten während der Friedenszeit mit eigener Menage in Bürger- und Bauernhäusern einquartiert.

Herkunft und Lebensbedingungen der zusammengewürfelten Schar von geworbenen Soldaten legten es nahe, die Truppe mittels harter Disziplin bei der Stange zu halten. Desertion war trotz drakonischer Strafandrohungen und Strafen eines der auffallendsten Merkmale der stehenden Heere des Absolutismus, auch wenn man die für Preußen und Sachsen bekannten Daten nicht unbesehen verallgemeinern darf: Unter dem „Soldatenkönig" belief sich die Zahl der Deserteure im Jahresdurchschnitt schätzungsweise auf 2–3%, bei der sächsischen Infanterie 1717/28 gar auf nahezu 4% der Mannschaft – dies wohlgemerkt in Friedensjahren; während Kriegszeiten lag der Prozentsatz verständlicherweise entschieden höher. **Desertion**

Selbst wenn ein beachtlicher Teil des regulären Militärs aus Landeskindern des jeweiligen Fürsten bestand – in Preußen gegen Ende des 18. Jahrhunderts gut die Hälfte, in anderen deutschen Staaten im Zeichen des um sich greifenden Konskriptionssystems vielfach deutlich mehr –, änderte sich dadurch an der sozialen Zusammensetzung der Truppe aus Angehörigen der Unterschichten wenig, denn die ‚gehobenen' Stände blieben von der Konskription befreit, und bemittelte Konskribierte konnten sich freikaufen oder einen (dafür zu bezahlenden) Ersatzmann stellen. **Konskription nur von Angehörigen der Unterschichten**

Das Überwechseln in das zivile Leben nach der Entlassung bildete einen besonders kritischen Punkt der Militär‚karriere'. Erleichtert wurde es teilweise durch das Beurlaubungssystem, wie es wenigstens in Preußen gegenüber den Kantonisten, und das Freiwächtersystem, wie es innerhalb der Garnisonsstadt auch gegenüber geworbenen Söldnern gehandhabt wurde: Nach einjähriger Grundausbildung konnten sie für den größten Teil des Jahres (8–10 Monate) gänzlich bzw. vom Wachtdienst beurlaubt werden, um un- oder nur teilbesoldet anderer Arbeit nachzugehen. Ziviler Neben- (oder Haupt)erwerb der Soldaten war auch in den Reichsstädten eine übliche Erscheinung, und selbstverständlich hatten die Soldatenfrauen zum Familienunterhalt beizutragen. **Beurlaubungssystem; Nebenerwerb**

Für die Altersversorgung der einfachen Soldaten oder für die Versorgung von Invaliden traf trotz verstärkter Beschäftigung mit dem Problem während des 18. Jahrhunderts keine Obrigkeit hinreichende Vorkehrungen. So drifteten abgedankte wie fahnenflüchtige Soldaten auch mangels solider Qualifikation leicht ins Milieu der unterstützungsbedürftigen Armen, der Bettler, Vaganten und Räuber ab, falls sie sich nicht auf familiären Rückhalt zu stützen und mit seiner Hilfe wenigstens eine Kümmerexistenz aufzubauen vermochten. **Ungenügende Invaliden- und Altersversorgung**

4. Randgruppen – Strukturen und Lebenssituationen

Randgruppen als Minderheiten, die infolge abweichenden Verhaltens von der Mehrheit nicht als gleichwertig anerkannt und gezielt ausgegrenzt werden – eine solche Negativdefinition verweist darauf, daß die jeweiligen gesellschaftlichen Normen die Zugehörigkeit zu Randgruppen maßgeblich bestimmen und ein durchaus disparates Spektrum an Existenzen betreffen können. Veränderungen der gesellschaftlichen Normen während des Spätmittelalters und mehr noch während der Frühneuzeit verschärften bereits zuvor spürbare Ab- und Ausgrenzungen. Davon besonders betroffen waren Bettler und Vaganten, Juden, Zigeuner und zu einem guten Teil auch die sog. „Unehrlichen". Erst seit dem späteren 18. Jahrhundert bahnte sich im Zeichen aufgeklärter Sicht von Staat und Gesellschaft langsam genug eine Trendwende an, die wenigstens ansatzweise auf soziale Integration auch bisheriger Randgruppen zielte.

Verstärkte Tendenzen zur Marginalisierung

4.1 Bettler und Vaganten

Ein Wandel der Einstellung gegenüber den tradierten mittelalterlichen Formen von Bettel und Armenunterstützung ist seit der Mitte des 14. Jahrhunderts spürbar (vgl. 5.); er schlug sich in den damals einsetzenden Bemühungen vor allem oberdeutscher Städte (Basel, Bern, Straßburg, Augsburg) nieder, betrügerischen Bettel zu bekämpfen. Das herausragende Dokument für die verschärfte Kritik am Bettel zu Beginn des 16. Jahrhunderts ist der in zahlreichen Drucken überlieferte, außerordentlich populäre „liber vagatorum" (Buch der Vaganten, erstmals erschienen 1509/10), wahrscheinlich aus der Feder des Pforzheimer Hospitalmeisters Matthias Hütlin. Er belegt anschaulich, wie damals – durchaus mit Blick auf die wahrhaft Bedürftigen – das gesamte Bettelwesen ins Zwielicht geriet und wenigstens der vor Ort unbekannte mobile „starke", also arbeitsfähige Bettler mehr oder weniger pauschal ins Randgruppen-Abseits verwiesen wurde.

Verschärfte Kritik am Bettel; der „liber vagatorum"

Ein Kernstück der hier in 28 Bettler- und Gaunertypen vorgestellten „Täusch-Kultur" [1: BOEHNCKE/JOHANNSMEIER, 45] bestand in der phantasievollen Mobilisierung spätmittelalterlicher Frömmigkeit durch die „falschen Bettler", wobei sie sich anerkannte Formen der Mobilität auf Zeit zunutze machten, indem sie als reuige Sünder und Pilger, als Mönche, arme Priester oder Scholaren auftraten. Hinzu kam als zweiter Kernbereich der Rückgriff auf echte Gründe für unterstützungsbedürftige Armut: das Vortäuschen aller Arten von körperlichen und geistigen

„Falsche Bettler" und ihre „Täusch-Kultur"

Leiden, das Vortäuschen von Schwangerschaft und Wochenbett, von Kinderreichtum und Elternlosigkeit, von Kriegs-, Wasser- und Brandunglück, von Verlust durch Raub und Diebstahl, von Not durch Gefangenschaft und auf der Handwerkswanderschaft. Ambulant betriebene Berufe wie Hausierer, Kesselflicker, Straßenmusikanten und Quacksalber rückten in die Nähe des „falschen" Bettels; Falschspieler bildeten den endgültigen Übergang ins kriminelle Milieu.

Die Lebens- und Überlebensstrategien der vagierenden Bettler und Gauner schlossen spezifische Abgrenzungs- und Absicherungstechniken ein. Zu ihnen rechnet auch die seit der Mitte des 13. Jahrhunderts belegte Geheimsprache des „Rotwelsch". Die Aufschlüsselung des Wortschatzes liefert wertvolle Information über das „Weltbild des Außenseiters", das sich verständlicherweise sehr stark an elementaren Lebensbedürfnissen und an der ausgrenzenden Umwelt orientierte [248: JÜTTE, Abbild, 117 ff.]. Genauere Einblicke in das Funktionieren dieser Welt der Vagierenden bietet das besonders gut untersuchte Beispiel von Köln, das auch auf andere größere Städte übertragbar sein dürfte. Demnach blieben die Bemühungen der Obrigkeit, die fremden Bettler „auszutreiben", schon deshalb weithin vergeblich, weil das Stadtgebiet zuviele Möglichkeiten des Unterschlupfs bot und es genügend Stadtbewohner gab, die an den Fremden verdienten. So lebten die ärmsten und sozial am wenigsten angesehenen Elemente der einheimischen Bevölkerung vor allem in den Randlagen der Stadt eng mit den mobilen Bettlern und Vaganten zusammen. Diese überbrückten auf ihren Wanderzügen nicht selten stattliche Entfernungen selbst über den deutschen Sprachraum hinaus, auch wenn die Konzentration auf eine überschaubar-vertraute Region zumal im ländlichen Bereich eher die Regel gewesen sein dürfte. Gewöhnlich wanderten und lebten die vagierenden Bettler zu mehreren in Zweck- und Schutzgemeinschaften bis hin zu Bandenbildungen, häufig aber auch in familienähnlichen Verbindungen.

Die große Zahl realer Notlagen, die zu Bettel und Vagantentum führten, bleibt bei alledem ebensowenig zu übersehen wie die Tatsache, daß Vagieren über die Jahrhunderte hinweg oft genug auch nur eine Existenz auf Zeit bildete und nicht selten die Voraussetzung für die Suche nach Arbeit oder für das Betreiben einer erstaunlichen Vielfalt von ambulanten Gewerben darstellte. Unübersehbar ist schließlich die Unfähigkeit der städtischen und territorialen Obrigkeiten, sich differenziert mit dem Problem des vagierenden Bettels auseinanderzusetzen. Ihre zunehmend rigorosere Abwehrpolitik trug letztlich eher dazu bei, „eine Schicht kaum mehr sozialisierbarer Menschen" zu schaffen [100:

Marginalien:

„Rotwelsch" – Absicherungstechnik und „Weltbild des Außenseiters"

Die Welt der Vagierenden (Beispiel Köln)

SCHUBERT, Arme Leute, 186] als sie vom Leben auf der Straße abzuhal-
ten. Die Zahl der Vagantenexistenzen ist schwer abzuschätzen; global
dürften aber auch während des 18. Jahrhunderts, das man als „eine Zeit
der Bettler und Gauner" bezeichnet hat [100: SCHUBERT, Arme Leute,
1], in ‚Normalzeiten' kaum mehr als 3–4% der Bevölkerung als sozu-
sagen professionelle „Fahrende" einzustufen sein; in Not- und Teue-
rungszeiten erreichten die Bettlerscharen naturgemäß die mehrfache
Größenordnung.

Will man versuchen, innerhalb der keineswegs homogenen Va-
gantenpopulation zu differenzieren, so bleibt – angesichts fließender
Übergänge schwierig genug – zu unterscheiden: Mobilität auf Zeit z. B.
von Personen, die Gelegenheitsarbeit oder eine neue Dienststelle suchten (Gesinde, Handwerksgesellen, Taglöhner, Söldner) oder die – im
Zeitalter der Glaubenskämpfe nicht selten – nach Vertreibung aus religiösen Gründen bzw. infolge Kriegsgeschehens und Kriegsauswirkun-
gen oder auch infolge persönlicher Schicksalsschläge wie Krankheit
und Brandkatastrophe im Umherwandern fremde Hilfe beanspruchen
mußten und dabei leicht in das Vagantentum auf Dauer abglitten; Hau-
siererexistenzen, die wichtige Vermittlungsfunktionen zwischen ge-
werblichem Sektor und Landwirtschaft wahrnehmen konnten, aber oft
genug auch in Bettler- und Gaunertum übergingen; vagierendes Bettlertum als Lebensform, das je nach Umständen auch Gelegenheitsarbeit
ausübte, aber auch kleinere Delikte wie Diebstahl und Betrug beging;
professionelle Kriminalität von „Gaunern", die sich auf „drohendes
Betteln", auf Betrug der verschiedensten Art, auf Diebstahl aller Kategorien verlegt und spezialisiert hatten und mit Einbruch oder auch Stra-
ßenraub bereits der Kategorie der „Räuber" zuzurechnen sind. Die
Spitzengruppe der Kriminalität bildeten die Mitglieder der kleineren
und größeren Räuberbanden; infolge ihres offensichtlich gehäuften
Auftretens ließen sie das 18. Jahrhundert in Deutschland zum Jahrhundert der Gauner und Räuber werden.

Anders als bei der überwiegend weiblichen seßhaften Armut mit
hohem Alten-Anteil handelte es sich bei den Vagierenden vielfach um
relativ junge Personen männlichen Geschlechts mit Überrepräsentanz
bestimmter Berufe, soweit vorhanden und bekannt (abgedankte Soldaten und Deserteure, Wandergewerbe, „Unehrliche" und Uneheliche,
Handwerksgesellen, Tagwerker, dazu ein stattlicher Teil aus Selbstre-
krutierung); nicht selten befanden sich in ihrer Begleitung Frauen als
Partnerinnen auf Zeit oder auf Dauer, schließlich auch Kinder, die auf
diese Weise in das Vagantentum hineinwuchsen. Angesichts der verschärften städtischen Armenaufsicht nebst Ausweisung der „fremden"

Bettler verlagerte sich das Tätigkeitsfeld der Vagierenden seit dem 16. Jahrhundert wohl allmählich verstärkt auf das flache Land, wo man sich dem amtlichen Zugriff leichter entziehen und in Randzonen der dörflichen Gesellschaft notfalls Unterschlupf finden konnte.

4.2 Gauner und Räuber

Diese vergleichsweise kleine Randgruppe professioneller Krimineller hat die Phantasie der Mit- und Nachwelt nicht zuletzt in der Gestalt des aufbegehrenden „edlen Räubers" besonders stark beschäftigt. Die zeitweise fast epidemisch auftretenden Räuberbanden Mitteleuropas lassen sich freilich nur in den seltensten Fällen als Erscheinungsform sozialen Protests in Gestalt von „Sozialrebellen" interpretieren, viel eher waren sie das Produkt von Kriegs- und Krisenzeiten in einer „Ökonomie des Überlebens", so in Deutschland besonders nach dem Dreißigjährigen Krieg und dann wieder während der Umbruchphase zu Ende des 18. und Beginn des 19. Jahrhunderts. Der Kampf der Obrigkeiten gegen „gartende" Landsknechte, gegen Strauchdiebe, Wegelagerer, „Landzwinger" und „Landstörzer" seit dem 16. Jahrhundert läßt jedoch erkennen, daß es an ähnlichen Sachverhalten auch zuvor nicht gemangelt hat.

Kein Ausdruck sozialen Protests, sondern ein Krisenphänomen

Räuberbanden entfalteten sich offensichtlich vor allem dort, wo die Staatsgewalt vergleichsweise schwach war, so in den territorial zerklüfteten Regionen Südwest- und Westdeutschlands. Die Banden rekrutierten ihre Mitglieder zu einem guten Teil, aber keineswegs ausschließlich über das Vaganten- und Gaunermilieu; der Anteil der Seßhaften war in einigen genauer untersuchten Fällen für den sächsischen und rheinischen Bereich größer, als man erwarten würde, und so mancher betätigte sich nur als Gelegenheitskrimineller. Unverhältnismäßig stark vertreten waren entlassene oder desertierte Soldaten, aber auch Vertreter unehrlicher Berufe wie Schinder und Abdecker, Taglöhner, ambulante Gewerbe, einstige Angehörige aus übersetzten Handwerken wie Schneider und Weber, schließlich, z.T. in eigenen Banden organisiert, Juden und Zigeuner, Angehörige zweier besonders stark stigmatisierter Randgruppen. Die Banden nutzten das offensichtlich weitgespannte und gut funktionierende Kommunikationsnetz in der Welt der Vaganten und Gauner, wobei meist bestimmte Wirtshäuser und „Winkelherbergen" die Kommunikationszentren bildeten. Zu ihrem sie abschirmenden und fördernden Umfeld rechneten nicht nur Informanten bis in den behördlichen Bereich hinein, sondern auch Mitläufer, die aus

Die Banden und ihr Umfeld: Zusammensetzung, Strukturen, Organisationsprinzipien

Furcht oder des eigenen Vorteils wegen Stützpunkte lieferten und Unterschlupf gewährten (häufig Gastwirte, Müller, Köhler, Schäfer), dazu Hehler, die geraubte Gegenstände übernahmen und weiterverhökerten, vielfach Juden, denen der Handel mit Dingen ungewisser Herkunft gestattet war. Schon im Interesse der Geheimhaltung waren die jeweils agierenden Einheiten meist ziemlich klein; die Zusammenarbeit in Gruppen bis zu 6–8 Mann war die Regel. Größere „Banden" bestanden bei näherem Zusehen eher in einem Netzwerk von einschlägigen Bekanntschaften und Beziehungen, aus dem je nach Bedarf und Gelegenheit geeignete Teilnehmer ausgewählt wurden. Mitunter festigten Verwandtschaftsbeziehungen den Gruppenzusammenhalt; ansonsten bildete die Ganovenehre ein wichtiges Bindemittel in einer „durch das (delinquente) Leistungsprinzip" organisierten, „in der Struktur egalitären Gemeinschaftsordnung" [260: DANKER, 287]. Meist gab es keine dauerhaft festgelegte Banden-Hierarchie; u.U. wirkten mehrere Führer nebeneinander, von denen derjenige, der für das jeweilige Unternehmen am geeignetsten erschien, die Organisation und Führung übernahm. Die z.T. erstaunlich weite Ausdehnung der Aktionsgebiete und entsprechende Mobilität der Bandenmitglieder vergrößerten die Chancen, nicht erkannt zu werden und Beute leichter absetzen zu können. Gewaltanwendung bildete bei den Bandenaktivitäten keineswegs die Regel; Einbruchsdiebstahl stand nach Häufigkeit an der Spitze der Delikte. Risikovermeidung und -minderung bestimmten offensichtlich weithin das Verhalten der Bandenmitglieder.

Mängel der staatlichen Strafverfolgung   Schließlich kam die vielfach recht mangelhafte staatliche Strafverfolgung den Räubern zustatten, da sich deren Risiko, entdeckt zu werden, in bescheidenen Grenzen hielt. Erst die Entstehung größerer Staatsgebilde im Zeitalter Napoleons mit leistungsfähigeren Verwaltungen und weiterem Aktionsradius bereitete den Räuberbanden bis in die 1820er Jahre den Garaus.

4.3 Unehrliche

„Ehrlichkeit" als zentrale Lebensnorm   „Ehrlichkeit" bildete eine „zentrale Lebensnorm der bürgerlichen und bäuerlichen Gesellschaft in der frühen Neuzeit" [264: HARTINGER, Rechtspflege, 55]; die Bewertung als „ehrlich" auf Grund von Herkunft, Beruf oder Stand sicherte den betroffenen Personen ein jeweils angemessenes Maß an sozialer „Ehre" und gesellschaftlicher Akzeptanz. „Unehrlichkeit" wirkte dementsprechend mit variabel gestufter Intensität als ausgrenzendes soziales Stigma.

In der schärfsten Form der juristisch sanktionierten Infamie traf „Unehrlichkeit" Personen, die wegen krimineller Delikte am Leib oder gar am Leben bestraft wurden. Im übrigen konnte sie eine stattliche Anzahl von Berufen und Personen erfassen: Scharfrichter/Henker und ihre Helfer (Schergen, Büttel, Gerichtsdiener, Gefängniswärter), Schinder/ Abdecker, Totengräber, Türmer und Nachtwächter, Bader, Barbiere, Chirurgen, Holz- und Feldhüter, Schäfer und Hirten, Sauschneider/ Nonnenmacher, Gassenkehrer und Bachfeger, Schornsteinfeger, Töpfer und Ziegler, Bettler und Bettelvögte, Leineweber, Müller, Zöllner und Torwärter, Hurenwirte und Prostituierte, Kesselflicker, alle Arten des „fahrenden Volks" wie Gaukler, Tierbändiger, Taschenspieler, Akrobaten, Komödianten und Spielleute. Schließlich trug auch uneheliche Geburt den Makel der Unehrlichkeit an sich: Seit dem 14./15. Jahrhundert und verschärft seit dem frühen 16. Jahrhundert begründete sie den Ausschluß aus den Zünften – mit deutlichen regionalen Unterschieden, was die Forderung selbst und ihre Handhabung betrifft; Entsprechendes gilt für einen großen Teil der genannten Berufe.

Unehrlichkeit bildete demnach keine Einheitsgröße und schloß materiellen Wohlstand (etwa beim Müller, aber auch beim Henker, der vielfach als medizinischer ‚Fachmann' gesucht war) keineswegs aus; die Mehrzahl der betroffenen Gewerbe ist freilich nicht nur nach sozialem Prestige, sondern auch unter wirtschaftlichen Gesichtspunkten den Unterschichten zuzurechnen. Die ökonomischen und sozialen Folgen der Ab- und Ausgrenzung trugen dazu bei, daß unverhältnismäßig viele „Unehrliche" im Milieu der Vagierenden und in der Randgruppen-Kriminalität anzutreffen waren, soweit der Makel der Unehrlichkeit nicht ohnehin auf bestimmten Gruppen der Vagierenden wie dem „fahrenden Volk" der Schausteller lastete. Daß die gesamte Welt der Vagierenden mit dem Odium besonders geringer „Ehre" behaftet war, versteht sich von selbst, freilich ohne daß daraus ausdrückliche „Unehrlichkeit" des betreffenden Personenkreises folgte.

Für die Entstehung von „Unehrlichkeit" läßt sich kein gemeinsamer Ursprung und Grund ausmachen. Sicher aber ist: Erst das städtische Zunftbürgertum hat die Vorstellung von ehrlichen und unehrlichen Gewerben voll entwickelt und – nicht zuletzt durch das Wandern der Gesellen als besonders aktiver Verfechter von Ehrbarkeitsvorstellungen – maßgeblich zur Ausbreitung derartiger Anschauungen bis aufs flache Land beigetragen. Ökonomische Ab- und Ausgrenzungsinteressen spielten hierbei eine entscheidende Rolle; diese Tatsache relativiert zumindest das Gewicht sonst gemachter Versuche, die Wurzeln des Phänomens aufzuspüren. Alte Tabuvorstellungen hinsichtlich des Tö-

Marginalien:

Von „Unehrlichkeit" erfaßte Personenkreise

Keine Einheitsgröße, kein einheitlicher Entstehungsgrund

Verbreitung durch die Zünfte

Tabuvorstellungen

tens von Menschen und des Umgangs mit Leichen und Aas mögen
beim Scharfrichter und Schinder und ihrem Umfeld, in abgeschwächter
Form auch bei Totengräbern sowie Schäfern und Hirten eine Rolle gespielt und mögen sogar bei den Berufen der Bader, Barbiere und Chirurgen nachgewirkt haben, kamen sie doch mit Blut, Wunden, Ge-
schwüren und gegebenenfalls auch mit Leichen in Berührung. In anderen Fällen wertete die niedrige und schmutzige Tätigkeit ab, etwa bei
Gassen- und Schornsteinfegern oder Kloakenreinigern, deren Arbeit
z.T. auch Sache des Schinders war. Teilweise mochte die Tradition ein-
stiger Un- oder Minderfreiheit durchschlagen, wie sie sich z.B. bei allen Berufen, die mit Schaustellung und Theater zu tun hatten, bis ins
römische Recht zurückverfolgen läßt, dazu die generell negative Einschätzung bindungslos-mobiler Existenz. Dies wirkte sich auch bei den
einfachen Spielleuten aus, zumal ihr Tun wie dasjenige von Gauklern
und Schauspielern von kirchlicher Seite lange Zeit als verwerflich-un-
christlicher Müßiggang außerordentlich negativ bewertet wurde; erst
zunehmende Seßhaftigkeit mit Rückbindung an Höfe und Städte und
die Bildung eigener zunftartiger Bruderschaften seit dem 14./15. Jahrhundert bahnten den Weg in die „Ehrlichkeit", ohne daß daneben das sozial geringgeschätzte vagierende Musikantentum verschwunden wäre.

Stigmatisierende Abwertung (margin)

Bei einer anderen, vergleichsweise umfangreichen Randgruppe
der Unehrlichen verstärkte sich dagegen Stigmatisierung und Marginalisierung während des ausgehenden Spätmittelalters und der Frühneuzeit: bei den Prostituierten. Die Ambivalenz der christlichen Gesellschaft ihnen gegenüber zeigte sich das ganze Mittelalter hindurch in
ihrer Einschätzung als unvermeidbares „kleineres Übel" in einer Gesellschaft, in der ein erheblicher Teil der Bevölkerung nicht oder erst verhältnismäßig spät eine eigene Familie zu gründen vermochte. Die enge
Verbindung von Prostitution und Vagantentum („fahrende Weiber")
trug zur negativen Einschätzung bei. In den Städten als den entscheidenden Standorten der seßhaft werdenden und aus den Unterschichten
alimentierten Prostitution neigten die Obrigkeiten insbesondere in
Ober- und Mitteldeutschland seit der Mitte des 14. Jahrhunderts zu stär-
kerer Kontrolle: In wachsender Zahl wurden bis ins frühe 16. Jahrhundert hinein „Frauenhäuser" als kommunale Pachtbetriebe eingerichtet.
Der weitaus größere Teil der Dirnen ging ihrem Erwerb jedoch per
Kuppelei, in privaten Etablissements oder auf eigene Rechnung in
Wirtshäusern und auf der Straße nach. Ein deutlicher gesellschaftlicher
Ausgrenzungsprozeß gegenüber den Prostituierten und der von ihnen
betriebenen „Unzucht" setzte erst seit der Mitte des 15. Jahrhunderts
ein. Der Weg von verachtender Duldung zu verschärfter gesellschaftli-

Zunehmende Marginalisierung der Prostituierten (margin)

cher Marginalisierung lag im Trend sich wandelnder Einstellung zu Nacktheit und Sexualität wie gegenüber nicht normgerechten sozialen Gruppen. Die verheerenden Seuchenzüge der aus Amerika eingeschleppten Syphilis im späten 15. Jahrhundert (1496/99) übten in dieser Richtung offensichtlich weit weniger Schubwirkung aus als der Kampf der Reformation um ein gottwohlgefälliges Leben der Christen: Die protestantischen Obrigkeiten schlossen die privilegierten Frauenhäuser meist bis in die 1540er Jahre; die katholischen Reichsstände folgten seit den 1550er Jahren (zuletzt Köln 1591). Die Prostitution wurde damit noch stärker als bisher ins Halbdunkel von Kuppelei und Zuhälterei abgedrängt, kriminalisiert und mit Haft, Ausweisung, Geld-, Körper- oder Ehrenstrafen geahndet; erst im späten 18. Jahrhundert begannen sich die öffentlichen Normen in dieser Hinsicht wieder zu lockern.

„Unehrlichkeit", soweit vor Ort wirksam und unumstritten (letzteres vor allem bei Abdeckern/Schindern sowie Scharfrichtern/Henkern und ihrem Tätigkeitsbereich), schloß vor allem von „ehrlichen" Berufen aus, ebenso natürlich von öffentlichen Ämtern, von bürgerlichen Ehrenrechten und -pflichten, falls der betroffene Personenkreis überhaupt das Bürgerrecht erwerben konnte, und schränkte für ihn den Bereich allgemein akzeptierter sozialer Kontakte mehr oder weniger spürbar ein. In einer Gesellschaft, in der die „ehrbare" Herkunft ein entscheidendes Kriterium sozialer Wertigkeit bildete, vererbte sich das soziale Stigma auf die Nachkommen und begrenzte je nach Intensität seiner Ausprägung auch die jeweiligen Heiratskreise. Sozialer Aufstieg der nachfolgenden Generationen über Ausübung von „ehrlichen" Berufen erwies sich als schwierig, da die Zünfte gerade das Prinzip der „Ehrbarkeit" als Regulativ bei der Auswahl des Nachwuchses mit dem Ziel konkurrenzmindernder Absicherung und Verbesserung des gesellschaftlichen Status der eigenen Gruppe seit dem 16. Jahrhundert immer restriktiver handhabten. Die zunehmende Abwehr der Obrigkeiten gegen das Ausufern von Verrufs-Praktiken im Handwerk richtete sich vor allem gegen die damit verbundenen Autonomieansprüche der Zünfte und die davon ausgehenden Störungen des sozialen Friedens zumindest in der seßhaften Gesellschaft. Nach den Reichspolizeiordnungen von 1548 und 1577, die das Vorbild abgaben für entsprechende territoriale Vorschriften, sollten ausdrücklich „die Leinweber, Barbierer, Schäfer, Müller, Zöllner, Pfeifer, Trummeter, Bader [...] wie andere redliche Handwerker" behandelt werden. Aber diese wie auch die erweiterten einschlägigen Bestimmungen der sog. Reichshandwerksordnung von 1731, die nur noch die Abdecker ausnahm, und schließlich die Aufhebung auch von deren Unehrlichkeit durch Reichsbeschluß 1772 ließen

Auswirkung von „Unehrlichkeit"

Kampf der Obrigkeit gegen ausufernde Verrufs-Praktiken

sich nicht ohne weiteres in der Praxis durchsetzen; außerordentlich zähe Verhaltens- und Einstellungsmuster wirkten hier noch lange fort.

4.4 Juden

Da sich ein Band dieser Reihe eigens mit der Geschichte des Judentums während der Frühen Neuzeit befaßt, soll von dieser religiös definierten Randgruppe hier nur in gebotener Kürze (ohne Forschungsdiskussion in Teil II und nur mit wenigen Literaturhinweisen in Teil III) die Rede sein, soweit ein Zusammenhang mit der Thematik von Armut und Unterschichten besteht. Dieser Zusammenhang ist allerdings in Spätmittelalter und Früher Neuzeit sehr eng gewesen. Im Zeitalter der Kreuzzüge begann sich unter christlichem Vorzeichen jene abwertende und rechtlich wie sozial ausgrenzende Haltung gegenüber Juden auszubreiten, die für die folgenden Jahrhunderte kennzeichnend geblieben ist und in den großflächigen Pogromen von 1348/50 einen ersten Höhepunkt erreichte. Religiöse Vorurteile bis hin zu den Anschuldigungen von Hostienschändung, Ritualmord und Brunnenvergiftung vermischten sich mit wirtschaftlichen Abwehrmotiven infolge der Kredit- und Pfandgeschäfte, auf welche die Juden angesichts ihres zunehmenden Ausschlusses aus anderen Tätigkeitsbereichen weitgehend verwiesen waren.

Marginalisierung und Verfolgung im Spätmittelalter

Aber auch Gemeinden, die die Pogrome überstanden oder sich neu bildeten, gerieten vor allem im 15. Jahrhundert unter verschärften wirtschaftlichen und sozialen Druck, blieben weiterhin durch Verfolgungen bedroht und wurden bis zum frühen 16. Jahrhundert in mehreren Ausweisungswellen aus einer wachsenden Zahl von Reichsstädten und Territorien vertrieben, so daß am Ende des 16. Jahrhunderts größere Judengemeinden nur noch in Frankfurt, Friedberg, Worms, Speyer und Prag existierten. Und soweit geduldet, wurden sie in verschließbare Judengassen oder Ghettos ab- und eng zusammengedrängt, durch eigene Judenordnungen rechtlich, durch Kleidervorschriften – einschließlich des seit 1530 reichsgesetzlich vorgeschriebenen „gelben Flecks" – sichtbar ausgegrenzt, finanziell durch Schuldentilgungen sowie die Zahlung hoher Schutzgelder und anderer Abgaben ausgebeutet mit der Wirkung, daß die große Mehrheit zunehmend verarmte. Nur außerhalb von zünftig organisiertem Handel und Handwerk konnten sich Juden betätigen: vor allem im Trödel- und Hausier-, im Vieh- und Landesproduktenhandel, in einigen wenigen (Luxus-)Gewerben, im Pfandgeschäft und nicht zuletzt in Geld- und Kreditgeschäften, ohne in diesem Bereich noch ein Monopol zu besitzen.

Vertreibungen und schwierige Existenzbedingungen der städtischen Judenschaft

„Verländlichung" des deutschen Judentums

Eigene wirtschaftliche und finanzielle Vorteile (u. a. durch hohe

Einkaufgelder und spezielle Judenabgaben) waren der maßgebliche Grund für Obrigkeiten, die Niederlassung von Juden in ihrem Hoheitsbereich weiterhin zu dulden oder sogar in Grenzen zu begünstigen; vor allem in reichsritterschaftlichen Territorien entstanden daher jüdische Gemeinden, ja ganze Judendörfer – die Verländlichung kennzeichnet die Situation des deutschen Judentums während der Frühen Neuzeit. Im übrigen war es eine gängige Methode, die Zahl der zugelassenen Familien strikt zu beschränken und nur dem ältesten Sohn Heirat und Niederlassung zu gestatten, so daß nachgeborene Söhne zu Abzug, Ehelosigkeit oder unstetem Wanderleben verurteilt waren. Die „Verrechtlichung" der jüdischen Existenz innerhalb des christlichen Umfelds während der Frühen Neuzeit erfolgte jedenfalls in äußerst einengender Weise.

Begrenzte Niederlassungschancen

Die wirtschaftlich-soziale Lage der Juden erwuchs aus diesen Gegebenheiten: Unter einer sehr schmalen Schicht von wohlhabenden Juden, deren privilegierte Spitzengruppe seit dem 17. Jahrhundert die sog. Hoffaktoren als Finanziers an Fürstenhöfen bildeten, und einem ebenfalls kleinen jüdischen Mittelstand, der sich außer in Geldgeschäften besonders in Groß- und Warenhandel betätigte, existierte die Masse der meist ländlichen Trödeljuden, die sog. Hausier- und Nothandel betrieben, und – davon nicht scharf abgetrennt – die vagierenden Betteljuden, die sich bei ihren zu Wohltätigkeit verpflichteten Glaubensbrüdern bzw. den dafür eingerichteten Judenherbergen durchhelfen ließen. Die Trödel- und Betteljuden, Ende des 18. Jahrhunderts schätzungsweise rund neun Zehntel der gesamten Judenschaft umfassend, bildeten auf Grund ihrer unsicheren wirtschaftlichen und sozialen Situation und ihrer Ausgrenzung durch die christlichen Mitbürger etwa seit der Zeit des Dreißigjährigen Krieges ein wachsendes Potential für das Gaunertum und sein Umfeld bis hin zu rein jüdischen oder stark jüdisch durchsetzten Räuberbanden.

Soziales Profil des Judentums

Erst die über einen längeren Zeitraum hinweg erfolgende rechtliche Gleichstellung der Juden mit ihren christlichen Mitbürgern bis in die 1860er Jahre hinein schuf in der deutschen Staatenwelt notwendige Voraussetzungen dafür, die Randgruppenexistenz der Juden aufzulösen, ohne deshalb die Virulenz offener oder unterschwelliger Vorbehalte gegen sie endgültig beseitigen zu können.

4.5 Zigeuner

Mehr noch als die Geschichte der Juden war diejenige der Zigeuner in Mitteleuropa eine Geschichte der Verfolgungen. Die Zahl der Zigeuner in Deutschland lag weit unter derjenigen der Juden – man hat sie für das

Besonders nachhaltige Marginalisierung und Kriminalisierung

frühe 17. Jahrhundert – sicher zu niedrig – auf nicht mehr als tausend Personen veranschlagt. Wenn sie trotzdem so stark ins Bewußtsein der Öffentlichkeit traten, dann erklärt sich das vor allem aus der auffallenden Andersartigkeit von Aussehen, Sprache, nomadischer Lebensweise und gesamter Kultur, an der die Zigeuner bei engem ethnischem Großgruppen-Zusammenhalt in Stammes-, Sippen- und Familienverbänden unter der Führung von „Grafen" oder „Herzögen" mit großer Zähigkeit festhielten. Ihrem seßhaften Umfeld erschienen sie daher zunehmend als „herrenloses Gesindlein", das den Vaganten und Gaunern zugerechnet und besonders nachhaltig marginalisiert und kriminalisiert wurde.

Anfängliche Duldung Als Zigeuner auf ihrer Westwanderung zu Beginn des 15. Jahrhunderts Mitteleuropa erreichten (erster sicherer Beleg 1417), begegnete man ihnen zunächst vergleichsweise vorurteilsfrei, galten sie doch als reuige christliche Sünder auf Bußfahrt für vergangene Sünden oder auch als von den Ungläubigen vertriebene Christen. Auf Grund derartiger Legendenbildung, die dem religiösen Denken der damaligen Zeit entsprach, erlangten die Zigeuner auch (teilweise umstrittene) kaiserliche und landesherrliche Geleitbriefe. Sehr bald aber stießen sie auf Abwehr, entfaltete sich in zeitgenössischen Schilderungen das negativ eingefärbte Stereotyp von den Zigeunern als den unheimlichen Fremden.

Enstehung des negativen Stereotyps Spätestens in den 1470er Jahren setzten Ausweisungsmaßnahmen ein (1471 und 1510 Luzern, 1477 Genf, 1482 Brandenburg). Einen radikalen Wandel der Einstellung zumindest in der obrigkeitlichen Optik markierte jedoch erst ein – später des öfteren wiederholter – Beschluß des Reichstags von Freiburg (1498): Er verwies die Zigeuner aus Deutschland und erklärte sie im Fall der Rückkehr für rechtlos (vogelfrei). Die Begründung, die Zigeuner seien Spione der Türken, spiegelt die damals wachsende Furcht vor der bedrohlichen Expansion der Osmanen wider.

Begrenzte Wirkung im Alltag bei verschärfter obrigkeitlicher Verfolgung im 17./18. Jahrhundert Im Alltag griffen die rigorosen Verfolgungsbestimmungen jedoch offensichtlich nicht so leicht. In der Reichsstadt Köln z. B. ergingen 1530/99 immerhin 26 Ratsbeschlüsse gegen Zigeuner eigentlich durchweg des Inhalts, diese seien einzusperren und aus der Stadt zu weisen. Tatsächlich zeitigten die Verbote trotz schwerer Strafandrohung im Wiederholungsfall keine sonderliche Wirkung; offensichtlich war die Stadtbewohnerschaft z.T. an Kontakten mit Zigeunern interessiert, besonders was deren Heilkunst und Wahrsagerei betraf.

Dennoch förderte die obrigkeitliche Kriminalisierung der Zigeuner fast notwendigerweise deren Kontakte mit den einheimischen Randgruppen der Vaganten und Gauner und wurde ihrerseits wiederum von diesem Umstand vorangetrieben. Die sog. „Jenischen", vor allem in Pfalz und Elsaß beheimatet, gingen als eigene Gruppe neben den Zigeunern offenbar aus solchen Vermischungen hervor. Das zunehmend härtere Vorgehen der Obrigkeiten gegen mobilen „Müßiggang" jeder Art als Quelle von Bettel und Kleinkriminalität produzierte im ausgehenden 17./frühen 18. Jahrhundert auch eine bisher unbekannte Flut von geradezu brutal formulierten Mandaten speziell gegen die Zigeuner. Die häufigen Wiederholungen einschlägiger Edikte und Patente von einzelnen Landesfürsten und Reichskreisen verweisen andererseits auf die zweifelhafte Wirkung der verkündeten Vorschriften. Furcht vor Gewalt und Racheaktionen auch mit Hilfe von Zauberkünsten, Interesse am wirtschaftlichen Verkehr mit Zigeunern, die sich vor allem als geschickte Wanderhandwerker (Kesselflicker, Scherenschleifer, Sieb- und Korbmacher), Vieh- und Pferdehändler sowie als begabte Musiker und Schausteller erwiesen, und Hoffnung, aus ihren vermuteten übernatürlichen Fähigkeiten zur Abwehr von Viehseuchen, Feuergefahr und Mißernten, zum Auffinden von Schätzen oder zur Voraussage der Zukunft Nutzen ziehen zu können, bewirkten ihnen gegenüber weithin eher eine Mischung aus Faszination und neugierig-abwehrender Duldung, und auch viele Amtspersonen scheinen die Verfolgungs-Vorschriften nur zurückhaltend befolgt zu haben.

Die Überlebensstrategien der Zigeuner selbst orientierten sich am Verhalten ihres Umfeldes; das Bemühen um Unauffälligkeit durch Wandern nur in kleinen Gruppen und durch Aufenthalt in schwerer zugänglichen und grenznahen Gebieten (besonders auch zwischen der Pfalz, Lothringen und dem Elsaß), um sich Verfolgungen leichter entziehen zu können, gegebenenfalls aber auch das Auftreten in größerer Zahl, um Unterstützungsforderungen Nachdruck zu verleihen, gehörten dazu; nur in recht seltenen Fällen kam es auch zur Bildung von Räuberbanden, denen vorwiegend oder ausschließlich Zigeuner angehörten. *Überlebensstrate-gien der Zigeuner*

Ein Wandel in der obrigkeitlichen Haltung gegenüber den Zigeunern zeichnete sich erst in der zweiten Hälfte des 18. Jahrhunderts ansatzweise ab, so in den Zigeuner-Regulativen Maria Theresias und Josephs II. von Österreich 1761, 1767 und 1783 und in ähnlichen Vorschriften Friedrichs II. von Preußen 1775: An die Stelle von Vertreibung und „Ausrottung" trat der Gedanke der Seßhaftmachung und der zweckmäßigen Nutzung menschlicher Ressourcen im Interesse der damaligen Peuplierungs-Bestrebungen. Freilich erwiesen sich die vorgesehenen Zwangsmethoden (in der Habsburger Monarchie u. a. Verbot von Ehen zwischen Zigeunern, Übergabe von Zigeunerkindern in die Pflege von Bauern und notfalls in geschlossene Anstalten, Verbot des Wanderns, des Wohnens in Zelten, des Gebrauchs der Zigeunerspra- *Zigeuner-Regulative: Zwang zur Seßhaftigkeit* che) als untauglicher Versuch, das „Zigeunerproblem" durch radikale Integration mittels radikaler Unterdrückung der angestammten Lebensform der Betroffenen zu lösen.

5. Armenpolitik zwischen Fürsorge, Kontrolle und Repression

Angesichts der Massenhaftigkeit von Armut im Sinne von Hilfsbedürftigkeit in ihren verschiedenen Spielarten – von ihr ist im folgenden allein die Rede – sahen sich Privatleute, Kirche und Obrigkeit ständig dazu herausgefordert, wenigstens die sichtbar werdende größte Not im Geiste christlich gebotener Nächstenliebe so gut wie möglich zu lindern. Wer wem gegenüber wann und wie moralisch oder gar institutionell zur Hilfe verpflichtet war, dafür entwickelten sich Spielregeln, die den wirtschaftlichen Gegebenheiten sowie dem Organisationsstand und den Denkmustern der Gesellschaft entsprachen und die sich daher im Lauf der Jahrhunderte wandelten. In der Langzeitperspektive verlief die Entwicklung in Mitteleuropa (wie in Europa überhaupt) von der individuell gewährten milden Gabe zur kollektiv organisierten und verwalteten Armenfürsorge und Sozialpolitik. Spätmittelalter und Frühe Neuzeit erscheinen hierbei als Perioden verstärkter Reglementierung und Kontrolle, verbunden mit verstärkter Abwehr und Ausgrenzung „unwürdiger" Armut. „Armenpolitik" im Sinne planender und steuernder Einflußnahme städtischer und territorialer Obrigkeiten auf das Armenwesen ist erst damals entstanden – von „Sozialpolitik" zu sprechen, erscheint angesichts fehlender oder bestenfalls in ersten Ansätzen greifbarer gesamtgesellschaftlicher Ausrichtung zu hoch gegriffen.

Wandel der Einstellung gegenüber dem Bettel im Spätmittelalter

Hatte während des Mittelalters aus christlich-kirchlicher Sicht die Hilfe für den Bettler als Ebenbild Christi und Bruder in Christo zur Beförderung des eigenen Seelenheils im Vordergrund der unorganisierten Almosenvergabe gestanden, ohne daß die tatsächliche Bedürftigkeit der Empfänger überprüft wurde, so bildete die zweite Hälfte des 14. Jahrhunderts im Wechselspiel von Armutswirklichkeit und Armutsbewertung offensichtlich eine Art von Wendemarke hin zum konkurrierenden Stereotyp des lästigen und unwürdigen Armen. In den Städten,

Entwicklung einer „Armenpolitik" in den Städten

den Brennpunkten der Armenproblematik nicht zuletzt infolge der dort vorhandenen Ansammlung von Unterstützungs-Ressourcen, verband sich solcher Einstellungswandel mit der seit dem 13. Jahrhundert deutlicher erkennbaren Tendenz, das Armenwesen besser zu organisieren, zu zentralisieren und zu kontrollieren, und zwar vor allem zugunsten der ortsansässigen Armen: Für sie fühlte sich die städtische Gemeinschaft am ehesten zuständig, soweit nicht Familie, Verwandtschaft, Nachbarschaft, kirchliche Institutionen (Klöster) oder soziale Verbände wie Kaufmannsgilden, Zünfte und Bruderschaften notwendigste Hilfe auf Gegenseitigkeit leisteten. Fürsorge vor allem für die „verschämten" Armen in den eigenen Mauern, feste Spielregeln für das Betteln (wer darf wann und wo betteln), genauere Kontrolle bei der Almosenvergabe, um unangemessene Mehrfach-Unterstützungen möglichst zu vermeiden, Unterscheidung von arbeitsfähigen und nicht arbeitsfähigen Armen und Abwehr vor allem „starker" fremder Bettler – dieser Katalog von Maßnahmen verdichtete sich im Lauf des 14. und vor allem des 15. Jahrhunderts zu einem verhältnismäßig konsistenten System der Armenpolitik.

Die Reformation hat diese Politik mit dem Konzept der kollektiv helfenden – und kontrollierenden – christlichen Gemeinde gefördert und in den protestantischen Territorien durch die Säkularisation umfangreichen Kirchenguts zugleich die Mittel für eine entsprechend ausgerichtete Armenpolitik in der Hand der Obrigkeiten (Städte und Fürsten) massiert. Die hier gegebenen Muster haben auch auf katholische Territorien zurückgewirkt, ohne daß deshalb einfache Abhängigkeiten bestünden; die von der humanistischen Bettelkritik mitgeprägte Gesamtentwicklung wies vielmehr im protestantischen und katholischen Bereich in dieselbe Richtung, und die Unterschiede der jeweiligen institutionellen Armenfürsorge waren offensichtlich mehr gradueller als grundlegender Natur. Ein beträchtlicher – und zwar vermutlich der wirksamste – Teil der Armenversorgung verblieb daneben überall weiterhin im „privaten" Bereich, wurde von familiärer, Freundschafts- und Nachbarschaftshilfe der verschiedensten Art sowie von der fortdauernden (wenngleich im protestantischen Bereich abgeschwächten) Tradition individueller Almosenvergabe getragen.

Reformation und Armenfürsorge

Weiterhin entscheidende Bedeutung privater Hilfe

Im folgenden können nur einige Aspekte der institutionell-amtlichen Armenfürsorge skizziert werden. Zweckmäßigerweise unterscheidet man hierbei zwei Bereiche: die „geschlossene" Armenpflege in Anstalten, die eigens für einen bestimmten Personenkreis (Arme, Alte, Kranke, Waisen) vorgesehen waren, und die „offene" Armenpflege, also die regelmäßige oder gelegentliche Unterstützung von Bedürftigen außerhalb derartiger Anstalten. Die letztgenannte Form war zweifellos die weitaus gewichtigere, und auf sie konzentrierten die Obrigkeiten daher ihre Überlegungen zum Armenwesen, auch wenn sie teilweise mit geschlossenen Anstalten Probleme der offenen Armenfürsorge zu lösen oder wenigstens zu vermindern suchten, etwa mit Armen- oder mit Zucht- und Arbeitshäusern (dazu s. u.).

Geschlossene Armenpflege: Hospitäler

Dessen ungeachtet blieben die Institutionen der geschlossenen Armenpflege von nicht zu unterschätzender Bedeutung. Auf Umwegen entwickelte sich aus ihnen u. a. das moderne Krankenhauswesen. Einen grundlegenden Ansatzpunkt hierfür bildeten die Hospitäler, wie sie im Mittelalter vor allem in den Städten überwiegend als multifunktionale Universalanstalten für jegliche Gattung von gesunden und mehr noch von kranken und gebrechlichen Armen eingerichtet wurden. Die große Zeit der Spitalgründungen im 12. und 13. Jahrhundert war zugleich die Zeit, in der die „Verbürgerlichung" des Spitalwesens einsetzte. Seit dem 14. Jahrhundert bestimmte das „kommunalisierte Spital" unter Oberleitung der städtischen Obrigkeit diese Form der Wohlfahrtspflege mit der Folge, daß sich auch deren Charakter zu wandeln begann: Der Kreis der Begünstigten verengte sich ähnlich wie in der offenen Armenpflege auf das einheimische Bürgertum, und die Spitäler wurden aus Fürsorgehäusern vornehmlich für kranke und sieche Arme zunehmend zu Altersheimen, in die sich vermögendere Bürger mit Pfründen einkauften. Ohnehin war die Zahl der verfügbaren Plätze im Verhältnis zur Bevölkerung außerordentlich gering, selbst wenn die Spitäler im 17. Jahrhundert z.T. dazu übergingen, „äußere", zu Hause wohnende Pfründner mit Geld und Lebensmitteln zu unterstützen. Dennoch haben

Verschiedene Spital-Typen

die verschiedenen Typen von Spitälern im Lauf der Jahrhunderte durchaus wertvolle Hilfe in Notlagen geleistet, sei es als Universal-Spitäler (meist Heilig-Geist-Spital genannt), sei es (verhältnismäßig selten) als spezielle Pest-Spitäler oder (sehr viel häufiger) als Anstalten für Leprakranke. Derartige Leprosenhäuser – schließlich mehr als 1000 allein in Deutschland – trugen durch die Isolierung der Kranken vor den Stadtmauern Wesentliches dazu bei, daß Lepra als Massenseuche im Abendland schon während des 14./15. Jahrhunderts rückläufige Tendenz zeigte und im Lauf des 16. Jahrhunderts weithin verschwand. Seit dem Einschleppen der Syphilis aus Amerika im späten 15. Jahrhundert entstanden durch Stiftung spezielle „Blatter-" oder „Franzosenhäuser". Aber auch hier faßte wie bei den zuvor genannten Spital-Gattungen angesichts sonst fehlender Einrichtungen zur Altersversorgung bald das Pfründnerwesen Fuß.

Neugründungen des 16./17. Jahrhunderts im katholischen Bereich knüpften an vielfach verschüttete Traditionen wieder an, wenn sie sich besonders die Versorgung von Kranken und Siechen zur Aufgabe machten – so das Julius-Spital in Würzburg (1576/79) – oder sich voll auf die Krankenpflege konzentrierten – so das Hospital des Ordens der

Barmherzigen Brüder in Neuburg a.d. Donau (gegr.1622) für männliche Kranke. Aufgeklärte Herrscher wie Joseph II., Friedrich d. Gr. oder der Bamberger Fürstbischof Franz Ludwig von Erthal schufen im späten 18. Jahrhundert Vorbilder für den neuen Typus des Allgemeinen Krankenhauses, den Ausgangspunkt des modernen Hospitalwesens; allerdings wurden derartige Häuser noch bis ins späte 19. Jahrhundert fast nur für die Versorgung von Angehörigen der Unterschichten, besonders von Handwerksgesellen und -lehrlingen sowie von Dienstboten genutzt.

Schließlich ist auf Waisen- (und Findel-)häuser hinzuweisen, die seit dem späten Mittelalter teilweise aus Hospitälern, häufiger jedoch und seit dem 16. Jahrhundert in wachsender Zahl aus eigenen kirchlichen, privaten und städtischen Stiftungen hervorgingen. Sie markieren den Übergang von der bis dahin „offenen" Fürsorge für Findel- und Waisenkinder zu geschlossenen Anstalten meist unter kirchlicher oder städtischer Führung; seit dem ausgehenden 17. Jahrhundert wurden sie zunehmend in problematischer Weise mit Zucht- und Arbeitshäusern kombiniert (dazu s.u.), und der Auftrag zu christlicher Erziehung und nützlicher Ausbildung beschränkte sich, abgesehen von den berühmten Francke'schen Anstalten in Halle (ab 1696), die aus pietistischem Geist der Nächstenliebe erwachsen waren, gewöhnlich auf den frühestmöglichen, vielfach rücksichtslosen Einsatz der Kinder bei gewinnbringender Arbeit besonders zur Herstellung von Textilien – Grund für die wachsende und nicht unwirksame Kritik der Philanthropen an den geschlossenen Fürsorgeanstalten im späten 18. Jahrhundert. *Waisenhäuser*

Einen sehr viel größeren Personenkreis als die „geschlossene" betraf die „offene" Armenpflege. Man hat den Entwicklungsprozeß von vorrangig religiös motivierter individueller Almosenvergabe zu stärker sozial motivierter (wenngleich maßgeblich religiös begründeter) kollektiv organisierter Armenfürsorge treffend mit den Leitbegriffen Kommunalisierung, Rationalisierung, Bürokratisierung und Pädagogisierung charakterisiert. Wie im Spitalwesen übernahm und gewann die städtische Obrigkeit zunehmend die Kontrolle über zahlreiche private Stiftungen und bezog vor allem auch die Erlaubnis zum Betteln in ihren Kompetenzbereich ein, um die verfügbaren Ressourcen möglichst effizient zu nutzen. Derartige Rationalisierung der Armenfürsorge setzte die Entstehung einer eigens für das Armenwesen zuständigen ‚Bürokratie' voraus. Der Versuch, planvoll und möglichst gerecht zu verteilen, enthielt von vornherein das Moment, notfalls mit Zwang und Strafe erzieherisch auf diejenigen Elemente einzuwirken, die einer „guten Ordnung" im städtischen Gemeinwesen nicht entsprachen. Insofern *Offene Armenpflege: Kommunalisierung, Rationalisierung, Bürokratisierung, Pädagogisierung* war Pädagogisierung mit Disziplinierung und sozialer Kontrolle auf das engste verbunden und beinhaltete damit zugleich einen entschiedenen Ausbau der obrigkeitlichen Macht- und Einflußsphäre in einem wichtigen Bereich innerstädtischen Zusammenlebens.

Das Beispiel Nürnberg   Für die Reichsstadt Nürnberg lassen sich derartige Entwicklungstendenzen seit dem späten 14. Jahrhundert beispielhaft verfolgen. Bis 1518 suchten die Almosenordnungen das nach wie vor gestattete Bettelwesen einschränkend in geordnete Bahnen zu lenken durch zunehmend genauere Vorschriften über den durch Legitimationsmarken (Bettelzeichen) ausgewiesenen und laufend kontrollierten Kreis der (grundsätzlich zu Arbeit verpflichteten) Berechtigten sowie über Zeitpunkt, Örtlichkeiten und Verhaltensweisen beim Almosenheischen; nicht zuletzt sollte auf diese Weise der Bettel Ortsfremder vermindert werden.

Die reformatorisch inspirierte Armenordnung von 1522: Gemeindefürsorge und Bettelverbot   Demgegenüber atmete die Nürnberger Armenordnung von 1522 bereits reformatorischen Geist und bildete die Grundlage für eine umfassendere Armenpolitik der städtischen Obrigkeiten über Nürnberg hinaus, denn sie lieferte ein wichtiges Vorbild für entsprechende Regelungen anderer Reichsstädte. Die Gemeinde sollte im Geist wahrer, vom Glauben getragener Nächstenliebe ihre „bedürftigen hausarmen und notleidenden" Mitbürger so versorgen, daß sie auf entwürdigenden Bettel nicht mehr angewiesen waren; Bettel wurde daher anders als bisher ausdrücklich als unchristlich verboten und unter Strafe gestellt. Der lutherische Gedanke, daß Arbeit gottgewollt sei, dagegen Arbeitsunfähige von ihrer Gemeinde „notdürftig" unterstützt werden sollten, verschärfte die bisherigen Traditionen der städtischen Armenpflege.

„Gemeine Kästen" und „Armenkästen"   Gleichzeitig schuf die Einziehung geistlicher Güter und Stiftungen zugunsten eines „gemeinen Almosens" oder „gemeinen Kastens", in den auch die Gemeindemitglieder durch regelmäßige Kollekten zu spenden hatten, neue Möglichkeiten zu einem zentral verwalteten Einsatz der Ressourcen. Allerdings ging die Vermischung der Aufgaben bei den „gemeinen Kästen" – Finanzierung von kirchlichen Aufgaben, von Schule und Armenfürsorge – leicht zu Lasten der eigentlichen Armenfürsorge. Dies machte zunehmend die Bildung eigener „Armenkästen" erforderlich, während die anonymisierende Übertragung der Armenfürsorge auf die Gemeinde die individuelle Bereitschaft zur Mildtätigkeit in Form von Almosenvergabe und Stiftungstätigkeit offensichtlich spürbar verminderte.

Verwandte Konzepte im katholischen Bereich   Ähnliche Vorstellungen wie bei den Lutheranern prägten die entsprechend neu festgelegte, kirchlich geleitete Unterstützungspraxis von Zwinglianern und Calvinisten. Auch im katholischen Bereich wurden verwandte Konzepte entwickelt, wie die Armenordnung der flämischen

Stadt Ypern von 1525, das einflußreiche Gutachten des Humanisten
J. L. Vives (De subventione pauperum, Brügge 1526), die Armenordnung Karls V. für die Niederlande von 1531 und die Reform des Armenwesens in anderen katholischen Städten und Territorien Europas
belegen; kirchlicher Widerstand verhinderte hier freilich stärker als im
protestantischen Bereich amtliches Vorgehen gegen Bettel und private
Almosenvergabe.

Die Verpflichtung der Städte und Gemeinden, ihre eigenen Armen
zu unterhalten, wurde in der Praxis nur sehr unvollkommen erfüllt, obwohl auch Reichsgesetze sie seit 1497 wiederholt (z. B. 1500, 1530,
1548 und 1577) bestätigten. Angesichts ungenügender oder fehlender
Mittel blieb zumal im ländlichen Bereich neben Beiträgen von Grund-
herrschaft und Kirche und bescheidenster Versorgung durch die Gemeindemitglieder der organisierte oder unorganisierte Bettel der Ortsarmen weithin gängiges Herkommen. Das Problem, daß zahlreiche
Menschen ohne anerkannte Heimatrechte auf der Straße lebten und daher keinerlei Chance auf geregelte Unterstützung hatten, konnte durch
den Rückbezug auf das Heimatprinzip ohnehin nicht gelöst werden; es
hatte im Gegenteil zur Folge, daß Gemeinden sich gegen Vereheli-
chung und Ansässigmachung all derjenigen Personen wehrten, die ihnen künftig zur Last zu fallen drohten. Die übliche Methode der Städte,
fremde Bettler und Vagierende höchstens auf kurz bemessene Frist zu
dulden, sie ansonsten auszuweisen und bestenfalls mit einer Wegzeh-
rung (Viaticum) zu versehen, scheint den Bettel seit dem 16. Jahrhundert ohnehin stärker als zuvor auf das weniger leicht kontrollierbare flache Land abgedrängt zu haben. Spätestens nach dem Dreißigjährigen
Krieg gerieten die Vagierenden aber auch dort unter schärferen Druck
obrigkeitlicher Abwehrmaßnahmen. Die zahlreichen Bettelverbote mit
harten Strafandrohungen und die häufiger veranstalteten systematischen Jagden auf „herrenloses Gesindel" jeder Art spiegeln ebenso die
tatsächliche Notsituation vieler höchstens „teilintegrierter" oder ent-
wurzelter Existenzen wie die sich verstärkenden Bemühungen der Ter-
ritorialgewalten um die erwünschte „gute Polizei" – ein Teilaspekt jener generelleren Entwicklungstendenz, die G. OESTREICH mit dem Begriff „Sozialdisziplinierung" gekennzeichnet hat.

Erfolgreich konnte eine derart repressive ‚Armenpolitik' als ‚logi-
sches' Gegenstück zu den gemeindlichen Unterstützungspflichten
schon mangels sinnvoller Abhilfemöglichkeiten kaum sein: Ertappte
Delinquenten wurden, falls nicht krimineller Taten überführt, unter
Vorgabe einer festen Reiseroute und mit Strafandrohung für den Fall
der Rückkehr des Landes verwiesen, nachdem sie u.U. noch auf Zeit

Mängel der
gemeindlichen
Armenfürsorge

Kampf gegen Bettel
und „herrenloses
Gesindel"

zwangsweise „ad opus publicum" wie Steinbruch-, Erd- oder Schanz-
arbeiten (z. B. beim Bau von Festungsanlagen) herangezogen worden
waren; ansonsten wurden sie, falls krank und gebrechlich, gewöhnlich
auf den „Schub" gebracht, d. h. über die nächste Landesgrenze in Richtung Heimatterritorium und Heimatgemeinde abtransportiert – soweit
eine solche festzustellen war (Bettlerfuhren). Wer trotz Verbots zurück-
kehrte, mußte mit ernsteren Folgen rechnen – von erneuter Vertreibung
nach Staupenschlag, Brandmarkung oder Ohrenschlitzen bis hin zur
Zwangsrekrutierung und Galeerenstrafe. Die inkriminierte Bevölkerungsgruppe hatte daher selbst dann, wenn sie es wollte, nur geringe
Chancen, irgendwo seßhaft zu werden; die Methode, bereits vergleichsweise kleine Vergehen mit Stadt- und Landesausweisung (oft genug
entehrend verschärft durch Staupenschlag und Brandmarkung) zu ahn-
den und so die eigenen Kriminalitätsprobleme zu exportieren, bedeutete für die Betroffenen zudem meist den endgültigen Weg ins soziale
Abseits lebenslänglicher Mobilität und fast unvermeidlicher Gesetzes-
verstöße.

Zucht- und   Ein in seiner Wirkung ebenfalls höchst problematisches Abhilfe-
Arbeitshäuser   mittel gegen hartnäckiges Vagieren von „Müßiggängern" waren Zucht-
und Arbeitshäuser. Diese Einrichtung entsprach dem Konzept von
,Fürsorge' und Disziplinierung vor allem mittels Erziehung durch und
zur Arbeit und versuchte das Instrument der „geschlossenen" Armenpflege in neuartiger Form für den Bereich der „offenen" Armenfürsorge
nutzbar zu machen. Nach Vorläufern in Oberitalien und England (bes.
Bridewell 1555) von den Niederlanden ausgehend, wo das Amsterda-
mer Tuchthuis und Rasphuis (1595, für Männer) und Spinhuis (1597,
für Frauen) im Geiste calvinistischer Arbeitsethik das vielbeachtete
Vorbild lieferte, verbreiteten sich Zucht- und Arbeitshäuser zunächst in
den großen Hansestädten an Nord- und Ostsee, seit der zweiten Hälfte
des 17. Jahrhunderts vorwiegend in den protestantischen, zunehmend
aber auch in den katholischen Reichsterritorien. Die Insassen, meist ein
buntes Gemisch straffällig gewordener und sozial auffälliger oder auch
unterstützungsbedürftiger Elemente, wurden hier einem strengen Re-
glement unterworfen mit dem Ziel, Vorbeugung und Verwahrung,
Strafe und Resozialisierung, Erziehung und Fürsorge miteinander zu
verbinden. Besonders im 18. Jahrhundert konnten hierbei das Bemühen
um ‚Humanisierung' des Strafvollzugs (von Todes- oder Galeeren- zu
Zuchthausstrafe auf Dauer oder auf Zeit), unnachsichtige Repression
(gegenüber hartnäckigen Bettlern und Vaganten, aber auch gegenüber
„liederlichem Lebenswandel" oder „ungeratenen Kindern") und das
Bemühen um Beschäftigung arbeitsloser Armer in oft widersprüchlich

anmutender Weise aufeinandertreffen. Wenn nicht selten andere Einrichtungen wie Waisen- und Irrenanstalt („Tollhaus"), aber auch Armen- und Krankenhaus oder Altersheim zumindest räumlich und administrativ enger mit Zucht- und Arbeitshaus verbunden wurden, so spiegelt dies das Bemühen um die Bewältigung eines breiten Spektrums akuter sozialer Probleme wider, freilich mit meist ungenügender Differenzierung zwischen den verschiedenen Insassengruppen, mit unzureichenden Mitteln und dementsprechend höchst zweifelhafter Wirksamkeit. Strafe und Abschreckung überwogen in derartiger Arbeits- und Zuchtpädagogik und „Sozialpolitik". Obwohl die Zahl der Hinrichtungen seit dem Bau von Zuchthäusern deutlich zurückging und andere Strafen wie die ehrlose Landesverweisung mit Stäupen und Brandmarkung, aber auch die sehr viel härtere Verurteilung zu den Galeeren oder zu schweren Arbeiten beim Festungsbau (die sog. Karrenstrafe) durch Zuchthausstrafen ersetzt wurde, ließ die ebenso rüde wie unvollkommene Alltags-Praxis ernsthafte Erziehungs- und Besserungsabsichten fast aussichtslos erscheinen. Auch zur Einübung in kapitalistische Arbeits- und Produktionsdisziplin und damit einhergehende Ausbeutung mittels „außerökonomischen Zwangs" (wie von marxistischen Autoren immer wieder betont) waren diese Mehrzweckanstalten von vornherein wenig geeignet: Schon ihre Zahl war viel zu gering – man hat für das ausgehende 18. Jahrhundert bisher etwa 115 Häuser im Gebiet des Alten Reiches, Preußens und Österreichs ermittelt, und die Zahl der dort einsitzenden „Züchtlinge" dürfte kaum mehr als 8000–10000 betragen haben. Die zu leistende Arbeit vor allem in der Textilherstellung (oft in angeschlossenen Manufakturen) bot nur beschränkte Ansatzpunkte zu ergiebiger Vermarktung, und wirtschaftlich erwiesen sich die Arbeits- und Zuchthäuser deshalb fast durchweg als Zuschußbetriebe. Auf die Problematik der Einrichtung machten aufgeklärt-humane Zeitgenossen im späteren 18. Jahrhundert zunehmend aufmerksam; die vielerorts einsetzenden Bemühungen um eine Reform des herkömmlichen Strafvollzugs führten dazu, daß die einstige „Universalanstalt" meist schon im frühen 19. Jahrhundert in ihre Bestandteile (Arbeits-, Armen-, Irren-, Waisen-, Zuchthaus) aufgelöst und das „Zuchthaus" auf den Bereich des verschärften Strafvollzugs beschränkt wurde.

Im Zeichen einer lebhaften öffentlichen Diskussion über alle nur denkbaren Aspekte der Armutsproblematik reorganisierten zahlreiche Städte während des letzten Viertels des 18. Jahrhunderts im Zeichen von Aufklärung und Verbürgerlichung das überkommene System der Armenfürsorge (z. B. Berlin 1774, Hannover 1783/84, Göttingen 1785, Mainz und Karlsruhe 1786, Hamburg 1788, Koblenz 1791, Braun-

Komplexe Zielsetzung, Mängel in der Praxis

Bemühungen um Reorganisation der Armenfürsorge

schweig 1796 ff.). Der euphorische Glaube an die armutüberwindende
Kraft der Arbeit, der „Industrie", spornte an zum pädagogisch verstandenen Kampf gegen „Müßiggang" in jeder Gestalt. So suchte die besonders nachhaltig als Vorbild propagierte und wirkende Reform des
Armenwesens in Hamburg 1788 bei den einheimischen Armen unter
möglichst genauer Abstimmung auf den Einzelfall zentral gelenkte und
finanzierte Fürsorge und Erziehung zur Arbeit, Kontrolle und Disziplinierung miteinander zu verbinden (u. a. durch Almosenunterstützung
bei Arbeitsunfähigkeit sowie durch etwa erforderliche Krankenversor-
gung, Vermittlung von geeigneten Arbeitsmöglichkeiten auch für
Hausarme, Schulbesuch der Armenkinder mit Arbeitsverpflichtung in
der Industrieschule, Verlust der Unterstützung und Zuchthausstrafe gegenüber notorisch faulen und betrügerischen Armen). Einen bemer-
kenswerten Neuansatz bildete die stattliche Zahl von ehrenamtlich tätigen Armenpflegern aus der Bürgerschaft; geleitet von bürgerlichem
Gemeinsinn, sollten sie dank genauer Kenntnis über die Lebensbedingungen der ihnen bezirksweise zugeordneten Armen die optimale (und
optimal kontrollierte) Verwendung der verfügbaren Mittel garantieren,
während gleichzeitig der kirchliche Einfluß im Armenwesen entschieden zurückgedrängt wurde.

Kameralistische
Konzepte einer
Armenpolitik

Wirtschaftliches und gesellschaftliches Effizienz-, Rationalitäts-
und Nützlichkeitsdenken bestimmten auch die Konzepte einer Armenpolitik, wie sie die Staats- und Wirtschaftstheoretiker des sog. jüngeren
Kameralismus (besonders JUSTI und SONNENFELS) entwickelten. Von einer „Armenpolitik" kann man bei ihnen endgültig sprechen, denn mit
Blick auf den Gesamtstaat betteten sie die bisherigen Denk- und Hand-
lungsansätze zum Problemkreis Armut in ein weitergefaßtes System
allgemeiner Wohlfahrt („Glückseligkeit") ein. Staatlich gefördertes
und gesteuertes Wirtschaftswachstum gehörte im theoretischen Ansatz
zu solcher Politik ebenso wie kollektive Absicherungsmaßnahmen gegen Möglichkeiten der individuellen Verarmung, z. B. Versicherungen
gegen Feuer-, Wasser- oder Hagelschaden oder Vorkehrungen gegen
wohlstandsbedrohende Üppigkeit und Verschwendung, aber auch staatlicher Abbau von „Ungerechtigkeiten und Bedrückungen", Milderung
harter Abgaben und erste Ansätze zu sozialer Absicherung in Notlagen
(Krankheiten, Alter), flankiert u. a. durch die Erziehung zu Arbeit und
Arbeitsamkeit in zu gründenden Manufakturen und in Industrieschulen
sowie durch ein ganzes Bündel repressiver Maßnahmen vor allem gegen den Bettel, den man nach wie vor weniger als ökonomisches und
soziales denn als individuelles Problem charakterlicher Defizite bewertete.

Von tieferem sozialpolitischem Verständnis der Armutsproblematik konnte also auch hier nur ansatzweise die Rede sein. Andererseits wies die Erkenntnis, daß die Intensivierung der wirtschaftlichen Möglichkeiten eine entscheidende Voraussetzung bildete, um die sozialen Verhältnisse ingesamt zu verbessern, in die Richtung, die aus vorindustrieller „natürlicher" Armut herausführte. Erst wenn man Armut zu einem guten Teil als gesellschaftlich vermeidbar betrachtete, konnte man auch daran denken, Armut durch übergreifende Maßnahmen sozialen Ausgleichs abzubauen und ihrer Entstehung vorzubeugen, konnte man – mühsam genug – im „Industriezeitalter" von spezieller „Armen-" zur umfassender verstandener „Sozialpolitik" vorstoßen, die durch ein höheres Maß an „sozialer Sicherheit" und „sozialer Gerechtigkeit" dazu beitragen soll, „sozialen Frieden" zu schaffen und zu erhalten.

II. Grundprobleme und Tendenzen der Forschung

1. Allgemeiner Forschungsstand

Armut, Unterschichten und Randgruppen in Deutschland während der Frühen Neuzeit bilden kein zentrales Thema der deutschen und internationalen historischen Forschung, auch wenn das Interesse an dem Problemfeld in den letzten Jahrzehnten unter dem Einfluß einer stärker sozialgeschichtlich orientierten Geschichtsauffassung deutlich gewachsen ist. Es mangelt noch ebenso an quellenmäßig fundierten Einzelstudien wie an zeit- und raumübergreifenden Zusammenfassungen; entsprechend behandeln die neueren Synthesen zur Sozial-, Kultur- und Alltagsgeschichte Deutschlands während der Frühen Neuzeit die Thematik nur ausschnittweise und am Rande [so P. MÜNCH, Lebensformen in der Frühen Neuzeit. Frankfurt/M. u. a. 1993, 107 ff., 375 ff.; 18: VAN DÜLMEN, Kultur, 27 ff., 43 f., 202 ff., 238 ff., 247 ff.; ausführlicher berücksichtigt dagegen bei 49: WEHLER, 124 ff., bes. 170 ff., 193 ff., unter dem Aspekt der „sozialen Ungleichheit" für das 18. Jahrhundert].

Forschungsdefizite; wachsendes Interesse an der Thematik

Die europäisch ausgelegten Überblicksdarstellungen zum Thema Armut von M. MOLLAT für das Mittelalter bis ins 15./16. Jahrhundert [37], von B. GEREMEK, der vor allem „die Vorstellungen über die Armut und die kollektiven Reaktionen auf sie" vom 14. bis ins 18. Jahrhundert thematisiert [23: Armut, 15], von LIS/SOLY [34], deren Interpretation von „vorindustrieller" Armut das marxistische Klassen- und Ausbeutungskonzept zugrundeliegt, oder von GUTTON [24] konzentrieren sich auch auf Grund der internationalen Forschungslage stark auf West- und Südeuropa und beziehen Mitteleuropa, wenn überhaupt, meist nur am Rande ein; dasselbe gilt für einschlägige Sammelwerke [36: MOLLAT; 42: RIIS]. Erst das jüngst erschienene, stärker systematisierende Werk von R. JÜTTE [31] sorgt in dieser Hinsicht für eine deutlich bessere Balance.

Überblicksdarstellungen für Europa

Für Deutschland sei zunächst auf einige wenige Studien hingewiesen, die über größere oder kleinere Teilaspekte hinaus die Thematik in unterschiedlicher Weise auf breiterer Grundlage angehen. An erster

Syntheseansätze für Deutschland

Stelle sind die Basisarbeiten W. ABELS zu nennen [Nr. 51 f.], der von
der ökonomischen Seite her die Problematik von „Massenarmut und
Hungerkrisen" für das „vorindustrielle Europa" mit Schwerpunktbildung im mitteleuropäischen Raum aufrollte (zu seinem Forschungsansatz vgl. im einzelnen unter 3.). E. SCHUBERTS Studie über Franken im
18. Jahrhundert [100] behandelt im abgesteckten regionalen Rahmen
auf Grund intensiver Quellenarbeit exemplarisch den ganzen Problemkreis von Armut und ihren Ursachen, Bettel, Armutsdelinquenz und
-kriminalität sowie die (höchst unzureichenden) obrigkeitlichen Ab-
hilfe- bzw. Abwehrmaßnahmen; in einer Serie von Aufsätzen hat SCHU-
BERT die Thematik räumlich und zeitlich weiterausgreifend wieder auf-
genommen [bes. 229: Mobilität, ferner Nrr. 228, 254, 426]. Gegenüber
seinem pointierten Verzicht auf soziologische Fragestellungen und Methoden als den untersuchten Gegebenheiten nicht angemessen [a.a.O.,
10] ist J. KOCKAS aus der Sekundärliteratur erarbeitete Synthese über
„Unterschichten um 1800" den Prinzipien der „Historischen Sozialwis-
senschaft" verpflichtet [95: Weder Stand, 38]. Mit Blick auf die weitere
Entwicklung im 19. Jahrhundert wird das ausgehende 18. Jahrhundert
als Beginn einer „Epoche des Übergangs" gesehen, in der die „Stände"
als grundlegendes Gliederungsprinzip der „alteuropäischen Gesellschaftsordnung" sich auflösten und an ihrer Stelle sich vom ökonomischen „Markt" bestimmte „Klassen" herausbildeten. Die Schwierigkeiten, mit der an Max Weber orientierten Begrifflichkeit die Unterschich-
ten-Realität im ausgehenden 18. Jahrhundert zu erfassen, macht bereits
der Titel deutlich; es spricht allerdings einiges dafür, daß dies ganz ähnlich auch schon für die vorangehenden Jahrhunderte gilt und nicht erst
als Ergebnis von „Dekorporierungsprozessen" einer (idealtypisch nicht
existenten) „Stände"-Gesellschaft zu sehen ist.

    Eine Synthese, die Armut, Unterschichten und soziale Randgrup-
pen in Deutschland während der Frühen Neuzeit insgesamt behandelt
und Konstanz und Wandel der jeweiligen Schicht- und Gruppenbildun-
gen sowie der damit einhergehenden Lebensbedingungen und Verhaltensweisen näher analysiert, bleibt ein Desiderat. Auch die Geschichtswissenschaft der DDR hat, wertvoller Einzelforschungen ungeachtet,
keinen Versuch in dieser Richtung unternommen. Klassen- und Klas-
senkampfkonzept, angewandt auf die zeitlich breit ausgelegte „Epoche
des Übergangs vom Feudalismus zum Kapitalismus", standen mit pau-
schal-nivellierenden Kategorien wie „plebejischen Schichten", „werk-
tätigen Massen" oder „Volksmassen" und dem Postulat gemeinsamer
Zugehörigkeit zur ausgebeuteten Klasse einer differenzierten und diffe-
renzierenden Analyse im Wege. Die ersten beiden Bände von J. KUC-

Marxistisch orien-
tierte Forschung

ZYNSKIS (methodisch ohnehin unzulänglicher) „Geschichte des Alltags des deutschen Volkes" [Berlin-Köln 1980/81] können diese Tendenz exemplarisch belegen. In dieselbe Richtung zielte K. Czok mit dem Vorschlag, die Vagierenden stärker „als Teil des deutschen Volkes [...] zu berücksichtigen [...] sowie ihre vielfältigen Aktionen als Bestandteil der Volksbewegungen mit ihren spezifischen Verhaltensweisen zu würdigen" [214: Zum Problem, 173].

Im einzelnen ist der Themenkreis Armut, Unterschichten und Randgruppen noch sehr unterschiedlich intensiv erforscht: Zeitliche Schwerpunkte bilden Spätmittelalter und erste Hälfte des 16. Jahrhunderts, dann wieder das 18., vor allem das ausgehende 18. Jahrhundert; räumlich wurden vorwiegend die Städte und unter ihnen wiederum mit Vorrang die (nach den Maßstäben der Zeit) großen Reichsstädte untersucht. Das Interesse an „Frühkapitalismus" und Reformationszeitalter und an der Übergangsphase vom 18. zum 19. Jahrhundert wirkt sich in solcher Schwerpunktbildung aus, zu einem Teil aber wohl auch die unterschiedliche Dichte in der Überlieferung einschlägiger Quellen.

Zeitliche und räumliche Schwerpunktbildung in der Einzelforschung

2. Zur Quellenlage

Gewöhnlich bilden quantitativ auswertbare Informationen über Beruf, Vermögen, Einkommen, Ämter u.ä. in Bürgerlisten, Steuerregistern, Rechnungen aller Arten, besonders Almosenrechnungen, Armenverzeichnissen, Inventaren usw. den ersten und – mangels aussagekräftigerer Alternativen – meist zuverlässigsten Zugriff auf Größe und Zusammensetzung der betroffenen Bevölkerungsgruppen. Diese selbst bleiben weithin ‚stumm' und haben nur selten schriftliche Äußerungen (z.B. in Testamenten) hinterlassen; einschlägige autobiographische Aufzeichnungen bieten am ehesten Einblicke in die Randzonen zwischen Mittel- und Unterschichten meist erst gegen Ende des behandelten Zeitraumes [z.B. U. Bräker, H. Seume, K.F. Klöden]; ein Fund wie das Selbstzeugnis eines Söldners aus dem Dreißigjährigen Krieg ist ein ungewöhnlicher Glücksfall [10a: PETERS]. Soweit Angehörige der Unterschichten und Randgruppen in amtlichen Quellen auftauchen, geschieht dies besonders häufig in Situationen, in denen die Sicht von außen und oben und zumal im Justizbereich mit abwertend-abwehrender Tendenz den Blickwinkel einseitig ausrichtet. Modifiziert gilt dies auch für einen Großteil der Quellen, die in Phasen intensiveren Interesses der Obrigkeiten an Problemen der Armenfürsorge entstanden, wie Bettel- und Armenordnungen, Bettelpatente oder auch die gelehrte Ar-

Vorherrschende Sicht ‚von außen' und ‚von oben'

menliteratur, die sich in den letzten Jahrzehnten des 18. Jahrhunderts zu häufen beginnt und damit mindestens ebenso einen sich anbahnenden Bewußtseinswechsel wie eine sich verschärfende Realität signalisiert [vgl. Nr. 8 und 16].

Quellensammlungen   Gedruckte Quellensammlungen zum Thema, die dem Interessierten den eigenen Zugriff erleichtern und wenigstens einen Eindruck auch von der Vielfalt einschlägiger archivalischer Überlieferung vermitteln, liegen bisher kaum vor; kennzeichnenderweise stehen Probleme der Armenfürsorge im Vordergrund [vgl. z.B. Nrr. 44f.: SACHSSE/TENNSTEDT, ferner die umfangreiche Dokumentation zum Straßburger Armenwesen im 16. Jahrhundert in 409: WINCKELMANN, Teil 2, sowie dessen Publikation wichtiger Armenordnungen der Reformationszeit [15]; zum Armenwesen auch viel Material in den Evangelischen Kirchenordnungen des 16. Jahrhunderts, 15 Bände, Leipzig/Tübingen 1902/77; Verhöre von Vaganten in 225: KÜTHER, 113ff.; speziell zum Problem des Hungers 10: U.-C. PALLACH mit Schwerpunkt auf Frankreich und Deutschland im 18. Jahrhundert; zu Grenzsituationen im „alten Handwerk" ergiebig 14: STÜRMER]. Besonders gut ist neuerdings der Spezialbereich des Räuberwesens wenigstens für das spätere 18. und beginnende 19. Jahrhundert dokumentiert [2: BOEHNCKE/SARKOWICZ].

Bildmaterial   Neben schriftlicher Überlieferung erweisen sich naturgemäß auch bildliche Darstellungen als wertvolle Quellen [vgl. 424: REINOLD; 430: SUDECK; 217: HAMPE; 45: SACHSSE/TENNSTEDT; 427: SIEVERS]. Die Illustrierte Alltagsgeschichte des deutschen Volkes von S. und W. JACOBEIT [28] liefert auf Grund eines weitgefaßten Volks-Begriffs informatives Bildmaterial, das aber über den engeren Unterschichtenbereich entschieden hinausreicht.

Märchen, Sagen,   Noch verhältnismäßig wenig geprüft scheint der Quellenwert von
Lieder, Sprache   Märchen, Sagen und Liedern für die Thematik, obwohl sie – vor allem bei Sagen auch im regionalen Kontext – eine Fülle von Informationen und Wertungen über Armut, Unterschichten und Randgruppen enthalten und gerade auch über Sichtweisen des ‚einfachen Volkes‘ einigen Aufschluß geben könnten, zumal offensichtlich der größte Teil der Erzähler aus entsprechendem Milieu stammte [425: L. RÖHRICH, 207ff.; 432: W. WOELLER I, 396ff.] und die sozialkritischen Töne gegenüber den „Reichen" und die Solidarität und Sympathie mit den ‚kleinen Leuten‘ vielfach unüberhörbar sind [vgl. einschlägige Stichworte in der Enzyklopädie des Märchens. Berlin-New York 1977ff.; Material in den Sagen- und Liedersammlungen Nr. 417–419, 429, 433]. E. MOSER-RATH und E. SCHUBERT bieten Hinweise auf Problemwahrnehmung und -verarbeitung in Predigten und Schwankliteratur [421: Lustige Gesell-

schaft, 247 ff.; 422: Dem Kirchenvolk, 94 ff.; 426: Randgruppen]. Daß man der Sondersprache des Rotwelschen [vgl. 7: KLUGE] wertvolle Information über das ‚Weltbild' von sozialen Randgruppen zu entlocken vermag, hat R. JÜTTE [248: Abbild] für das frühe 16. Jahrhundert gezeigt, nachdem R. GLANZ [301, 227 ff.] bereits mit besonderem Blick auf das jüdische Gaunertum „eine Rekonstruktion des inneren Lebens der subversiven Schichten" für das 18. Jahrhundert anhand ihrer Sondersprache versucht hatte.

3. Massenarmut und Hungerkrisen

Die Geschichte des Hungers, elementares Kernstück jeder Armutsgeschichte, sei zum größten Teil noch ungeschrieben, betonten jüngst S. MILLMAN und R.W. KATES: „Die Hungrigen schreiben selten Geschichte, und Historiker sind selten hungrig" [in 68: NEWMAN, 22]. Die wachsende Zahl einschlägiger Publikationen in den letzten Jahren läßt jedoch steigendes Interesse der Historiker an der Thematik erkennen, wozu nicht zuletzt der Anschauungsunterricht über die kritische Versorgungssituation in der Dritten Welt beiträgt [Nrr. 68, 73, 79]. *(Geschichte des Hungers als Forschungsthema)*

Grundlegende Arbeiten für Mitteleuropa wie auf europäischer Ebene hat W. ABEL mit seinen seit 1935 publizierten Untersuchungen über agrarische Konjunkturen und Krisen und ihre Auswirkungen vorgelegt [52] und mit dem 1974 erschienenen ‚Klassiker' zum Thema [51: Massenarmut] gekrönt. ABELs Zugriff über die Kombination von ökonomischer Theorie, statistischer Aufbereitung von Wirtschaftsdaten und erzählenden Quellen hat der Kritik [vgl. dazu EdG 10: W. ACHILLES, Landwirtschaft in der Frühen Neuzeit. München 1991, 69 ff., und EdG 11: F. MATHIS, Die deutsche Wirtschaft im 16. Jahrhundert, München 1992, 98 ff.] grundsätzlich standgehalten, nämlich vor allem mit Hilfe der schwankenden Relationen zwischen Löhnen und Agrarpreisen als wichtigsten Indikatoren auf die kurz- wie langfristige Entwicklung der elementaren Lebensbedingungen breiter Bevölkerungsschichten in vor- und frühindustrieller Zeit rückzuschließen. Bewährt hat sich die Methode besonders mit Blick auf die (hier vorrangig interessierende) Verbraucherseite, denn steigende oder sinkende Nahrungsmittelpreise trafen kurz- wie langfristig die weitaus meisten Haushalte – und auf alle Fälle die Unterschichten – an ihrer empfindlichsten Stelle. *(W. ABELs Modell zur Analyse vorindustrieller „Massenarmut")*

Wenn ABEL dabei die sich entspannende und dann wieder zuspitzende Wechselwirkung zwischen Bevölkerungsentwicklung und Nahrungsspielraum als bestimmendes Moment für die langfristige Ent- *(Bevölkerungswachstum und Nahrungsspielraum als Schlüsselgrößen)*

wicklung der Löhne und Preise in vorindustrieller Zeit herausstellte
und damit in modifizierter Form auf das Malthus-Ricardo-Modell der
demographischen Falle zurückgriff, dessen tatsächliche Wirksamkeit
(mitsamt der Massenarmut als deren Produkt) in Europa erst durch die
Industrialisierung außer Kraft gesetzt worden sei, so stieß er damit naturgemäß auf den Einwand von marxistisch inspirierter Seite, eine solche Sichtweise lasse die klassenbedingten Produktionsverhältnisse als
entscheidende Ursache der Massenarmut außer acht [z. B. 34: LIS/SOLY,
XII, 215; vgl. 26: HUNECKE, 486]. Das Gewicht wachsenden Bevölkerungsdrucks vor allem im 16. und 18. Jahrhundert, der gerade auch die
Zahl der Unterschichtsangehörigen ansteigen ließ, damit aber auch das
Gewicht der Produktionsfaktoren zu Lasten der Arbeitskraft verschob,
können jedoch selbst Verfechter eines solchen Ansatzes nicht bestrei-

Möglichkeiten zur Differenzierung des Modells

ten, zumal die kurz- und langfristigen Auswirkungen etwa von Klima-
schwankungen oder von Produktivitätsfortschritten auf die Wechselbeziehungen zwischen Bevölkerung und Nahrungsspielraum modifizierend in das ABELsche Modell durchaus eingebracht werden können
[Hinweise bei 26: HUNECKE, 486 f.]. Entsprechendes gilt für eine diffe-
renziertere Betrachtung der Erzeuger- und Verbraucherseite [modellar-
tig: H. FREIBURG, Agrarkonjunktur und Agrarstruktur in vorindustrieller Zeit. Die Aussagekraft der säkularen Wellen der Preise und Löhne
im Hinblick auf die Entwicklung der bäuerlichen Einkommen, in:
VSWG 64 (1977), 289–327].

Aussagekraft von Preisen und Löhnen

Natürlich bleibt zu berücksichtigen, daß die Berechnung bloßer
„Kornlöhne" die Auswirkungen der Agrarpreisschwankungen auf den
Lebensstandard zu überzeichnen droht, daß die im ländlichen Bereich
häufige Naturalentlohnung die Situation entschärfen konnte und daß
andererseits Löhne für einzelne Personen noch keine sichere Aussagen
über Familieneinkommen ermöglichen. Die herausragende Bedeutung
vor allem der Getreidepreise und der Löhne als zentraler Indikatoren
für den Lebensstandard und seine Entwicklung wird dadurch jedoch
nicht ernsthaft in Frage gestellt; das trifft gerade auch für die Unterschichten zu angesichts des überragenden Anteils der Kosten für die
(ganz überwiegend pflanzliche) Ernährung an ihren Gesamtausgaben.

Erforderlicher Ausbau der Preis- und Lohngeschichte

Um lokale, regionale und überregionale Entwicklungen differenzierter
erfassen zu können, benötigt man freilich ein noch enger geknüpftes
Netzwerk von Lohn- und Preisreihen, als es bisher zur Verfügung steht.
Abel selbst und seine Schüler haben Wesentliches dazu beigetragen,
die von J.M. ELSAS geschaffene Materialgrundlage [4] zu erweitern
[vgl. die Übersicht über Sammlungen zur Preis- und Lohngeschichte
Mitteleuropas in 52: ABEL, Agrarkrisen, 311–318; ferner H.-D. GER-

HARD, (Hrsg.) Löhne im vor- und frühindustriellen Deutschland, Göttingen 1984, und DERS./ K.H. KAUFHOLD, Preise im vor- und frühindustriellen Deutschland, Göttingen 1990]. Dennoch dürften Publikationen wie die von D. EBELING/F. IRSIGLER über „Getreideumsatz, Getreide- und Brotpreise in Köln 1368–1797" [3], die bis auf Wochenangaben hinuntergeht, auf absehbare Zeit Mangelware bleiben, obwohl erst die Aufschlüsselung der Daten bis auf kleine Zeiteinheiten hinunter z. B. Teuerungs- und Hungerkrisen hinreichend genau erfassen läßt.

Sehr viel schlechter als mit Preisinformationen über Lebensmittel ist es noch mit solchen über Löhne oder gar über Einkommen während der Frühen Neuzeit bestellt, einmal ganz abgesehen von sonstigen Daten über Kosten für Kleidung, Wohnung usw. Die wünschenswerte Ermittlung von empirisch abgesicherten, realitätsnahen schichten- und gruppenspezifischen „Realeinkommen", auch heute noch ein recht schwieriges Unterfangen, erweist sich daher für die Frühe Neuzeit als fast unmöglich.

Wie weit man dennoch selbst unter Verzicht auf Datenserien kommen kann, wenn man ein breit gestreutes Quellenmaterial zusammenträgt, hat U. DIRLMEIER [120: Untersuchungen; vgl. auch die Nrr. 54 und 121] exemplarisch für die oberdeutschen Städte während des Spätmittelalters gezeigt – während einer Zeit also, die gemeinhin als „goldene Zeit der Lohnarbeit" apostrophiert wird. DIRLMEIER kommt demgegenüber auf Grund seiner Untersuchungen, die u. a. auch den einfachen Rückschluß vom Getreide- auf den Brotpreis relativieren [a.a.O., 420 ff.], zu einer ernüchternden Bilanz für die damalige Lebenssituation der Unterschichten: „Sofern nicht grundsätzlich mehrere volle Arbeitseinkommen pro Familie vorausgesetzt werden, erklärt sich die potentiell unsichere Versorgungslage eines Großteils der Stadtbevölkerung im Spätmittelalter zwanglos aus den begrenzten materiellen Möglichkeiten, die eine systematische Vorratswirtschaft ebensowenig zuließen wie Maßlosigkeit als Grundeinstellung im Alltag." Unselbständige Lohnarbeit und teilweise auch Handwerkstätigkeit ermöglichten „keine Reservebildung und keine ausreichende Unterhaltssicherung [...], vor allem wenn Familien zu versorgen waren", das Mitverdienen von Ehefrauen, besonders auch durch Garnspinnen, war weithin eine „soziale Notwendigkeit" [121: Versorgung, 274 f., 288].

Angesichts derartiger Ergebnisse scheint eine weitere Verschlechterung der Lebensbedingungen der Unterschichten während des „langen" 16. Jahrhunderts kaum noch denkbar zu sein. Gleichwohl verweist die Entwicklung der Lohn-Preis-Relationen eindeutig darauf, daß dies der Fall gewesen ist. ABEL errechnet bei Lohnhandwerkern den erfor-

Einkommen und Lebenshaltung im Spätmittelalter

Sinkende Realeinkommen der Unterschichten im 16. und 18. Jahrhundert

derlichen Ausgabenaufwand für die Versorgung einer fünfköpfigen Familie mit Lebensmitteln auf 78% des Einkommens im frühen, auf 86% des Einkommens im späten 16. Jahrhundert [51: Massenarmut, 27], SCHULZ ermittelt für Taglöhner in Basel während des 16. Jahrhunderts anhand eines Nahrungsmittel-Warenkorbes einen Kaufkraftschwund von über 50% [168: Handwerksgesellen, 436 ff.], und genügend weitere Belege ließen sich anschließen [vgl. z. B. 74: SAALFELD, und 77: SCHOLLIERS; Problematisierung bei F. MATHIS, Die deutsche Wirtschaft im 16. Jahrhundert. München 1992, 100 ff.]. Der gleiche Vorgang wiederholte sich während der zweiten Hälfte des 18. Jahrhunderts als der nächsten besonders kritischen Entwicklungsphase der Lebenshaltungskosten [außer 51: ABEL, bes. 191 ff. vgl. z. B. 75: SAALFELD; für einfache „Lohnarbeiter" in Berliner Manufakturen hat 192: KRÜGER, 351 ff. zwischen 1750 und 1800 einen Anstieg der Lebenshaltungskosten auf das 2,3fache errechnet, während die Löhne bestenfalls konstant blieben].

Aber erst Arbeiten, die ähnlich wie DIRLMEIERs Forschungen über das Spätmittelalter die Probleme der Einkommensverhältnisse und Lebenshaltung während der Frühen Neuzeit mit der erforderlichen Differenzierung analysieren (Familieneinkommen, Bedeutung des Mischerwerbs, Naturalentlohnung u. a.), könnten unsere Vorstellungen über diesen wichtigen Bereich der Lebensbedingungen der (städtischen) Unterschichten in der wünschenswerten Weise im Zeitablauf der Jahrhunderte weiter konkretisieren [differenziert für Handwerksgesellen im oberdeutschen Bereich auch während des 16. Jahrhunderts 168: SCHULZ, 316–442]. Über das bloße Preis- und Lohngeschehen hinaus wären dabei so weit wie möglich Lebenssituationen, Perspektiven und Absicherungsstrategien der Betroffenen mitzureflektieren. Wie ergiebig solche Analysen bei günstiger Quellenlage sein können, zeigt GROEBNERs Untersuchung über Nürnberger Unterschichten um 1500 und ihre Versuche, ihre Randlage zur Unterstützungsbedürftigkeit mit einer „Pfand-, Gaben- und Plunder-Ökonomie" zu bewältigen [128]. Jedenfalls kann man davon ausgehen, daß Hospitalverpflegung, wie sie B. KRUG-RICHTER für Münster sorgfältig analysiert hat [365], deutlich über den Möglichkeiten gewöhnlicher Unterschichten- und Randgruppenangehöriger lag und Hunger für diese eine bewußtseinsprägende Alltagserfahrung bildete; freilich ist bisher nicht untersucht, ob auch nördlich der Alpen eine ‚Hunger-Kultur' existierte, wie sie P. CAMPORESI für Italien aufgedeckt hat [Das Brot der Träume. Hunger und Halluzinationen im vorindustriellen Europa. Frankfurt a. M. 1990].

Die Obrigkeiten suchten drohende Teuerung mit sehr unterschiedlicher Intensität durch ein Bündel von vorbeugenden und steuernden

Maßnahmen wenigstens abzumildern. Über die Lebensmittelpolitik der Städte, die – nicht nur in dieser Hinsicht – eine Vorreiterrolle für staatliches Verwaltungshandeln übernahmen, liegen zahlreiche ältere und einige neuere Einzelstudien vor [z. B. 81: WERMELINGER; 59: HERTNER; 78: STOLZ; 72: ROECK]. Zwar stießen solche dem sozialen Frieden dienenden flankierenden Maßnahmen zur eigentlichen Armenpolitik während ernsterer Krisenzeiten meist recht bald an ihre Grenzen, blieben jedoch keineswegs wirkungslos. So konnten EBELING und IRSIGLER zeigen, daß der Kölner Rat im 16. wie im 18. Jahrhundert während Krisenjahren die Lage zugunsten der einkommensschwachen Bevölkerungsschichten durch eine gezielt betriebene Zuschußpolitik spürbar zu entspannen vermochte und daß sein Bemühen, auch mit Hilfe einer antizyklischen Vorratspolitik auf „möglichst lange preisstabile Phasen" hinzuwirken, zumindest im 18. Jahrhundert recht erfolgreich war [3: EBELING/IRSIGLER Bd.2, XXVI, XXXIII ff.; 55: EBELING, Versorgungskrisen; 61: IRSIGLER, Getreidepreise]. Entsprechende Effekte lassen sich in anderen Städten und Staaten beobachten, auch in Preußen, selbst wenn die einst sehr positive Wertung über die Getreidehandelspolitik Friedrichs d. Gr. heute gedämpfter ausfallen mag – dazu grundlegend die einschlägigen Bände der Acta Borussica von W. NAUDÉ [9], SCHMOLLER u. a. [12] und A. SKALWEIT [13] mit zahlreichen Angaben zur Teuerungspolitik.

Bisher liegen trotz deutlich wachsenden Interesses [vgl. zuletzt 83: GAILUS/VOLKMANN] nur verhältnismäßig wenige Untersuchungen vor, die über Abels Gesamtüberblick hinaus die Auswirkungen von Hungerkrisen im Rahmen der jeweiligen lokalen oder regionalen wirtschaftlichen, politischen und sozialen Gegebenheiten unter Einschluß der Versuche zur kollektiven wie zur individuellen Krisenbewältigung genauer analysieren. Am besten sind die Hungerjahre 1770/72 erforscht [vgl. Nrr. 53, 57, 65, 80, 82 f.; in weiterem Zusammenhang Nrr. 60 und 62]. Die Bewertung des obrigkeitlichen Krisenmanagments und seiner Effektivität fällt dabei zwiespältig aus. Aber gerade indem die amtlichen Steuerungsbemühungen sich üblicherweise an den lokalen oder kleinräumigen territorialen Bedürfnissen ausrichteten, wirkten sie sozial beruhigend, weil sie so am greifbarsten die Wahrnehmung obrigkeitlicher Fürsorgepflicht zu demonstrieren schienen. H.-D. LÖWE [63] und G. SCHMIDT [76] erklären damit die Tatsache, daß im territorial segmentierten Deutschen Reich bis ins ausgehende 18. Jahrhundert hinein Hungerrevolten offenbar vergleichsweise selten ausbrachen im Unterschied zu Frankreich und England, wo größerräumige Marktbeziehungen leichter in Widerspruch zu den tradierten, lokal orientierten Wert-

Wirksamkeit obrigkeitlicher Lebensmittelpolitik

Hungerkrisen, Hungerrevolten, Krisenpolitik

vorstellungen der „moralischen Ökonomie" (E.P. THOMPSON) gerieten [vgl. dazu 56: GAILUS, Straße, 204 ff.; zu Thompsons Konzept zuletzt J. BOHSTEDT in 83: GAILUS/VOLKMANN].

Entsprechend schwierig und nur begrenzt erfolgreich gestalteten sich in Deutschland allerdings auch Bemühungen, die Handels- und Versorgungsinteressen über die territorialen Einzelegoismen hinaus zu koordinieren, wie F. MAGEN [64] am Beispiel der west- und süddeutschen Reichskreise für die Jahre 1770/72 zeigt, und nur langsam schwand die Überzeugung von Zweck und Sinn tradierter Teuerungspolitik bei den Regierungen seit der zweiten Hälfte des 18. Jahrhunderts im Spannungsfeld von physiokratischer und wirtschaftsliberaler Theorie einerseits, tradierten Versorgungsvorstellungen andererseits [dazu 60: HUHN, ferner 67: MOOSER, Gewalt, bes. 230 ff.]. So wurde offensichtlich erst „die Umbruchsphase von einer lokal oder regional ausgerichteten interventionistisch-fürsorglichen Wirtschaftspolitik zur vollentwickelten, integrierten liberalen Wirtschaftspolitik" [76: SCHMIDT, 279] 1790–1850 die „klassische Periode der Hungerunruhen in Deutschland", wenngleich deren Zahl und Intensität selbst 1847, soweit bisher zu übersehen, vergleichsweise maßvoll blieb [56: GAILUS, Straße, 138 ff., 201 ff., ferner in 83: GAILUS/VOLKMANN, 135 ff.].

Not-Kriminalität und mentale Krisenverarbeitung

Mit Sicherheit waren Hunger- und Teuerungsjahre stets Perioden steigender Not-Kriminalität, ohne daß die Intensität des Zusammenhangs bereits systematisch untersucht wäre; für Bayern, Baden und Franken liefern BEHRINGER [232: Mörder, 103, 108 f.], WETTMANN-JUNGBLUT [244: Stelen, 153 f.] und vor allem KAPPL [237: Not, 35 ff.] wenigstens einige Hinweise. Die Möglichkeit ganz andersartiger ‚Krisenbewältigung' erörtert H. LEHMANN, indem er einen Zusammenhang zwischen gesteigerter Endzeiterwartung sowie Hexenverfolgung im späten 16. Jahrhundert und der damaligen Klimaverschlechterung mit dadurch bedingten gehäuften Mißernten für denkbar hält; er stößt damit in den noch kaum erforschten Bereich der mentalen Folgen derartiger Krisen vor [Frömmigkeitsgeschichtliche Auswirkungen der ‚Kleinen Eiszeit', in: W. SCHIEDER (Hrsg.), Volksreligiosität in der modernen Sozialgeschichte. Göttingen 1986, 31–50]. In ähnliche Richtung argumentiert BEHRINGER in seiner Untersuchung über „Hexenverfolgung in Bayern" für das späte 16./frühe 17. Jahrhundert, daß nämlich „praktisch jede große Verfolgung in der Zeit einer Agrarkrise wurzelt", freilich ohne „daß es in solchen Jahren zur Verfolgung kommen mußte"; direkte Krisenauswirkungen und deren mentale Verarbeitung sowie „sozialpsychologische Nebenwirkungen" in Gestalt zunehmender kollektiver Ängste auch unter dem Druck allgemeiner Verknappung des

Nahrungsspielraumes erscheinen ihm als begünstigende Faktoren für die wiederholt zu registrierenden Verfolgungsschübe während der zweiten Hälfte des 16. Jahrhunderts [Hexenverfolgung in Bayern. Volksmagie, Glaubenseifer und Staatsräson in der Frühen Neuzeit. München 1988, bes. 32, 98 ff., 126 ff., 308 f., 342 f., 400 f., 422 ff.]. Angesichts der Komplexität von Motiven, Interessen und ‚Mechanismen‘ von Hexenverfolgungen ist dem Erklärungsansatz freilich nur beschränkte Reichweite zuzubilligen, solange nicht dargelegt ist, warum in bestimmten Fällen Teuerung ins Gewicht gefallen sein soll, in zahlreichen anderen dagegen nicht.

Keine Einhelligkeit besteht in der Forschung über die Frage, wie stark Teuerung und Hunger direkt auf die Erhöhung der Sterblichkeit der Bevölkerung durchschlugen [vgl. an englischem und französischem Material die Beiträge in Nrr. 68, 73 und 79 sowie die Erörterungen von P. LASLETT, Verlorene Lebenswelten. Wien u. a. 1988, 149 ff.]. Die Reichweite der ‚klassischen‘ Hungerkrisen-Theorie von J. Meuvret/P. Goubert jedenfalls, nach der in Subsistenzkrisen vor allem Hunger die Bevölkerung direkt dezimierte, ist inzwischen stark relativiert worden; Seuchen gelten als wesentlich gewichtigerer Faktor für demographische Krisen [zusammenfassende Hinweise bei A.E. IMHOF, Einführung in die Historische Demographie, München 1977, 15 ff. und bei 40: PFISTER, 98 f.; vgl. ferner den grundlegenden Beitrag von WALTER und SCHOFIELD in Nr. 79]. Kaum strittig ist allerdings, daß Hunger- und Teuerungskrisen nicht nur über sinkende Gebürtigkeit und Heiratshäufigkeit auf die Bevölkerungsentwicklung dämpfend einwirkten, sondern auch entscheidend zur Entwicklung und Verstärkung von Seuchenzügen und damit wenigstens indirekt zu erhöhter Sterblickeit beitragen konnten. J.D. POST weist in seiner europäisch ausgelegten Fallstudie [70] für die frühen 1740er Jahre jenseits eines einfachen Entweder-Oder auf die komplexen Wechselwirkungen hin zwischen kaltem Wetter, Nahrungsmittelverknappung und Krankheiten, die sich zudem durch verminderten Hygienestandard und erhöhte Mobilität der vor allem betroffenen Unterschichten besonders leicht epidemisch ausbreiten konnten [im Vergleich der frühen 1740er und 1770er Jahre 71: POST, Nutritional Status]. Regional oder lokal ausgelegte Einzelstudien werden in dieser Hinsicht am ehesten weiterführen, indem sie Wirtschaftslage, Krisenursachen und -entwicklungen mit (bisher zu wenig verfügbarer) sozial differenzierender demographischer Analyse verbinden.

Demographische Auswirkungen von Teuerungs- und Hungerkrisen

4. Unterschichten – Strukturen und Lebenssituationen

Daß die komplexe soziale Wirklichkeit in Deutschland während des Spätmittelalters und der Frühen Neuzeit mit dem Konzept sozialer Schichtung letztlich besser als mit spezifischeren Konzepten von „Stand" oder „Klasse" erfaßt und für die Thematik der „Unterschichten" nutzbar gemacht werden kann, wird in vorliegender Arbeit vorausgesetzt, ohne die teilweise kontroverse wissenschaftliche Diskussion hierzu aufzurollen [umfangreiche Literaturhinweise in 95: KOCKA, 254 Anm. 3; vgl. 27: ISENMANN, 250ff.]. Die zugrundegelegten Schichtungs-Kriterien (vgl. I.1.) scheinen in ihrer Relevanz für die Bildung vertikaler und horizontaler sozialer Nähe oder Distanz kaum bestritten zu sein. Angesichts der Mehrdimensionalität sozialer Schichtung und

Probleme der Abgrenzung sozialer Schichten — des unterschiedlichen Gewichts der einzelnen Dimensionen für die jeweiligen Zeitgenossen wie für die Fragestellungen des jeweiligen Forschers erweisen sich freilich klare Schichtzuweisungen und -abgrenzungen in der Praxis als schwierig. Je nach gewählter Grenzziehung fällt der Anteil der Unterschichten größer oder kleiner aus. So hat FRANÇOIS ihn für Koblenz um 1800 einschließlich Dienstboten und Gesellen auf rd. 40% der Bevölkerung veranschlagt (ohne die beiden Gruppen auf nur 25%) [127: Koblenz, 161], dagegen D. HÖROLDT für das nahegelegene Bonn mit einer ähnlichen Sozialstruktur 1790 auf fast 74% der erwerbstätigen Personen [Die Sozialstruktur der Stadt Bonn vom ausgehenden 18. bis in die Mitte des 19. Jahrhunderts, in: E. ENNEN/D. HÖROLDT, Aus Geschichte und Volkskunde von Stadt und Raum Bonn. Bonn 1973, 282–331, 324]. Auf vergleichbare Schwierigkeiten, die „ländlichen Unterschichten" sachlich und quantitativ genauer abzugrenzen, weist z.B. MITTERAUER hin [110: Lebensformen, 316ff.].

Heterogenität der Unterschichten — Außer Frage steht das beachtliche Maß an sozialökonomischer und mentaler Heterogenität der „Unterschichten", ihrer Lebenswelten und Lebenserfahrungen. Soziale und rechtliche Ungleichheit, eine tagtäglich erfahrene Tatsache und Tradition, galt – in entsprechend verkleinertem Maßstab, dafür aber um so eifersüchtiger gehütet – auch zwischen den verschiedenen Unterschichten-Gruppen [dazu 95: KOCKA, bes. 161ff.], und selbst bescheidenster Besitz diente zur Statusabgrenzung nach unten. Erst der nivellierende Abbau ständischer Elemente und der Übergang zur Lohnarbeit auf breiter Front im 19. Jahrhundert haben Ähnlichkeiten der Lebenssituation im Unterschichtenbereich verstärkt und zugleich bewußter gemacht und wurden damit auch allmählich politisch aktivierbar. Für die Frühe Neuzeit bleibt demgegenüber gerade die Vielfalt der Lebensbedingungen als charakteristischer Grundzug der Sozialordnung besonders zu beachten.

4.1 Ländliche Unterschichten

Da während der Frühen Neuzeit wenigstens vier Fünftel der Bevölkerung Deutschlands im ländlich-dörflichen Bereich lebten und arbeiteten, kommt der Frage nach den ländlichen Unterschichten besonderes Gewicht zu. Zu ihnen werden üblicherweise die sog. „unterbäuerlichen" Existenzen gerechnet, die keine tragfähige landwirtschaftliche Familienstelle bewirtschafteten [vgl. allg. Hinweise in EdG 10: W. ACHILLES, Landwirtschaft in der frühen Neuzeit. München 1991, 107 ff.; 228: SCHUBERT, 305 ff.]. Unter „sozialökonomischem" Aspekt wurden sie in der marxistischen Geschichtswissenschaft als „Landarmut" zusammengefaßt [113: PETERS, bes. 273 ff., 279, 300 ff.]. „unterbäuerliche" Bevölkerung, „Landarmut"

Die Entstehung landwirtschaftlicher Klein- und Kleinststellen ist noch keineswegs hinreichend erforscht, auch wenn man weiß, daß sie bis ins Mittelalter zurückreicht. Daß die unterbäuerlichen Existenzen in Phasen wachsenden Bevölkerungsdrucks, bereits während des 16., vor allem aber während des 18. und und der ersten Hälfte des 19. Jahrhunderts, teilweise drastisch zunehmen, ist sattsam bekannt und für einige Regionen und so manche Ortschaft genauer belegt, aber bisher noch nicht annähernd, zumal nicht im Zeitablauf über die Jahrhunderte, flächendeckend präzisierbar. Hingewiesen sei der Einfachheit halber auf die (keineswegs erschöpfenden) Angaben und Zusammenstellungen bei G. FRANZ [Geschichte des deutschen Bauernstandes vom frühen Mittelalter bis zum 19. Jahrhundert, 2. Aufl. Stuttgart 1976, 214 ff., bes. 218 ff.], H.U. WEHLER [49: Gesellschaftsgeschichte, 171 f.], J. KOCKA [95: Weder Stand, 84 ff.].

Als außerordentlich schwierig erweist es sich zudem, die verfügbaren Angaben miteinander zu vergleichen, da Bezeichnungen wie „Bauer", „Gärtner", „Seldner", „Inwohner" usw. angesichts großer regionaler und zeitlicher Spannweiten des Besitzes innerhalb der so benannten Gruppen kaum einen zuverlässigen Rückschluß auf deren schichtenspezifische Zuweisung ermöglichen und sich hinter gleicher Betriebsgröße je nach Bodenqualität und -nutzung, ansonsten verfügbaren Landreserven (Ansprüche auf Nutzung von Gemeindeland) und anderweitigen Erwerbsmöglichkeiten sehr unterschiedliche Existenz-Situationen verbergen können. Dennoch scheint so gut wie überall zu gelten: Rein quantitativ bildeten die eigentlichen Vollerwerbs-Bauern spätestens seit der zweiten Hälfte des 18. Jahrhunderts eine (oft genug Die Bauern als Minderheit kleine) Minderheit. Das ist besonders auffällig in den eigentlichen Zonen geschlossener Hofübergabe. Aber auch in den Realteilungsgebieten zeichnet sich bei größerer Streuung des Landbesitzes ein starker Zuwachs der kleinbäuerlichen, unterbäuerlichen und landlosen Existenzen ab, wie noch jüngst A. MAISCH am Beispiel dreier württembergischer Dörfer gezeigt hat [Notdürftiger Unterhalt und gehörige Schranken, Stuttgart 1992, 83 ff.]: Im letzten Drittel des 18. Jahrhunderts lag dort der Grundbesitz in 52–81% der Fälle unter einer Selbstversorgerstelle; gleichzeitig ist dort die Tendenz zu beachtlicher Konzentration des Landbesitzes zu beobachten. Die Realteilung konnte somit gleichzeitig auf breitere Streuung von Grundbesitz wie auf dessen Massierung in weniger Händen hinwirken – beides trug auf seine Weise dazu bei, die landlosen und landarmen Unterschichten anwachsen zu lassen.

Die unterbäuerlichen Schichten wiederum gliederten bzw. stuften sich wenigstens in den Anerbengebieten gängigerweise in die unter I.3.1. skizzierten Gruppen der Kleinbauern und der fast oder völlig landlosen „Häusler", „Inwohner", Taglöhner u.ä., des Gesindes und ge-

Ungenaue Kenntnisse über die Entwicklung der ländlichen Unterschichten

gebenenfalls der Ortsarmen. Die Frage, wann das Wachstum der genannten Gruppen einsetzte und wie es verlief, wie groß diese tatsächlich waren und wie ihre Mitglieder über die Runden kamen, bedürfte noch intensiverer Aufklärung, vor allem für die früheren Jahrhunderte. Eine Studie wie die von H. GREES [107], der die Entwicklung (und zwar zu einem guten Teil den Aufstieg) des Seldnertums in Ostschwaben seit dem 13. bis ins 19. Jahrhundert unter kulturgeographischen Gesichtspunkten verfolgt, besitzt hierfür Pioniercharakter, auch wenn sie über die besonders schwer faßbaren Bevölkerungsgruppen unterhalb des Seldnertums wenig aussagt. Daß die Entwicklung in anderen Räumen ähnlichen Grundlinien folgte, läßt sich an einer Vielzahl von Angaben zur ländlichen Sozialstruktur für die verschiedenen Landschaften Deutschlands nachvollziehen [vgl. Nrr. 109, 114, 117]; auch hierbei zeigt sich allerdings immer wieder die Schwierigkeit, die untersten Schichten zu fassen, während die ,gehobenen' Unterschichten nicht zuletzt im Ringen um die Nutzungsrechte am Gemeindebesitz am deutlichsten in Erscheinung treten [vgl. z.B. 105: R. ENDRES, 214 ff.]. U.a. könnte die sozialstatistische Auswertung von Kirchenbüchern weiterhelfen. HANKE [Zur Sozialstruktur der ländlichen Siedlungen Altbayerns im 17. und 18. Jahrhundert, in: Gesellschaft und Herrschaft, Festgabe für K. Bosl zum 60. Geburtstag. München 1969, 219–269, 238 ff.] ermittelte z.B. anhand der Sterberegister der Pfarrei Mitterndorf (Landgericht Dachau), daß 1675/1799 die sog. „Unbehausten" ohne eigenen Grund- und Hausbesitz (Dienstboten, Hirten, Inleute und Bettler) gut ein Drittel der Bevölkerung ausmachten; unter den „Behausten" wiederum (=100%) stellten die eigentlichen Bauern nur rund ein Drittel, während Handwerker und Kleinbauern (Söldner, Gütler) jeweils etwa ein Fünftel, Tagwerker etwa ein Sechstel stellten.

Ähnliche Untersuchungen für andere Räume könnten unsere Kenntnisse über zugrundeliegende Abläufe korrigieren, präzisieren und differenzieren. Nicht zutreffen dürfte jedenfalls die Vorstellung einer unterbäuerlichen Schicht, die „außerhalb der ständischen Tradition" dahinvegetierend sich über sämtliche Normen und herrschaftlichen wie genossenschaftlichen Einschränkungen hinweg unkontrolliert vermehrte [so im Trend einer weiterverbreiteten Sichtweise 49: WEHLER, 172]; eine derartige Entwicklung setzte, wenn überhaupt, erst spät und nur unter besonders ‚günstigen' Umständen bei entsprechender Erweiterung des Nahrungsspielraumes außerhalb der Landwirtschaft ein (vor allem im Bereich der Heimarbeit; vgl. II.4.5), oft genug erst nach Beseitigung älterer Bindungen im Zuge der Agrarreformen während des ausgehenden 18./frühen 19. Jahrhunderts. Wohl noch wirksamer als die verschärfte kirchliche Kontrolle der Eheschließung über die erforderliche Zustimmung der Eltern seit dem 16. Jahrhundert war die Ehebeschränkungs-Politik deutscher Territorien mit dem Ziel, die Zunahme wirtschaftlich schwacher Familienexistenzen einzugrenzen. Sie ist in ihrer Wirksamkeit bislang noch nicht hinreichend untersucht worden, doch die kursorische Zusammenstellung bekannter einschlägiger Bestimmungen für den süddeutschen Bereich durch K.-J. MATZ [Pauperismus und Bevölkerung. Die gesetzlichen Ehebeschränkungen in den süddeutschen Staaten während des 19. Jahrhunderts. Stuttgart 1980, 29 ff.] zeigt bereits, daß entsprechende Maßnahmen vor dem 19. Jahrhundert durchaus gängig gewesen sind. In Bayern z. B. setzte eine wenigstens im Ansatz teilweise drastische Politik der Be- und Verhinderung von Ehen vor allem gegenüber Dienstboten, zunehmend aber auch gegenüber Taglöhnern schon seit der Mitte des 16. Jahrhunderts ein [184: PLATZER, 97 ff.; jetzt auch 103: BREIT, bes. 270 ff.]. Daß sie selbst in Staaten nicht wirkungslos blieb, in denen Realteilung die Niederlassung grundsätzlich begünstigte, zeigt das Beispiel Württembergs: Dort waren es (wie dann noch einmal im 19. Jahrhundert) vor allem die Gemeinden, die über Ablehnung von Gesuchen zur Aufnahme ins Bürgerrecht oder durch verweigerte Zustimmung zu Heiratsanträgen künftig drohende Armenlasten zu vermeiden suchten [116: SAUER, 145 f.]; Entsprechendes gilt für Franken, soweit nicht die Herrschaften selbst solche Einschränkungen abwehrten [105: ENDRES, 217 f.], oder für die Schweiz [25: HEAD/SCHNEGG, 79 ff.].

Keine ungezügelte Reproduktion

Ehebeschränkungen

Auch bisher verfügbare Studien aus dem Bereich der Historischen Demographie, soweit sie sozial differenziert ausgelegt sind, lassen eine ungehemmte Reproduktion der ländlichen Unterschichten nicht erken-

Demographische Bremsen

nen. Das durchschnittliche Heiratsalter gerade der Frauen, dem für die Reproduktion besondere Bedeutung zukam, lag in den dörflichen (wie auch in den städtischen) Unterschichten, soweit sie dem agrarischen Kontext nicht durch verlegte Heimarbeit entzogen wurden, gewöhnlich über demjenigen im bäuerlichen Milieu; schon deshalb fiel die Nachkommenschaft eher bescheidener aus [vgl. J. KNODEL, Demographic Behavior in the Past. Cambridge 1988, 130 ff., 356 ff.; 118: SCHLUM-BOHM; 40: PFISTER, 84, 90 f.; Literaturhinweise bei 50: WEISS, 87 ff.; weitere Belege für geringere Reproduktion der Unterschichten: G. HECKH, Unterschiedliche Fortpflanzung ländlicher Sozialgruppen aus Südwestdeutschland seit dem 17. Jahrhundert, in: Homo 3 (1952), S. 169–175, 170; A. MAISCH, a.a.O., 240, 279 f., 322 f.; R. GEHRMANN, Leezen 1720–1870. Ein historisch-demographischer Beitrag zur Sozialgeschichte des ländlichen Schleswig-Holstein. Neumünster 1984, 199, 253 ff., 257 f. mit Hinweisen auf ähnliche Sachverhalte in anderen Teilen Deutschlands].

Steigende Illegitimität seit Mitte des 18. Jahrhunderts

Zu den Trends demographischen Verhaltens innerhalb der Unterschichten rechnet schließlich auch der Anstieg der Illegitimitätsquote, die sich bei starken regionalen Unterschieden doch weithin seit der zweiten Hälfte des 18. Jahrhunderts vor allem als Unterschichtenphänomen beobachten läßt – und zwar kaum als Ausdruck einer sich anbahnenden „sexuellen Revolution" hin zu mehr individueller Selbstbestimmung (E.L. Shorter), sondern vor allem infolge eines Bündels keineswegs gleichläufiger ökonomischer, sozialer und mentaler Veränderungen [z.B. W. NORDEN, Eine Bevölkerung in der Krise. Hildesheim 1984, S. 164 ff.; 97: MITTERAUER, Ledige Mütter, bes. 86 ff.; zusammenfassende Hinweise jetzt bei 40: PFISTER, 86 ff.].

Zustrom aus der Bauernschaft

Der Zufluß aus dem Bauerntum in die Unterschichten muß über die Jahrhunderte hinweg beachtlich gewesen sein: Soziale Mobilität war innerhalb einer wenig expansionsfähigen Agargesellschaft im Normalfall notgedrungen vorwiegend Abstiegsmobilität. Für Sachsen konnte WEISS genauer belegen, daß ein stattlicher Anteil der ländlichen Unterschicht (Häusler) der Bauernschaft entstammte [50: Bevölkerung, 135 f.]. Entsprechendes gilt z. B. für Quernheim (Ostwestfalen) im frühen 19. Jahrhundert: Mehr als ein Drittel der Söhne von Bauern stieg in die (ganz überwiegend agrarischen) Unterschichten ab, der Anteil der absteigenden Töchter war sogar noch größer; ein Viertel bis ein Drittel der heiratenden Unterschichten-Mitglieder stammte aus der Bauernschaft [ermittelt nach den Angaben von J. MOOSER, in: J. KOCKA u. a., Familie und soziale Plazierung, Opladen 1980, 140, 146, 180, 187 f., 357 f.].

An familiären wie an materiellen Querverbindungen und Abhängigkeiten zwischen den verschiedenen Schichten innerhalb der Dorfgemeinde mangelte es also nicht. Für Situation und Verhalten der Unterschichten entscheidend war die Frage, welche Handlungsspielräume sie in diesem Beziehungsgeflecht besaßen. Die angebliche Tendenz zu zunehmender Vereinheitlichung der „Landarmut" als „einer im wesentlichen einheitlichen sozialen Kategorie der ausgebeuteten Landbevölkerung", als „ländliches Vorproletariat" im 18. Jahrhundert ist innerhalb der DDR-Agrargeschichtsschreibung selbst kontrovers diskutiert worden [vgl. 113: PETERS, Ostelbische Landarmut, 279 f.]. Auf alle Fälle bleibt gegenüber dem formal einenden Moment ungenügenden Landbesitzes die beträchtliche Bedeutung ökonomischer und bewußtseinsmäßiger Unterschiede innerhalb der ländlichen Unterschichten zu berücksichtigen, bedingt durch Vorhanden- oder Nichtvorhandensein sowie durch den Umfang von Haus- und Grundbesitz, durch die Intensität der Rückbindung an einen herrschaftlichen oder bäuerlichen Betrieb (Taglöhner oder langfristig gebundener Deputatarbeiter, Gesinde), durch die Möglichkeiten des „Mischerwerbs" (landwirtschaftliche Arbeit, Heimarbeit, Handwerk, Wanderarbeit, ambulanter Handel) und die damit vielfach einhergehende erhöhte regionale Mobilität, aber auch teilweise gegebene größere ökonomische Unabhängigkeit gegenüber der eigentlichen Bauernschaft [117: SCHAER, bes. 55 ff.; 115: D. SAALFELD, 242 ff.; für Österreich 110: MITTERAUER, bes. 327 ff.; für ein bayerisches Dorf 101: BECK, bes. 323 ff.; zusammenfassende Hinweise auf eine solche „Ökonomie des Notbehelfs" im ländlichen Raum in EdG 19: W. TROSSBACH, Bauern 1648–1806. München 1993, 56 ff.].

> Vielfalt der ländlichen Unterschichtenexistenz

Derartige Unterschiede standen klaren wirtschaftlichen und sozialen Frontbildungen in der Dorfgemeinde als einer „Einheit von Ungleichen" eher entgegen [A. SUTER, „Troublen" im Fürstbistum Basel (1726–1740). Göttingen 1985, 92 ff.]. Charakteristisch für die deutlichere Ausbildung einer „ländlichen Klassengesellschaft" während des späteren 18. und der ersten Hälfte des 19. Jahrhunderts, wie sie MOOSER [111] für Ostwestfalen (und darin in vielem exemplarisch wenigstens für die Anerbengebiete) analysiert hat, erscheint gerade die Überlagerung von innerdörflichen „quasifeudalen" Abhängigkeitsverhältnissen zwischen Groß- und Klein- bzw. Nichtbesitzenden einerseits, wachsenden Spannungen und Interessenkonflikten zwischen ihnen andererseits infolge zunehmenden Bevölkerungsdrucks und der dadurch angeheiz-

> Abhängigkeiten und Konfliktlinien in der entstehenden „ländlichen Klassengesellschaft"

ten Konflikte um knapper werdende Landreserven (Gemeinländereien). Daß die Besitzenden ihre Ansprüche auf Grund der überkommenen Rechts- und Eigentumsverhältnisse insgesamt entschieden besser durchzusetzen vermochten, hat nicht nur die innerdörflichen Konfliktlinien verschärft, sondern auch die ohnehin entschieden höhere regionale Mobilität der Unterschichten [dazu z. B. 111: MOOSER, 201 ff.; W. NORDEN, Eine Bevölkerung in der Krise, Hildesheim 1984, S. 158 ff.] wohl noch weiter gesteigert, zumal wenn die bäuerliche Bevölkerung sie nach einer bemessenen Frist zum Ortswechsel nötigte, um andernfalls entstehende Ansprüche auf Armenunterstützung zu unterlaufen [für Schleswig-Holstein K. KÖSTLIN, Die Verrechtlichung der Volkskultur, in 264: KÖSTLIN/SIEVERS, S. 109–124, 121].

„Kleine Delinquenz" und Holzdiebstahl
Daß die unterbäuerlichen Schichten ansonsten ihre ungenügenden Ressourcen vielfach durch Feld- und Holzdiebstahl aufzustocken suchten, bildet einen gängigen Aspekt „kleiner Delinquenz" im dörflichen Alltag der Frühen Neuzeit [zahlreiche Hinweise in Nrr. 232, 237, 244]; speziell der Holzdiebstahl entwickelte sich während des ausgehenden 18./frühen 19. Jahrhunderts auch angesichts verschärfter Eigentumsabgrenzung und Ökonomisierung im Forstbereich zu einem notbestimmten Massendelikt besonders von Kleinbauern und Unterschichtsangehörigen zwecks „Selbstbehauptung in der Agrargesellschaft" [J. MOOSER in 240: REIF, 43–99, 82, vor allem in Auseinandersetzung mit D. BLASIUS, Bürgerliche Gesellschaft und Kriminalität. Göttingen 1976].

Hexenverfolgung als Verfolgung von Unterschichten- und Randgruppenangehörigen?
Wie weit im Kampf um die knappen Ressourcen zeitweise auch bewußt oder unbewußt die Verdächtigung der Zauberei/Hexerei eingesetzt wurde, und zwar gerade auch gegen Frauen aus den ländlichen Unterschichten, ist bisher trotz etlicher Hinweise in diese Richtung noch nicht hinreichend empirisch abgeklärt [vgl. G. SCHORMANN, Hexenprozesse in Deutschland. 2. Aufl. Göttingen 1986, 74 ff.]. Wenn sich in den Ostalpenländern seit dem späten 16. Jahrhundert „die Hexenverfolgungen immer stärker auf die randständigen, in die ständische Gesellschaft nicht mehr integrierbaren Bevölkerungsgruppen konzentrierten" und im Salzburger Zaubererjackl-Prozeß (1675/90) kulminierten [dazu 227: SCHINDLER, Entstehung, ferner zu entsprechenden „Zauberkinder-Prozessen" W. BEHRINGER, Hexenverfolgung in Bayern. München 1988, 352 ff.], so ist dies doch offenbar eher die Ausnahme von der Regel gewesen; die dabei wirksamen ‚Mechanismen' glichen allerdings offenbar sehr stark jenen, die K. THOMAS für Hexenprozesse im frühneuzeitlichen England geschildert hat [Die Hexen und ihre soziale Umwelt, in: C. HONEGGER (Hrsg.), Die Hexen der Neuzeit. Frankfurt/M. 1979, 256–308]: Androhung bzw. Verdacht des Schadenszaubers

seitens der Bedürftigen bei Verweigerung von (angemessenem) Almosen, um so „die anerkannten moralischen Maßstäbe" der Verpflichtung zur Wohltätigkeit einzufordern. Wie aber neuere Literatur zum Thema zeigt, kann von einer Konzentration des Hexenverdachts auf Unterschichten- und Randgruppenangehörige generell keine Rede sein.

Für die Entwicklung der unterbäuerlichen Schichten und ihr Verhältnis zu den eigentlichen Bauern bleiben nicht zuletzt Einwirkungsmöglichkeiten der Herrschaften zu beachten. Das Interesse oder Desinteresse der Obrigkeit an „Peuplierung" konnte über Erlaubnis/Beschränkung von Heirat und Niederlassung, über die Gewerbepolitik und über die Begünstigung/Behinderung der Bodenmobilität (Güterzertrennung, Allmend-Aufteilungen) gerade auch die Zahl der Klein- und Kleinststellen auf dem Lande beeinflussen. Systematisch wurde die Nutzung dieses Instrumentariums mitsamt seiner Wirksamkeit bisher weder im einzelnen noch in seiner Gesamtheit untersucht; kaum zu übersehen aber ist, daß die Beseitigung und Lockerung älterer Regulative gerade auch jenes Anwachsen der ländlichen Unterschichten begünstigte, das ein entscheidendes Element des „Pauperismus" während der ersten Hälfte des 19. Jahrhunderts bildete.

Herrschaftliches Instrumentarium zur Steuerung des Unterschichtenwachstums

4.2 Städtische Unterschichten. Sozialtopographie

Nicht zufällig hat sich die neuere Forschung bei Untersuchungen über soziale Schichtung in der Frühneuzeit vor allem für den städtischen Bereich interessiert: Der höhere Grad sozialer Differenzierung und der reichhaltigere Quellenbestand boten die Chance, der Analyse eine größere Zahl von Kriterien wie Beruf, (Steuer-)Vermögen und Einkommen, Hausbesitz, Dienstpersonal, Bildungsstand oder Wohnlage zugrundezulegen, ja diese u. U. sogar zu einem „multiplen Sozialindex" zusammenzuschließen, um der Mehrdimensionalität von sozialer Schichtung möglichst nahezukommen; angesichts der vergleichsweise günstigen Quellenlage steht bei derartigen Untersuchungen das 18. Jahrhundert im Vordergrund [vgl. z. B. 127: FRANÇOIS, Koblenz, 56 ff., bes. 80 f.; 155: W. SACHSE, Göttingen, 130 ff., 161 ff.]. Aber selbst in diesen Fällen ist das Material besonders für beträchtliche Teile der nichtverbürgerten, zumal der mobilen Unterschichten gewöhnlich lückenhaft, und es bleibt das Problem, daß die einzelnen Kriterien für den jeweiligen Ort und Zeitpunkt angemessen gewichtet werden müssen. Die raumzeitliche Reichweite des Schichtungsrasters und der mit ihm erzielten Ergebnisse ist daher begrenzt, und die vergleichende Zusammenstellung entsprechender Daten aus der Literatur kann nur recht

Quellen und Kriterien zur Erfassung städtischer Unterschichten

Ihre Problematik

grobe Rahmenvorstellungen über die jeweiligen Sozialstrukturen vermitteln [vgl. z. B. die Daten bei 49: WEHLER, 193 und 95: KOCKA, 103]. Immerhin macht sie deutlich, daß die städtischen Unterschichten im 18. Jahrhundert etwa die Hälfte bis zwei Drittel der Bevölkerung umfaßten. Entsprechende Werte hat man für Spätmittelalter und frühes 16. Jahrhundert, einen zweiten zeitlichen Schwerpunkt der Untersuchungen über städtische Unterschichten, ermittelt; die bahnbrechende Pilotstudie hierzu lieferte 1967 E. MASCHKE [133: Unterschichten; zu weiteren Forschungen während der folgenden zwei Jahrzehnte vgl. 27: ISEN-

Aussagekraft von
SteuerregisternMANN, 261 ff., 284 ff.]. Die wichtigste Basis, den Umfang der städtischen Unterschichten zum damaligen Zeitpunkt zu bestimmen, bilden gewöhnlich städtische Steuerregister – trotz aller methodischen Probleme, die sich aus der einseitig ökonomischen Dimension dieser Quellengattung und aus den Unklarheiten über ihre Aussagekraft ergeben, denn die Städte orientierten sich maßgeblich am Vermögen und nicht am Einkommen und berücksichtigten zudem in zeitlich und regional unterschiedlichem Ausmaß Steuerfreibeträge, erfaßten dagegen die nichtverbürgerten Einwohner höchstens unvollkommen, die mobile Armut überhaupt nicht [dazu z. B. 93: KIRCHGÄSSNER, Probleme, und 94: DERS., Möglichkeiten, bes. 82 ff.; C. P. CLASEN, Die Augsburger Steuerbücher um 1600. Augsburg 1976]. Entsprechend groß ist je nach Einschätzung der Forscher die Bandbreite der Steuervermögenswerte, die zur Abgrenzung von Unterschichten und Armut angesetzt werden – sie bewegt sich zwischen 10 und 120 rheinischen Gulden [125: FISCHER, Städtische Armut, 21] –, und dementsprechend unterschiedlich kann der Umfang der Unterschicht ausfallen. Einer der gängigsten Grenzwerte ist ein Vermögen von 100 Gulden. DIRLMEIER hat diese Grenzziehung damit als sinnvoll begründet, daß in den oberdeutschen Städten des 15. Jahrhunderts eine Armenpfründe für ein Ehepaar nicht unter 100 Gulden zu haben war; „bis weit über die Hälfte der Steuerzahler" konnte einen derartigen Betrag nicht aufbringen [120: DIRLMEIER, 530 f.].

Die Steuerangaben gewinnen an Aussagekraft vor Ort, wenn man sie dank zusätzlicher Information hinreichend zuverlässig einschätzen kann. T. FISCHER kommt so anhand einer Serie von Einzelbelegen zu dem Ergebnis, daß im 15./16. Jahrhundert bei relativ großer Streuung rund zwei Drittel der städtischen Bevölkerung als „arme Unterschicht" einzustufen sind, daß etwa 20% der Einwohnerschaft unterstützungsbedürftig waren, aber nur 5–10% tatsächlich Almosen erhielten [125: Städtische Armut, 50 ff.; weitere Hinweise z. B. bei 133: MASCHKE, 17 ff.; 20: W. FISCHER, Armut, 16 ff.; 44: SACHSSE/TENNSTEDT, 27 f.

Anm. 18; 356: JÜTTE, Armenfürsorge, 68 f., 230; Untersuchungen zur gesellschaftlichen Struktur der mittelalterlichen Städte in Europa. Sigmaringen 1966, 28 f., 43 ff., 228 ff., 236 ff., 273; P. EITEL, Die oberschwäbischen Reichsstädte im Zeitalter der Zunftherrschaft. Stuttgart 1970, 117 ff., 143 ff.; 131: LAUFER, 154 ff.]. Daß nur ein Bruchteil der tatsächlich Bedürftigen unterstützt wurde, galt auch in den folgenden Jahrhunderten und bildete einen entscheidenden Grund für Bettel und Vagantentum (vgl. II,4.7 und II,5.1).

Beschränkte ökonomische Spielräume bewirkten hinsichtlich Familiengründung und Reproduktion ähnliches Verhalten bei den städtischen wie bei den ländlischen Unterschichten. So lag nach P. ZSCHUNKE in Oppenheim das mittlere Erstheiratsalter z. B. bei Taglöhnern für Mann und Frau spürbar über demjenigen bessersituierter Sozialgruppen; die Säuglings- und Kindersterblichkeit war deutlich höher, und dies, wie es scheint, bei wiederum besonders niedriger altersspezifischer ehelicher Fruchtbarkeit, was für ihn die „etwas waghalsige Hypothese" von „vernünftigem" kontrazeptivem Verhalten bei dieser Bevölkerungsgruppe nahelegt [144: Konfession, 169, 173, 214 ff.]. Doch selbst ohne eine derartige Annahme mußte das Zusammenspiel von häufigerer Ehelosigkeit bzw. höherem Heiratsalter infolge ungünstigerer Chancen der Familiengründung und von höherer Säuglings- bzw. Kindersterblichkeit das genuine Wachstum auch der städtischen Unterschichten abbremsen. Im Trier des 18. Jahrhunderts lassen sich tendenziell ähnliche Sachverhalte feststellen [vgl. T. KOHL, Familie und soziale Schichtung. Zur historischen Demographie Triers 1730–1860. Stuttgart 1985, 135 ff., 149 ff., 182 ff., 226 ff., 249 f.].

Einen zunehmend beliebteren Teilzugriff auf die Lebenssituation der städtischen Unterschichten bildet die Untersuchung ihrer Wohnstandorte in oder vor den Stadtmauern [vgl. Forschungsüberblick und -diskussion von 151: RUBLACK; 145: D. DENECKE, Sozialtopographie, und 146: DERS., Social status; für das Spätmittelalter 215: GRAUS, 420 f.; 218: HARTUNG, 76 ff.; 27: ISENMANN, 63 ff.; 148: JÜTTE]. Die Sozialtopographie ist insofern ein aufschlußreiches Analyse-Instrument, als sie die räumliche Nähe/Ferne und damit eine entscheidende Voraussetzung für intensivere/geringere Kontakte zwischen sozialen Schichten und Gruppen erfaßt. Bedeutsam erweist sich dies u. a. für das Heiratsverhalten und nicht zuletzt für den gesamten Komplex der Nachbarschaftshilfe, der in der Geschichte der Armut ein nicht zu unterschätzendes Gewicht zukommt, zumal wenn es um Strategien ging, den Abstieg in die amtliche Armenunterstützung zu vermeiden (vgl. hierzu die Argumentation von M. DINGES unter II,6.), aber auch wenn kommunale

Demographisches Verhalten

Sozialtopographie als Analyse-Instrument

Hilfe (und Kontrolle) auf Kirchspiel- oder Viertelebene einsetzte; auf der anderen Seite kann die wohnlage-spezifische Kriminalitätsrate einen Indikator auch für die jeweiligen sozialen Milieus bilden [vgl. 241: SCHWERHOFF, 194 ff.]. Bisher vorliegende Topographie-Studien lassen seit dem 14. Jahrhundert immer wieder die unter I.3.2 skizzierten typi-

Typische Raummu- schen Grundstrukturen einer „zentral-peripheren Rangstufung" [145:
ster in den Städten DENECKE, 183] erkennen [außer den Literaturhinweisen unter III. 3.3.1 z. B. 133: MASCHKE, 20 ff.; für Köln im 18. Jahrhundert: 89: FINZSCH, 82 ff., 94 ff., 105 ff., 309 ff.; für Trier: 322: ACKELS, 97 f.; einschlägige Kapitel in den Sozialgeschichten einzelner Städte, z. B. 152: RÜTHING, 16 ff., 390 ff.; 122: DREYFUS, 358 ff.; 127: FRANÇOIS, Karte 2 ff.; 155: W. SACHSE, Göttingen, 206 ff.; 139: ROECK, Stadt, 489 ff., 910 ff.; speziell für das Militär in Lübeck 211: SCHWARK, 256 ff.; zum hohen Anteil der Unterschichten in den Vorstädten z. B. 149: KRIESE, 122, und 147: HELD, 53 ff.]. Höchstens der Bau von Residenzen und Palais in Randlagen vor allem seit dem 17. Jahrhundert durchbrach dieses Muster und führte seinerseits zu einer Umorientierung des innerstädtischen Sozialgefälles. Angesichts des bescheidenen Umfangs der meisten Städte kann allerdings von einer großflächig wirksamen sozialen Segregation in ihnen kaum die Rede sein. Dies wiederum erscheint aufschlußreich für die Qualität, Ausdehnung und Funktion der oft sehr klein strukturierten innerstädtischen „sozialen Räume" und damit auch für die Bildung von Arbeits-, Nachbarschafts- und Klientelbeziehungen innerhalb des jeweiligen Quartiers mit ihrer existenziellen Bedeutung gerade für die Unterschichten. Untersuchungen, die über die topographische Erfassung hinaus derartigen Aspekten nachgehen, bleiben bisher freilich für Deutschland ein Desiderat [vgl. hierzu den Problemaufriß von 148: JÜTTE].

4.3 Städtisches Handwerk und Handwerksgesellen

In gebotener Kürze ist auf einschlägige Forschungen über das städtische Handwerk hinzuweisen, soweit sie sich mit der wirtschaftlichen und sozialen Lage und deren Bewältigung durch die Betroffenen befassen und Aufschlüsse darüber geben, inwieweit auch Teile des Handwerks dem Unterschichtenbereich zuzurechnen sind [vgl. dazu EdG 3: W. REININGHAUS, Gewerbe in der Frühen Neuzeit. München 1990, bes. 57 ff., 64 ff., 97 f., freilich ohne Akzentsetzung auf die sozialökonomi-

Zahlreiche sche Problematik]. Üblicherweise und nicht ohne Grund wird das „ehr-
Grenzexistenzen bare Handwerk" alles in allem den Mittelschichten zugeordnet. Rein
im Handwerk ökonomisch betrachtet rechnete jedoch ein beträchtlicher Teil, in nicht

wenigen Branchen sogar weit mehr als die Hälfte selbst der zünftigen Handwerksmeister in den Städten, zu den Unterschichten. Aufschluß-reiche Daten und Hinweise hierzu vor allem für größere Städte liefert z. B. MASCHKE [133: Unterschichten, 17f., 22ff.] für das Spätmittel-alter, T. FISCHER [125: Städtische Armut, 59ff.] für das 15./16., ROECK [139: Stadt, 384ff.] für das frühe 17., KOCKA [95: Weder Stand, 133f.], FRANÇOIS [127: Koblenz, 145ff., 180] für das ausgehende 18. Jahrhun-dert. Entsprechendes gilt mit Sicherheit auch für das Handwerk in den kleineren Städten und auf dem flachen Land (zu den vor allem ländli-chen Heimarbeitern s. I.3.4 und II.4.5). Über das Weberhandwerk, des-sen Angehörige gewohnheitsgemäß mit besonders ungünstigen wirt-schaftlichen Bedingungen zu kämpfen hatten, hat C.-P. CLASEN [158] für die deutsche Webermetropole Augsburg um 1550–1630 eine umfas-send-exemplarische Untersuchung vorgelegt.

Angesichts der starken Differenzierung zwischen und in den ein-zelnen Handwerken sowie der sich phasenweise deutlich verschlech-ternden Chancen des Aufstiegs zu Meisterwürden bereitet auch die wis-senschaftliche Bewertung der Handwerksgesellen im Sozialgefüge der Städte einige Schwierigkeiten. MASCHKE galten die Gesellen anhand ökonomischer Kriterien als „weitaus wichtigste und größte Gruppe der Unterschicht" [133: Unterschichten, 28], während K. SCHULZ [168: Handwerksgesellen, 59] die Unterschichten-Zugehörigkeit unter Hin-weis auf die Selbsteinschätzung der Betroffenen und deren selbstbe-wußte Entwicklung eigener Organisationen entschieden verneinte. Aus marxistischer Sicht charakterisierte H. BRÄUER die Gesellen im 16. Jahr-hundert als „relativ eigenständigen Teil der plebejischen Schichten" [157: Gesellen, 105ff. mit Hinweisen auf die unterschiedliche Ein-schätzung in der Forschung], der freilich trotz der „sozialökonomi-schen Gegensätze zwischen Meistern und Gesellen" infolge der Einbet-tung in zünftig geprägte Lebensumstände und angesichts der „unausge-reiften, widersprüchlichen objektiven sozialökonomischen Verhält-nisse" keine adäquate (Klassen-)Ideologie habe entwickeln können [157: Gesellen, bes. 186ff.]. Für das 18. Jahrhundert weist WEHLER die Gesellen offenbar mitsamt dem zünftigen Handwerk eher den Mittel-schichten zu [49: Gesellschaftsgeschichte, 191f.], KOCKA dagegen den Unterschichten [95: Weder Stand, 149ff., 180ff.]. Derartige Unter-schiede in der sozialen Einstufung lassen bereits erkennen, daß die Handwerksgesellen am ehesten in der nicht scharf abzugrenzenden Übergangszone zwischen Mittel- und Unterschichten zu plazieren sind, in der die Grenzziehung je nach den angewandten Kriterien anders ver-läuft, und diese eher diffuse Plazierung wird von der Forschung, die

Umstrittene soziale Zuordnung der Gesellen

Handwerksgesellen
als neues
Forschungsthema

sich nach langer Vernachlässigung der wichtigen Thematik seit knapp zwei Jahrzehnten mit dem Handwerkernachwuchs lebhafter beschäftigt, immer wieder bestätigt. Zeitlich liegt das Schwergewicht der einschlägigen Untersuchungen ähnlich wie bei den Arbeiten zu den Problemen der Armut auf dem Spätmittelalter und dem 16. sowie auf dem 18. Jahrhundert – nicht nur wegen günstiger Quellenlage für die genannten Zeiträume, sondern auch weil es sich um besonders aufschlußreiche und kritische Entwicklungsphasen des Handwerks im Zeichen wachsenden demographischen Drucks und sich herausbildender „frühkapitalistischer" bzw. „protoindustrieller" Produktion handelte, welche die Gesellen existenziell betrafen, und weil bei den Bewegungen der Handwerksgesellen im 18. Jahrhundert auch die alte Frage nach Kontinuitäten hin zur Arbeiterbewegung des 19. Jahrhunderts besonders reizte. Für die frühere Epoche sei besonders auf die neueren Studien von REININGHAUS [165], SCHULZ [168], WESOLY [171], BRÄUER [157] und den Sammelband von R.S. ELKAR [159], für das 18. Jahrhundert auf diejenigen von SCHWARZ [170], GRIESSINGER [160], REITH [166] sowie auf den von U. ENGELHARDT herausgegebenen Sammelband [161] hingewiesen. In allen wird deutlich, wie sehr die Situation der Handwerksgesellen von dem Bemühen um eine ehrbare und gesicherte Stellung in der (Stadt-)Gesellschaft und gegenüber den Meistern bestimmt war, deutlich wird aber auch, mit welch knappen Ressourcen die Handwerksgesellen im allgemeinen versuchen mußten, ihren ökonomischen und sozialen Status abzusichern.

Studien zur wirt-
schaftlichen Lage
von Gesellen und
Lehrlingen

Vor allem hinsichtlich der wirtschaftlichen Lage der Gesellen hat die neuere Forschung durch Konkretisierung und damit verbundene Differenzierung entscheidende Basisinformation zur Erklärung ihres Verhaltens und Handelns geliefert. Besonders früh beschritt K. SCHWARZ in seiner Fallstudie für die Reichs- und Hansestadt Bremen während des 18. Jahrhunderts diesen Weg; er machte hierbei u. a. aufmerksam auf den (freilich ungewöhnlich hohen Anteil der verheirateten Gesellen in Bremen während des 18. Jahrhunderts (stets über 70%), auf die Möglichkeit und Notwendigkeit von Doppelberuf und Nebenerwerb, auf den Übergang zahlreicher Gesellen ins Bönhasen- und Pfuschertum oder auf den häufigen Übertritt ins wenig geachtete Stadtmilitär, um auf diese Weise eine Grundlage die eigene Familiengründung zu schaffen, auf den Niederschlag der unterschiedlichen materiellen und familiären Lage „in andersartigen Denk- und Verhaltensweisen der Gesellengruppen" [ebd., 48], auf den Reallohnverfall wenigstens seit der Jahrhundertmitte und auf die damit einhergehende zunehmende Annäherung der Lebensbedingungen der Gesellen an das Niveau der

Lohnarbeiter. Die neueren Untersuchungen zur wirtschaftlichen und
sozialen Lage der Handwerksgesellen unter Einschluß der weniger beachteten Lehrlinge [dazu 171: WESOLY, und für das ausgehende 18. Jahrhundert 162: GRIESSINGER/REITH] belegen nicht nur, wie spannungsge-
laden die Beziehungen zwischen Gesellen und Meistern (wie auch
Lehrlingen und Meistern) innerhalb der verbindlichen zünftigen Normen über die Jahrhunderte hinweg oft waren und wie brüchig hier das
Konstrukt des „ganzen Hauses" vielfach schon seit dem 14. Jahrhundert wurde, sondern stellen auch die je nach Handwerkssparte sowie in
der zeitlichen Dimension erheblichen Unterschiede der Lebenschancen
heraus [für die Zeit vom 14.–17. Jahrhundert bes. 168: SCHULZ]; nicht
zuletzt lassen sie die angedeuteten Möglichkeiten des Ausweichens,
des Aussteigens und zugleich Abstiegs von Gesellen in die eigentliche
Lohnarbeiterschaft bis hin zum möglichen Absinken in die mobile Armut und Kriminalität besser erkennen [Hinweise z. B. bei 165: REINING-
HAUS, 226 f.; 164: JARITZ; 225: KÜTHER, Menschen, 56 ff.; 227: SCHIND-
LER, 278 f.].

Gerade aus dem Spannungsverhältnis zwischen dem Anspruch
der Zünfte, die streng auf Abgrenzung von weniger angesehenen Gruppen im Unterschichtenbereich achteten, und beschränkten wirtschaftlichen Chancen lassen sich bestimmte Verhaltensweisen der Gesellen erklären. Die Phasen zunehmenden wirtschaftlichen Drucks während des
16. und 18. Jahrhunderts trieben die Differenzierung innerhalb der
Gruppe der Gesellen voran und verliehen in den sich häufenden Auseinandersetzungen mit den Meistern ökonomischen Forderungen er-
höhtes Gewicht. Keinesfalls bestanden jedoch einfach-direkte Wechselbeziehungen zwischen Konjunkturentwicklung und Protest- bzw.
Streikverhalten und -motivation der Gesellen [170: SCHWARZ, bes.
233 ff.; 160: GRIESSINGER, bes. 285 ff.], vielmehr spielte bei einer ausge-
sprochenen Gemengelage der Motive zumal im 18. Jahrhundert der
Kampf um das „alte Recht" ausgedehnter Autonomie gegenüber Meistern und Obrigkeiten und die Absicherung der eigenen sozialen „Ehre"
eine außerordentlich wichtige Rolle. Vor allem letzteres interpretiert
GRIESSINGER in seinen stark theorie-orientierten Arbeiten [bes. kritisch
dazu 163: HENKEL, 47 ff.] über die „Streikbewegungen" der Handwerksgesellen im 18. Jahrhundert auf der Suche nach deren „Rationalität" als ein Zeichen „steigender Statusempfindlichkeit" angesichts
wachsenden wirtschaftlichen und politischen Druckes und damit ein-
hergehender „offenkundiger Deklassierungstendenzen" [161: GRIES-
SINGER, 433]. REITH weist jüngst auf die Bedeutung hin, die der Verbreitung von Stück- und Geldlohn als Voraussetzung für Lohnkonflikte und

*Protestverhalten –
Gründe und
Ausrichtung*

Lohnstreiks zukam [in 83: GAILUS/VOLKMANN, 85–106]. Diese und andere Untersuchungen haben auch in die Diskussion über Bedeutung
und Grenzen der Kontinuitäten zwischen der Handwerksgesellenbewe-
gung des 18. und der Arbeiterbewegung des 19. Jahrhunderts wichtige
neue Perspektiven eingebracht [dazu jetzt R. BOCH, Zunfttradition und
frühe Gewerkschaftsbewegung, in: U. WENGENROTH (Hrsg.), Prekäre
Selbständigkeit. Zum Standort von Handwerk, Hausindustrie und
Kleingewerbe im Industrialisierungsprozeß. Stuttgart 1989, 37–69].

Soziale Distanz
gegenüber anderen
Unterschichts
Gruppen Trotz der oft genug brüchigen Existenzgrundlagen und dem häufigen Abdriften in die Lohnarbeiterschaft blieb insgesamt ein deutlicher
Abstand zwischen Handwerksgesellen und Ungelernten, was relative
Sicherheit und auch was die Höhe des Einkommens betrifft. Dementsprechend achtete das „ehrbare" Handwerk auf soziale Distanz zu den
Taglöhnern als einer der größten Unterschichtsgruppen in der Stadt; sie
zeigt sich auch in der Absonderung der beiderseitigen Heiratskreise
[122: DREYFUS, 374]. Vor allem FRANÇOIS hat die sozialökonomische
Randstellung der Taglöhner in der städtischen Gesellschaft genauer bestimmt [127: Koblenz, 161 ff.; 126: Unterschichten]. Durch ihren festen
Arbeitsplatz und ihre Rekrutierung vor allem aus „verdorbenen Hand-
werkern" und Handwerksgesellen klar von den Taglöhnern abgehoben
waren die „städtischen Handels- und Verkehrsarbeiter", wie sie KUSKE
in einer älteren Studie schildert [129: KUSKE, bes. 92 ff., 115 f.].

4.4 Gesinde

Unbefriedigender
Forschungsstand Die bisher eher bescheidene Zahl moderner sozialgeschichtlicher Studien über Dienstboten und Gesinde dürfte sich in erster Linie daraus er-
klären, daß es sich um einen quellenmäßig recht schwer faßbaren, zudem sehr disparaten und in sich segmentierten Teil der Unterschichten
handelt, wie die grundlegenden Studien von R. ENGELSING für den städtischen Bereich zeigen [Nrr. 172–174]. Das besondere historische Interesse für Gesindewesen und Gesinderecht zu Ausgang des 19. und zu
Beginn des 20. Jahrhunderts entsprang der damals intensiven Beschäftigung mit der Landarbeiterfrage, und dementsprechend konzentrierte
sich die Forschung auf das ländliche Gesinde [Hinweise bei 113: PE-
TERS, 256 ff.]. Die älteren Studien von WUTTKE [187], PLATZER [184],
LENNHOFF [181] und besonders auch KÖNNECKE [179] behandeln vor
allem Fragen des Gesinderechts. Die neueste, eine breite Literatur zusammenfassende Untersuchung von R. SCHRÖDER strebt darüber hinaus
„die Verknüpfung der sozial- und wirtschaftshistorischen sowie der
volkskundlichen Kenntnisse mit den rechtlichen Fakten" an [185: Das

Gesinde, 20; vgl. auch zusammenfassende Hinweise bei 95: KOCKA,
145 ff.]. Arbeiten, die auf Grund intensiverer Quellenstudien genauere
Vorstellungen über die soziale Lage des Gesindes speziell während der
Frühen Neuzeit vermitteln, sind bis heute rar trotz wertvoller Beiträge
z. B. von HARTINGER [176], KRAMER [180], GÖTTSCH [175], ULBRICHT
[243: Kindsmord, bes. 94 ff.], MITTERAUER [183: Familienwirtschaft,
261 ff.], ILISCH [177] oder – unter dem speziellen Aspekt der Mobilität
– KÜTHER [225: Menschen, 45 ff.]. Die gängige Konzentration auf das
(spätere) 18. und das beginnende 19. Jahrhundert ist maßgeblich auch
durch die Quellenlage bestimmt; jedenfalls bleibt die Information über
die vorangehenden Jahrhunderte bisher recht mager [für das 15. Jh.
Hinweise zum städtischen Bereich bei 133: MASCHKE, 28 ff.; 130: LAS-
SOTTA, 350 ff.].

Insgesamt ist für den Untersuchungsraum noch zu wenig bekannt,
wie groß der Bevölkerungsanteil des Gesindes in den verschiedenen
Regionen Deutschlands gewesen ist, aus welchem sozialen Milieu
(Bauernschaft, Handwerk, ländliche und städtische Unterschichten)
das Gesinde anteilsmäßig stammte und in welche Bereiche es gegebenenfalls wieder abströmte, inwieweit und in welchem Ausmaß das
Dienstbotendasein auch Aufstiegsmöglichkeiten bot. Daß das Gesinde
mehrheitlich selbst aus den Unterschichten stammte und auch nach
dem Ausscheiden aus dem Dienst in entsprechendem sozialen Milieu
verblieb, ist hinreichend gesichert. Die Feststellung, es handele sich
beim Gesinde nicht um „eine selbständige soziale Klasse innerhalb der   Gesindedienst –
ländlichen Gesellschaft", sondern um „eine soziokulturell distinkte Al-   Lebensphase oder
                                                                          Lebensberuf?
tersphase" [196: SIEDER, Familie, 50], steht hierzu nicht in Widerspruch, ist aber bedeutsam für die Frage, in welchem Umfang Gesinde-
dienste nur einen (oft recht langen) Lebensabschnitt in jüngeren Jahren,
und in welchem Umfang sie eine Lebensstellung bildeten. Daß die Einrichtung des Gesindedienstes gerade wegen seines überwiegenden
Charakters als Durchgangsstadium ein wichtiger Faktor horizontaler
wie vertikaler sozialer Mobilisierung in der alteuropäischen Gesellschaft gewesen sei, betont MITTERAUER [182: Gesindedienst, 202 f.]. Es
ist davon auszugehen, daß sich die Chancen zum Aufbau einer selbständigen Existenz entsprechend der demographischen ‚Konjunktur'
verbesserten oder verschlechterten. Zunahme des Gesinde-Anteils an
der Bevölkerung und stärkere Besetzung der höheren Altersstufen gerade auch bei den Frauen während des 18. Jahrhunderts im Salzburgischen sprechen für wachsende Schwierigkeiten, eine eigene Familie zu
gründen [M. MITTERAUER, Grundtypen alteuropäischer Sozialformen.
Stuttgart 1979, 62 f., 67 f.], ohne daß sich dies unbesehen verallgemei-

Das Problem
erschwerter
Familiengründung:
Kindsmord und
Illegitimität

nern ließe. Gleichwohl bestehen Zusammenhänge zwischen der offensichtlichen Erschwernis, eine Familie zu gründen, und dem damit eng verbundenen Problem außer- bzw. vorehelicher Beziehungen, zumal letztere im Zeichen der „neuen Sittlichkeit" des konfessionellen Zeitalters [228: SCHUBERT, 328 ff.] verstärkt kriminalisiert wurden. Diese Tatsache schlägt sich teilweise auch in dem Verbrechen des Kindsmordes und seiner verschärften Verfolgung seit dem 16. Jahrhundert nieder, wie neuere Studien belegen. Denn soweit bisher erfaßbar, handelte es sich in der überwiegenden Zahl der Fälle bei den Müttern um Dienstmägde mit Unterschichtenherkunft, bei den Vätern um Angehörige der verschiedenen Unterschichten [vgl. z.B. 86: VAN DÜLMEN, bes. 76 ff.; 241: SCHWERHOFF, 409 ff.; 243: ULBRICHT, bes. 26 ff., 43 ff. 76 ff.; 237: KAPPL, 171 ff.; 371a: MEUMANN, 118 ff.; modifizierend C. ZIMMERMANN, „Behörigs Orthen angezeigt". Kindsmörderinnen in der ländlichen Gesellschaft Württembergs 1581–1792, in: Medizin in Gesch. u. Gegenwart 10 (1991), S. 67–102, 81 f.]. Nicht zuletzt war das Gesinde am Anstieg der Illegitimitätsquote seit dem späteren 18. Jahrhundert beteiligt; auch dies ist u. a. ein Indiz für erschwerte Heiratsmöglichkeiten [vgl. Literaturhinweise unter II.4.1].

4.5 Landhandwerk, Heimarbeit, Manufakturen

Ausbreitung des
Landhandwerks;
begünstigende
Faktoren

Landhandwerk und Heimarbeit bildeten die beiden ergiebigsten Möglichkeiten, auf teilweise oder vorwiegend nichtagrarischer Grundlage eine Familienexistenz im ländlichen Raum zu gründen; die Mehrzahl der betreffenden Haushalte ist den Unterschichten zuzuordnen. Bei der keineswegs gleichmäßigen, insgesamt jedoch höchst beachtlichen gewerblichen Durchdringung des flachen Landes bis zum Ende des 18. Jahrhunderts [dazu unter dem Aspekt des Übergangs vom Feudalismus zum Kapitalismus 167: SCHULTZ] schlug das verschieden starke Bevölkerungswachstum infolge der Unterschiede von Erbrecht und Erbsitte sowie von herrschaftlicher Gewerbe(niederlassungs)politik zu Buche. Gerade die kleinen Gerichtsherrschaften wie Reichsritterschaft oder bayerische Hofmarksherren neigten in der Erwartung höherer Einnahmen dazu, die „Territorialisierung der Gewerbe" zu begünstigen [E. SCHREMMER, Die Wirtschaft Bayerns vom hohen Mittelalter bis zum Beginn der Industrialisierung. München 1970, 345 ff.]; in Realteilungsgebieten, in denen die Bindung der Gewerbeausübung an bestimmte Grundstücke (Realgewerbegerechtigkeiten) weitgehend unbekannt war, kam dieser Prozeß besonders nachhaltig in Gang [Hinweise z.B. bei 105: ENDRES, 218 f.].

Die zunehmende Ausbreitung des Gewerbes auf dem flachen Land in Form des Verlagswesens und der Heimarbeit im Spätmittelalter, während des 16. und wieder verstärkt während des 18. und frühen 19. Jahrhunderts ist seit langem bekannt, aber für Deutschland noch nicht hinreichend mit allen Implikationen gerade auch für die betroffene Bevölkerung empirisch untersucht. Wenigstens für das 18. Jahrhundert hat das kontrovers diskutierte Konzept der „Protoindustrialisierung" oder der „Industrialisierung vor der Industrialisierung" beachtliches Forschungsinteresse mobilisiert [zusammenfassende Hinweise in EdG 3: W. REININGHAUS, Gewerbe in der frühen Neuzeit. München 1990, 81 ff., 117 f., in EdG 19: W. TROSSBACH, Bauern 1648–1806. München 1993, 58 ff., 125 ff., und in EdG 29: T. PIERENKEMPER, Gewerbe und Industrie im 19. und 20. Jahrhundert. München 1994, 51 ff.]. Wichtig für die Problemstellungen des vorliegenden Bandes bleiben die Auswirkungen, welche die Entstehung von ländlichen Regionen mit gewerblicher Massenproduktion für überregionale und internationale Märkte auf die ländliche Gesellschaft, vor allem aber auf die abhängigen Produzenten, die Heimarbeiter, auf ihre Anzahl, Herkunft, Einkommensverhältnisse, Lebensbedingungen und Verhaltensweisen hatte. Derartige Aspekte suchte das Konzept der Protoindustrialisierung zu berücksichtigen, indem es ökonomische und demographische Entwicklungen systematisch aufeinander bezog [190: KRIEDTE/ MEDICK/SCHLUMBOHM, bes. die Beiträge von MEDICK, 90 ff., 155 ff.]; inzwischen schätzen die Autoren des Konzepts auf Grund von Kritik und empirischen Überprüfungen ihres „heuristischen" Ansatzes die Wechselbeziehungen zwischen Ökonomie und Demographie selbst als variabler ein [vgl. Nr. 191]. Vor allem ist deutlich geworden, daß die Heimarbeit in unterschiedlichen Konstellationen symbiotisch in das jeweilige ländliche Umfeld mit seinen wirtschaftlichen, sozialen und rechtlichen Strukturen, Traditionen und Möglichkeiten eingebettet blieb und daß sie demgemäß hinsichtlich Entwicklung und Auswirkungen gerade auch demographischer Natur (Heiratsalter, Heiratshäufigkeit, Fruchtbarkeit) eine beachtliche Bandbreite zeigte [bezüglich der Bevölkerungsweise 40: PFISTER, 119 ff., bezüglich der Familienwirtschaft 183: MITTERAUER, 230 ff., bes. 236 ff., 259 f.; vgl. 190: KRIEDTE u. a., 83 ff., 233 ff.]. Entsprechendes dürfte auch für Familienstruktur, Familienkonstellationen und (sich möglicherweise abschwächendes) geschlechtsspezifisches Rollenverständnis gelten und ist bei der Bildung eines eigenen Typus der Heimarbeiterfamilie zu berücksichtigen, wie er von H. ROSENBAUM [194: Formen, 189–250] und R. SIEDER [196: Familie, 73–102] beschrieben und als „Übergangsform zwischen

Verlagswesen und Heimarbeit; das Konzept der „Protoindustrialisierung"

Rückwirkungen auf Heimarbeiter und ländliche Gesellschaft

Die Heimarbeiterfamilie, ein eigener Familientyp?

den Familien der Bauern und Handwerker und jenen der lohnabhängigen Arbeiter und Angestellten des industriellen Zeitalters" [SIEDER, 73] bzw. als „Vorläuferin der proletarischen Familie" [ROSENBAUM, 250] interpretiert wird.

Wandel der „Lebensformen" und dörfliche „Klassen"-Bildung

Die moderne, stark meinungsbildende empirische Pionierstudie zu den mit der Ausbreitung der „verlagsindustriellen Heimarbeit" verbundenen Veränderungen stellt mit ihrem fruchtbaren volkskundlichen Ansatz die Untersuchung von R. BRAUN [189] über das Zürcher Oberland dar, weil sie den Wandel der ökonomischen, sozialen und kulturellen Lebensbedingungen und „Lebensformen" im Gesamtzusammenhang zu rekonstruieren und zu interpretieren sucht und damit ein anregendes Vorbild für thematisch ähnlich orientierte Studien lieferte [z.B. 197: TANNER; 195: SCHÖNE, der trotz marxistisch ausgerichteter Kritik an der „idealistischen Grundhaltung" von Braun vielfach ähnlichen Fragestellungen folgt]. In seiner Studie über die „ländliche Klassengesellschaft" des östlichen Westfalen während der Übergangsphase des ausgehenden 18. und der ersten Hälfte des 19. Jahrhunderts analysiert J. MOOSER [111] die komplexen Auswirkungen ausgedehnter heimgewerblicher Tätigkeit in Minden-Ravensberg vor allem auch unter dem Gesichtspunkt, inwieweit protoindustrielle Produktion sich verschärfend auf die wirtschaftlichen und sozialen Beziehungen zwischen Bauern und stark anwachsender besitzarmer bzw. besitzloser ländlicher Unterschicht ausgewirkt und deren gesellschaftliche Erfahrungen und Verhaltensweisen geprägt hat (vgl. jetzt auch mit neuen Akzentsetzungen SCHLUMBOHM [118a]).

Anfälligkeit für Hungerkrisen

Daß sich in heimgewerblichen Verdichtungsräumen zumal die Anfälligkeit gegen Hungerkrisen entschieden erhöhte, kann geradezu als ‚Naturgesetz' gelten [z.B. H. RUESCH, Lebensverhältnisse in einem frühen schweizerischen Industriegebiet. Basel-Stuttgart 1979, 440ff. für den Kanton Appenzell Ausserrhoden im 18. und frühen 19. Jahrhundert; 65: MATTMÜLLER, 280ff. für die Basler Seidenbandweberei 1770/72; F. GSCHWIND, Bevölkerungsentwicklung und Wirtschaftsstruktur der Landschaft Basel im 18. Jahrhundert. Liestal 1977, 382ff.].

Arbeiterschaft der Manufakturen

Vergleichbare wirtschaftliche und soziale Grundprobleme wie bei der Heimarbeit (und bei den dezentralisierten Manufakturen) stellten sich für den größten Teil der – weit weniger zahlreichen – Arbeiter und Arbeiterinnen in den (zentralisierten) Manufakturen des (vor allem späteren) 18. Jahrhunderts, besonders in solchen der Textil-(Woll- und Seiden-)verarbeitung bei vielfach enger Verflechtung mit hausindustrieller Arbeit, wie Untersuchungen für Wien und Berlin belegen [J. EHMER, Familienstruktur und Arbeitsorganisation im frühindustriellen Wien.

München 1980, bes. 36 ff.; aus marxistischer Perspektive 192: KRÜGER, 260 ff., Dokumentenanhang 537 ff. mit monokausaler Erklärung der Entwicklung aus dem Übergang zu kapitalistischer Produktion]. Im übrigen zeigen alle einschlägigen Untersuchungen, soweit sie (meist recht spärliche) Angaben über die Manufaktur-Arbeitskräfte machen, daß deren wirtschaftliche und soziale Lage eine beträchtliche Bandbreite aufwies – vom hochbezahlten Spezialisten und handwerklich ausgebildeten Facharbeiter bis zur ungelernten Hilfskraft – und daß sie sich im Textilbereich mit hohem Frauen- und auch Kinderanteil hinsichtlich kümmerlicher Entlohnung und langer Arbeitszeiten besonders ungünstig gestaltete, zumal in solchen Betrieben, die an Arbeits- und Zuchthäuser angeschlossen waren, dann in den mechanischen Spinnereien des beginnenden 19. Jahrhunderts [vgl. z. B. 188: BAKE; 193: MATIS, und 90: HERZIG; weitere Hinweise und Lit.angaben bei 95: KOCKA, 154 ff. und W. REININGHAUS, Gewerbe in der Frühen Neuzeit. München 1990, 118 f.].

4.6 Militär

Noch ungenügend erforscht ist die Sozialgeschichte des Militärs in der Frühen Neuzeit zumal unter den hier interessierenden Gesichtspunkten der sozialen Rekrutierung und der Lebensbedingungen des einfachen Soldaten während und nach der Dienstzeit. F. REDLICHs Standardwerk über den Militärunternehmer, in dem auch dessen „work force" mitbehandelt wird, bedeutete einen ersten wichtigen Durchbruch zur wirtschafts- und sozialgeschichtlichen Behandlung der Thematik mit Schwerpunkt auf dem 17. und 18. Jahrhundert [Enterpriser, Bd. 1, bes. 454 ff., Bd. 2, 170 ff.]. Während Redlich die verstreuten einschlägigen Hinweise der umfangreichen militärgeschichtlichen Literatur auswertete, beziehen neue Untersuchungen über die Berufsgruppe der Lands- Landsknechte knechte archivalische Quellen intensiver ein, so nach MÖLLER [207] und BAUMANN [198 und 199] mit sozialgeschichtlichen Fragestellungen vor allem BURSCHEL [199a]; seine Studie für Nordwestdeutschland erweist sich auch dadurch als besonders aufschlußreich, daß sie den Übergang von der Zeit der Landsknechte in die Periode der stehenden Heere voll einbezieht und hierbei die soziale Herkunft und die generelle Verschlechterung der Lebensbedingungen der Söldner bereits seit dem 16. Jahrhundert ausführlich thematisiert. Die historische Kriminalitätsforschung bietet aus einem anderen Blickwinkel Einblicke in eine Realität, in der „die Grenze zwischen Soldaten und Straßenräubern" immer wieder verschwamm [241: SCHWERHOFF, 333 ff., 343 f.; zu vagierenden Soldaten 199a: BURSCHEL, 273 ff.; 225: KÜTHER, 73 ff.]. Freilich betont KROENER in Auseinandersetzung mit gängigen Vorstellungen, daß man diesen Aspekt gerade auch für die Periode des Dreißigjährigen Krieges angesichts der notorisch schlechten Versorgung des einfachen Militärs nicht überbewerten dürfe [203; vgl. DERS. in Francia 15 (1987), 321–350; zur Sicht eines Betroffenen vgl. 10a: PETERS].

Ungenügende sozialgeschichtliche Erforschung der stehenden Heere Einen Überblick über Forschungsstand und das Feld weithin noch offener Fragen zur Sozialgeschichte der sich herausbildenden stehenden Heere im Zeitalter des Absolutismus liefert der Problemaufriß von E. W. HANSEN, der unter anderem auf das Erfordernis abhebt, über die traditionelle „Preußenzentriertheit" hinaus auch das Militär in den kleineren deutschen Staaten mehr zu berücksichtigen und sich dabei vor allem der sozialen Wirklichkeit der „militärischen Unterschichten" zuzuwenden [200: Zur Problematik, 426 f., 432 ff.; zu den seither gemachten Fortschritten 204: KROENER, bes. 160 ff.]. Aber selbst für Preußen ist in dieser Hinsicht noch nicht allzuviel geschehen [Material u. a. bei KUCZYNSKI, Geschichte des Alltags des deutschen Volkes, Bd. 2. Berlin-Köln 1981, 330 ff.; 192: KRÜGER, 278 ff.; K. HINZE, Die Arbeiterfrage zu Beginn des modernen Kapitalismus in Brandenburg-Preußen 1685–1806. 2. Aufl. Berlin 1963, 171 ff.]. B.R. KROENER verfolgt an der Entwicklung des Potsdamer Militär-Waisenhauses unter einem speziellen Aspekt die aus unterschiedlichen (karitativen, wirtschaftlichen, populationistischen) Motiven genährten und in der Sache völlig ungenügenden Bemühungen der preußischen Könige, den sozialen Zündstoff zu entschärfen, der mit der desolaten Situation zahlreicher Soldatenfamilien verbunden war [205: Bellona]. Für andere Teile des Reichs ist auch sozialgeschichtlich ergiebigere Information zum Militär am ehesten in einschlägigen Regional- und Lokalstudien zu finden [für Franken 100: SCHUBERT, Arme Leute, 138 ff., ferner 237: KAPPL, 343 ff.; für Baden am Beispiel von Karlsruhe 136: MÜLLER, 379 ff.; für Kurhannover am Beispiel Göttingens 208: PRÖVE, und 371a: MEUMANN, 240 ff., 331 ff.; für die vergleichsweise günstige Situation in den Reichsstädten nach der älteren Untersuchung von 201: KRACAUER u. a. bes. 211: SCHWARK, ferner 202: KRAUS, 170 ff., 284 ff.]. Alle Arbeiten bestätigen, daß sich die einfachen Soldaten mitsamt ihren Familien zum weitaus größten Teil in wirtschaftlich und sozial höchst labilen Grenzlagen befanden. Gleichwohl bleibt das Petitum von R. PRÖVE bestehen, die gängigen Negativklischees über das absolutistische Militärsystem anhand von Studien für weitere deutsche Territorien zu überprüfen; daß sie vielfach korrekturbedürftig sind, gerade auch soweit es die Lebensbedingungen der „einfachen Soldaten" betrifft, hat er selbst in seiner weiterführenden

Preußen

Andere deutsche Staaten

Notwendige Überprüfung von Negativklischees

Untersuchung am Beispiel Göttingens gezeigt. Wertvolle Einblicke in den Soldatenalltag aus der Sicht von betroffenen Zeitzeugen bietet schließlich die Memoirenliteratur [U. Bräker, H. Seume, K. F. Klöden, F. C. Laukhard], auch wenn sie vor allem wieder preußische Verhältnisse betrifft und angesichts des intellektuellen Niveaus der Verfasser für den einfachen Söldner und Soldaten der Zeit gewiß nicht repräsentativ ist.

4.7 Seßhafte unterstützte Armut

Da sich die offizielle Armenfürsorge seit den Reformen des frühen 16. Jahrhunderts auf die ortsansässigen „würdigen" Armen konzentrierte, sollte man mit besonders guter Information über diesen Personenkreis rechnen können. Tatsächlich ist sie bisher nur bruchstückhaft und meist nur für den städtischen Bereich erschlossen. Die Frage, wie groß dieser „ehrbare" Teil der Armut im Lauf der Jahrhunderte gewesen ist, läßt sich deshalb einstweilen nur für einzelne Orte beantworten. Bei starken Schwankungen scheinen sich die Prozentsätze in ‚Normalzeiten' jedoch verhältnismäßig konstant in einer Bandbreite zwischen 4% und 10% der anspruchsberechtigten (und gewöhnlich nur teilunterstützten) Bevölkerung bewegt zu haben [Daten für das 16. Jh.: FISCHER, Städtische Armut, 57 f.; 356: JÜTTE, 15 f., 18 f.; 130: LASSOTTA, 420 ff.; für das 18. Jh.: 95: KOCKA, 105 f., 252; 144: ZSCHUNKE, 69; 122: DREYFUS, 349; 89: FINZSCH, 81, 88 ff., 100, 105].

Bruchstückhafte Information

Bei den verfügbaren Angaben fallen die beachtlichen Unterschiede zwischen Stadt und Land auf. In München betrug der Anteil der „wahren Armen" um 1780 fast 6%, in Bayern insgesamt hingegen nur rund 2% der Bevölkerung – vor allem infolge fehlender Stiftungsmittel und entsprechend restriktiver Unterstützungspraxis auf dem flachen Land, so daß schätzungsweise die Hälfte bis zwei Drittel der tatsächlich Bedürftigen leer ausgingen [84: BAUMANN, Armuth, 58 f., 84 ff.]. Regulierter Bettel innerhalb der Gemeinden und die Gewohnheit des eigentlich verbotenen „Auslaufens" der Armen in die nähere und weitere Umgebung – z. B. im protestantischen Württemberg [116: SAUER, Not, 142 ff.] – bildeten ein gängiges Ersatzventil.

Unterschiede zwischen Stadt und Land

Die Struktur der „Hausarmut" blieb über die Jahrhunderte hinweg ziemlich unverändert: Ein hoher Anteil von alten und kranken bzw. gebrechlichen und arbeitsunfähigen Menschen, vor allem von alleinstehenden und unter ihnen wiederum besonders von verwitweten Frauen, Tätigkeit in übersetzten Gewerben (Weber, Schuster, Schneider) bzw. niedrige oder fehlende Berufsqualifikation (Taglöhnerei, Waschen,

Zusammensetzung der „Hausarmut"

Spinnen, Nähen), Familien mit kranken Angehörigen oder mit mehreren Kindern in noch nicht verdienstfähigem Alter sowie Waisen – das sind typische Kennzeichen, die sich ähnlich in oberrheinischen Städten des frühen 16. wie im Köln des ausgehenden 18. Jahrhunderts finden lassen [125: T. FISCHER, Städtische Armut, bes. 124 ff.; 89: FINZSCH, 74 ff.; ähnlich 144: ZSCHUNKE, 70 f.; 380: REITER, 275 ff.; 341: FREVERT, 91 f.]. Ganz ähnliche Merkmale sind auch beim ortsfesten Straßenbettel auszumachen [89: FINZSCH, 160 ff.]. Die ganze Vielfalt von unterstützter Armut in einer Reichsstadt führt LASSOTTA auf ungewöhnlich breiter Quellengrundlage am Beispiel Kölns über einen Zeitraum von 300 Jahren vor Augen [130]. Daß dabei gerade für die „fleißige Armut" zur Abgrenzung gegenüber dem eigentlichen Bettel „guter" Kleidung als Zeichen sozialer Integration ein wesentlicher symbolischer Wert zukam, während Kleidung andererseits als Mittel zur Stigmatisierung von Randgruppen genutzt wurde, zeigen SIMON-MUSCHEID [142] und JÜTTE [222].

5. Randgruppen – Strukturen und Lebenssituationen

Forschungsanstoß von F. GRAUS Einen entscheidenden Anstoß für die Geschichtswissenschaft in Deutschland, sich mit dem Thema „Randgruppen" intensiver zu befassen, gab 1981 F. GRAUS [215]. Seine Untersuchung bietet trotz ihrer Konzentration auf das Spätmittelalter den besten Ausgangspunkt, denn sie macht die Problematik der Randgruppenbildung in ihrer Bedingtheit durch Wandel und Verfestigung des gesellschaftlichen Normensystems am Beispiel mehrerer Randgruppen (Prostituierte, Bettler, Juden) sichtbar. Seine These, die offensichtlich verschärften Tendenzen zur Marginalisierung im Spätmittelalter seien auf die Krisensituation der sich damals neu formierenden städtischen Gesellschaft zurückzuführen, die u. a. mit schärferer Normierung und Regulierung der verschiedensten Lebensbereiche und dadurch bedingter Absenkung der Toleranzschwelle gegenüber Abweichungen reagiert habe, ist bedeutsam auch als mögliche Antwort auf die Frage nach den Gründen und Hintergründen des damals einsetzenden Wandels in der Einstellung gegenüber Armut und Armenfürsorge.

Unterschiedlich weite Verwendung des Begriffs „Randgruppen" Freilich stellt der Begriff „Randgruppen" keine einhellig definierte Größe dar. Randgruppen, bei denen ein Zusammenhang mit der Armutsthematik naheliegt, bilden wohl den ‚klassischen' Kern, doch beziehen neuere Arbeiten ein sehr viel breiteres Spektrum ein. Während HARTUNG [218] bei seinem konzentrierten Gesamtüberblick über die verschiedenen Erscheinungsformen „gesellschaftlicher Randgrup-

pen" während des Spätmittelalters im wesentlichen an GRAUS anknüp-
fend dessen Überlegungen fortführt, begreifen HERGEMÖLLER und seine
Arbeitsgruppe für denselben Zeitraum den Randgruppenbegriff sehr
viel umfassender, wenn selbst Alte, Kranke, Kinder, Waisen und
Frauen als „Randgruppen im weiteren Sinne" bezeichnet und u. a. Heb-
ammen, Hexen und Sodomiter als „Randgruppen im engeren Sinne"
behandelt werden, letztere definiert als Personen, die auf Grund „gesellschaftlicher Zuschreibungsprozesse" „ganz oder teilweise ihrer
Rechte und ihrer Ehre entkleidet werden" [219: HERGEMÖLLER, 14,
22 f., 134 ff., 277 ff., 316 ff.; vgl. ebd. 24 ff. zu „Theorie und Methode"].
Auch dem jüngst erschienenen Überblick von B. ROECK [226] über
„Außenseiter, Randgruppen, Minderheiten" in Deutschland während
der Frühen Neuzeit, vornehmlich während des 16. und frühen 17. Jahrhunderts, liegt eine weitgefaßte Begrifflichkeit zugrunde; durch den engen Verbund mit „Außenseitern" und „Minderheiten" dehnt ROECK das
Spektrum der „Randständigen" deutlich über die im vorliegenden Band
behandelten Gruppen hinaus aus, indem er z.B auch „imaginäre" Randgruppen wie Hexen oder Wiedertäufer umschließt oder Ausländer und
Glaubensflüchtlinge einbezieht. Den gemeinsamen Bezugspunkt derartiger Vielfalt sieht ROECK im „frühneuzeitlichen Gottesstaat" und seinem noch stark religiös-metaphysisch geprägten und um eine entsprechend ‚gute Ordnung' bemühten Normensystem, das deshalb aber auch
zur Ausgrenzung, wenn nicht gar zur „Dämonisierung" davon abwei-
chender Personen und Gruppen neigte und sich erst mit einsetzender
Aufklärung und Toleranz während des 18. Jahrhunderts auch „Tendenzen der Emanzipation und Integration" öffnete [a.a.O. 5, 8 ff., 13 ff.,
143 ff.].

Soweit es empiriegesättigte Untersuchungen betrifft, sind die Pro- Gute Forschungs-
bleme von Armut, Unterschichten und Randgruppen auch in ihren lage für Köln
Wechselbeziehungen dank ungewöhnlich ergiebiger Quellen und einer
stattlichen Serie neuerer Studien für die Reichsstadt Köln mit einer andernorts bisher nicht erreichten Intensität und Kontinuität (abgesehen
vom 17. Jahrhundert) vom 14. bis ins frühe 19. Jahrhundert erschlossen
worden [221: IRSIGLER/LASSOTTA; 130: LASSOTTA; 356: JÜTTE; 241:
SCHWERHOFF; 123: EBELING; 89: FINZSCH].

5.1 Mobile Armut

Die vagierende Armut bildete während des Spätmittelalters und der Größenordnung
Frühen Neuzeit zweifellos die größte Randgruppe. C. KÜTHER schätzte,
allerdings auf methodisch problematischer Quellenauswertung, den

Anteil der Vaganten-Population in Süddeutschland während des 18. Jahrhunderts auf „mehr als 10% der Gesamtbevölkerung" [268: Räuber, 18 ff.; differenzierend 225: Menschen, 20 ff., bes. 26 f., 34, 38]. Die Kritik hat solche Quoten kräftig nach unten korrigiert; der Anteil der dauerhaft Vagierenden, nach KÜTHER etwa die Hälfte der gesamten Vaganten-Population, dürfte in Normalzeiten etwa 3% der Bevölkerung kaum überschritten haben. Daß dabei keine scharfe Grenze zwischen Vagieren auf Dauer und auf Zeit gezogen werden kann und daß die Vaganten-Anteile in Notzeiten kräftig anstiegen, ist allerdings festzuhalten.

Herkunft, Ursachen, Zusammensetzung

Neben der Frage nach der Größenordnung bleibt die Frage nach Herkunft und Ursachen des Bettler- und Vagantentums entscheidend wichtig für dessen Einschätzung. Bislang bilden systematische Untersuchungen hierzu die Ausnahme. Am besten sind unsere Kenntnisse wiederum für das 18. Jahrhundert, besonders dank der Arbeiten von SCHUBERT [100: Arme Leute, bes. 234 ff.] und KÜTHER [225: Menschen], der die „Lebensrealität Vagierender" in Süddeutschland während der zweiten Jahrhunderthälfte untersucht und dabei nach Möglichkeit auch quantifizierend vorgeht.

Verhältnismäßig niedriges Alter und deutliches Überwiegen des männlichen Geschlechts sind zwei offensichtlich typische Merkmale der Vagierenden über die Jahrhunderte hinweg, wie recht verschieden ausgelegte Studien ergeben. Nach JÜTTE [356: Armenfürsorge, 144 ff.] waren von den auswärtigen Almosenempfängern in der Messestadt Frankfurt 1531/60 gerade 14% weiblichen Geschlechts; bei gut der Hälfte lag der Heimatort über 150 Kilometer von Frankfurt entfernt – ein Zeichen für die beachtliche Reichweite der Mobilität. Für das Herzogtum Württemberg ermittelte SCRIBNER [255: Mobility] anhand der sog. Urfehden im 16. Jahrhundert noch andere Eigenheiten des damaligen Vaganten-Profils. Hiernach bildeten die „Lands-" und „Gartknechte" die größte Einheit; andere von ihm genannte Gruppen begegnen ähnlich noch im 18. Jahrhundert: Betreiber von Wander- und Hausiergewerben, ferner Personen, die Gelegenheitsarbeiten nachgehen, die sich ihren Schulden, Familienverbindlichkeiten oder der Strafe für begangene Delikte zu entziehen suchen oder die der Strafe der Ausweisung auf Zeit oder auf Dauer verfallen sind.

SCRIBNER hebt also auf den beträchtlichen Anteil des „erzwungenen" Vagantentums ab – im Unterschied zur zeitgenössischen Neigung, zunehmend Freiwilligkeit und Selbstverschulden bei Bettel und Vagantentum zu betonen und damit harte Abwehrmaßnahmen zu rechtfertigen. Aus derartigen Klagen darüber, daß auf der einen Seite Arbeitskräfte fehlten, auf der anderen Seite arbeitsfähige Personen lieber von fremder Unterstützung zu leben suchten, schloß W. SOMBART auf eine vorkapitalistische Wirtschaftsgesinnung der „Arbeiter" zurück, die sich in solch „natürlicher Faulheit, Trägheit, Indolenz der großen Masse" „Natürliche niederschlage [Der moderne Kapitalismus. 2. Aufl. München-Leipzig Faulheit"? 1916, Bd. 1, 802]. Angesichts der zu ermittelnden Realität erweist sich eine derartige Bewertung als entschieden korrekturbedürftig, wie besonders V. HUNECKE in modifizierender Anknüpfung an entsprechende Thesen von B. GEREMEK betont: Mangelnde Rentabilität von Arbeit an- Zu niedrige Löhne, gesichts zu niedriger Löhne und fehlende Chancen, der Armut „durch Mangel an Arbeit angestrengte, unablässige Arbeit zu entrinnen", seien maßgebliche Gründe für den angeprangerten „Müßiggang" gewesen [26: Überlegungen, 504 ff., bes. 508 f.]. Gewiß nicht weniger ins Gewicht fiel der direkte Mangel an Arbeit überhaupt und, soweit es das obrigkeitliche Verhalten betrifft, die großenteils kontraproduktive Ausgrenzung jeglichen „Müßiggangs" durch harte Verfolgung und Strafe [dazu 229: SCHUBERT, Mobilität, 149 ff.].

Andere Facetten des mobilen Bettels, sein Profil und seine Ursa- Weitere Gründe chen (u. a. auch das fortdauernde Gewicht von Glaubensgründen und nicht zuletzt Flucht und Vertreibung infolge der zahlreichen Kriege) zwischen etwa 1670 und 1800 leuchtet die Untersuchung von I. TITZ-MATUSZAK [256] exemplarisch am lokalen Beispiel aus, indem sie die amtlichen Unterstützungen (Wegzehrungen) analysiert, die von sechs südniedersächsischen Gemeinden an durchziehende Bettler gewährt wurden, soweit man sie als „würdig" und ihre Angaben als zuverlässig einschätzte [recht ähnliche Ergebnisse bei 253: NAUMANN].

Entscheidend für die Überlebenschancen der mobilen Armut war Beziehungen zum ihre – wenigstens partielle – Integration in das jeweilige Umfeld der seßhaften Umfeld Seßhaften. Am Beispiel Kölns zeigen IRSIGLER/LASSOTTA, wie eng im städtischen Milieu die materiellen und sozialen Vernetzungen mit Teilen der ortsansässigen Unterschichten und Randexistenzen in bestimmten Stadtquartieren gewesen sind [221: Bettler, bes. 32 ff.]; K. SIMON-MUSCHEID [231] untersucht entsprechende Verhältnisse für den vielzitierten Basler Kohlenberg mit ungewöhnlich reichhaltiger Information über die wirtschaftliche Situation zumindest der „Marginalelite".

Wohl noch mehr dauerte im sehr viel weniger kontrollierbaren ländlichen Bereich trotz aller obrigkeitlichen Bemühungen, unerwünschte mobile Existenzen auszugrenzen, das tradierte Miteinander von Seßhaften und Vagierenden fort, soweit sich deren Verhalten im Rahmen überkommener Normen bewegte und nicht den Grenzbereich kleinerer Not-Diebstähle überschritt [dazu an einem Fallbeispiel an-

hand von Prozeßunterlagen: 252: KIENITZ]. Daß dabei Hilfsbereitschaft
der Seßhaften keineswegs einfach nur der Nächstenliebe entsprang,
sondern teilweise auch geschäftlichem Arrangement und oft genug der
Furcht vor Racheakten, insbesondere vor Brandstiftung, zeigt ebenfalls
der Blick in einschlägige Gerichtsakten [ausführlicher dazu z.B. 237:
KAPPL, 52ff., 65ff., 95f.]. Prozeßakten dienen kennzeichnenderweise
auch N. SCHINDLER [227] als ergiebige Quelle, um „Kultur und Lebensweise" einer Vaganten-Population im Salzburgischen facettenreich zu
analysieren.

5.2 Kriminalitätsgeschichte

Da Angehörige der Unterschichten und mehr noch Mitglieder von
Randgruppen infolge ihrer gesamten Lebensumstände besonders leicht
mit den Normen und Gesetzen ‚der Gesellschaft' in Konflikt gerieten –
sie stellten im Köln des späteren 16. Jahrhunderts etwa 80% (60% bzw.
20%) aller Delinquenten [241: SCHWERHOFF, 184] –, können gericht-
liche und polizeiliche Amtsakten sonst kaum erhältliche Information
über ‚typische' Lebensbedingungen und damit einhergehende Denk-,
Verhaltens- und Handlungsweisen im Milieu von Unterschichten und
Randgruppen liefern, nicht zuletzt aber auch über den Umgang der
„Herrschenden " und der „Gesellschaft" mit den betreffenden Tätern.
Nachdem eine Vielzahl älterer Arbeiten rechtsgeschichtlicher Prove-
nienz vor allem an normativ-juristischen Gesichtspunkten von Straf-
verfahren, Strafen und materiellem Strafrecht orientiert gewesen war,
hat sich die historische Kriminalitätsforschung seit einigen Jahren einschlägiger Sachverhalte unter sozial- und mentalitätsgeschichtlichen
Perspektiven verstärkt angenommen [vgl. Nrr. 232ff.], um neben der
Sicht der Verfolger auch diejenige der Verfolgten besser in den Blick zu
bekommen und so „nicht nur die sozialen Bedingungen kriminellen
Handelns, sondern zugleich auch das innere Gefüge einer Gesellschaft
zu erhellen" [240: REIF, 9]. Deutlich wird in allen genannten Studien,
wie viel die gängigen harten Formen der Bestrafung zumal gegenüber
einem besonders häufigen Unterschichten- bzw. Randgruppendelikt
wie dem Diebstahl dazu beitrugen, den Weg ins mobile Randgruppen-
Dasein zu fördern. Daran änderte auch die allmähliche Milderung der
Strafpraxis, die sich teilweise schon im 17. Jahrhundert abzuzeichnen
begann, nichts Wesentliches [241: SCHWERHOFF, 166ff., 344ff., 442ff.;
232: BEHRINGER, Mörder, 98; 126f.; für ein eher ländliches Gebiet 244:
WETTMANN-JUNGBLUT, bes. 172f.]. Der verstärkte Einsatz von Stadt-
bzw. Landesverweis als Strafe gerade auch bei vergleichsweise gering-

(margin) Inneneinsichten durch Justizakten

(margin) Marginalisierende Wirkung des Strafsystems

fügigen Vergehen mußte sich disfunktional auswirken, wie W. HARTIN-
GER betont [264: Rechtspflege], weil der Verlust von Seßhaftigkeit und
damit verbundenen abstützenden sozialen Beziehungen fast sicher zum
endgültigen Absinken in die mobile Randgruppenexistenz von Bettlern
und Vaganten auf Dauer führte und neue Straftaten fast zwangsläufig
nach sich zog [vgl. auch 241: SCHWERHOFF, 148 ff.].

5.3 Räuber

Auf besonders starkes Interesse stößt seit einiger Zeit die kleine Randgruppe der „Räuber", nicht nur in einer stattlichen Zahl eher populär-
wissenschaftlicher Publikationen [vgl. als Beispiele 259: BREIBECK und
262: FRANKE], sondern auch bei Sozialhistorikern. Einen wichtigen Anstoß gab E. J. HOBSBAWM mit seinen Arbeiten über Banditen [265] und
„Sozialrebellen" [266]. Der „Sozialbandit" oder „Sozialrebell" reprä-   „Sozialrebellen"?
sentiert nach HOBSBAWM den bäuerlichen Gesetzesbrecher, der, von der
Obrigkeit als Krimineller verfolgt, in seinem Kampf gegen soziale Unterdrückung und um mehr soziale Gerechtigkeit von seinem eigenen
bäuerlich-ländlichen Umfeld als Held betrachtet, bewundert und ge-
schützt wird, ohne daß er deshalb bereits die bestehenden Herrschafts-
verhältnisse grundsätzlich in Frage stellen würde. Derartige „Bauernbanditen" hat es jedoch in Mitteleuropa außerhalb der populären Literatur während der Frühen Neuzeit kaum gegeben. In Vergleich und
Auseinandersetzung mit diesem Typus analysierte C. KÜTHER den Ty-   Tendenz zu positiver
pus des (von HOBSBAWM abgewerteten) „‚kriminellen' Banditen" und   Überhöhung
tendierte seinerseits dazu, ihn ohne präzisere soziale Analyse als Träger
sozialen Protests positiv zu überhöhen: Laut KÜTHER wies er „gewisse
Parallelen" zum Bauernbanditen auf, so im Selbstgefühl, „rechtmäßi-
gen Widerstand" gegen die verfolgende Obrigkeit zu leisten, allerdings
auch im Mangel an veränderungs-orientierter gesellschaftspolitischer
Programmatik [268: Räuber, 146, vgl. 107 ff.]. Immerhin meinte
KÜTHER bei den Räuberbanden nicht nur „Merkmale des offenen Auf-
begehrens" gegen die bestehende gesellschaftliche Ordnung feststellen
zu können, sondern glaubte in ihnen zugleich die spezifische Erscheinungsform „einer umfassenden sozialen ‚Gegenorganisation' in Konkurrenz zum bestehenden Absolutismus" zu erkennen [a.a.O., 145 f.,
147; vgl. 99 ff.: „Der Bandit als Rebell"] und rückte die Räuberbanden
gelegentlich sogar den Vorkämpfern gesellschaftlicher Veränderung im
19. Jahrhundert nahe [a.a.O., 120].
      Während N. FINZSCH für das Rheinland an der Wende vom 18.
zum 19. Jahrhundert zu ähnlichen Bewertungen kommt wie KÜTHER

Keine [89: Obrigkeit, 241 ff., 198 ff.], stellt U. DANKER in seiner Studie über
„Gegengesellschaft" „Räuberbanden im Alten Reich um 1700" [260] das Konzept der „Gegengesellschaft" vor allem auf Grund von drei intensiven Fallstudien in mehrfacher Hinsicht in Frage: „Ein Band der Solidarität" zwischen Unterschichten und Räubern und ein intensiver Zusammenhalt innerhalb der Gruppe selbst habe trotz einer einschlägigen „Subkultur" der „Kochemen" (der Wissenden) generell ebensowenig bestanden wie die von KÜTHER behauptete „Unterstützung der Banditen durch weite Kreise der meist bäuerlichen Bevölkerung" [vgl. 268: KÜTHER, 113 ff.]; ein erheblicher Teil der Banditen war „seßhaft" oder „teilintegriert" (d. h. dem Unterschichtenbereich, nicht aber einer sozialen Randgruppe zuzuordnen), eine abgeschlossene Vaganten- und Räuberwelt gab es nicht [260: Räuberbanden, 480 ff.]; und bei den „Banden" handelte es sich gewöhnlich keineswegs um Formationen mit fester, gar hierarchischer Organisation, sondern um „große Verflechtungszusammenhänge [...], innerhalb derer die einzelnen Banditen sich spontan, regellos und nach persönlichen Sympathien für konkrete Delikte zu frei assoziierten Gruppen zusammenschlossen" [a.a.O., 308].

„Leistungs- Der Tendenz zu einer Überhöhung der „kochemen Gesellschaft"
gesellschaft"? als „alternativer Subkultur" kann jedoch auch DANKER nicht völlig entgehen, wenn er ihr wiederholt ein erhebliches Maß an Modernität bescheinigt: Nach seiner Meinung antizipierten die Banditen in Reaktion auf die Defizite der damaligen Gesellschaft „objektiv [...] die moderne Leistungsgesellschaft, die die Basis heutigen Wirtschaftens und Zusammenlebens liefert"; bei ihnen sei „eine in der Struktur egalitäre Gemeinschaftsordnung erkennbar", in der Leistung auch ein „relativ hohes Maß an vertikaler Mobilität" ermöglichte [a.a.O., 286 f., 301 f., 493 f.]. Auf solcher Vergleichsbasis ließe sich die moderne Leistungsgesellschaft vermutlich bis in die Antike zurückverfolgen.

Die Frage nach den tieferen Gründen für die Entstehung derartiger Bandenkriminalität ist mit dem Hinweis auf die soziale Verortung der Banditen vor allem in Unterschichten und Randgruppen [dazu nähere Angaben z. B. bei 263: HARTINGER, 12; 260: DANKER, 720 f.; 272: ROTH, 649; 237: KAPPL, 260 ff.] kaum befriedigend beantwortet. H.

Verschärfte REIF [271: Vagierende Unterschichten] erklärt die Genese von Räuber-
Verteilungskämpfe banden während des 18. Jahrhunderts in erster Linie als Folge sich ver-
als Entstehungs- schärfender Massenarmut und dadurch ausgelöster härterer Vertei-
ursache? lungskämpfe innerhalb der vagierenden Population selbst sowie zwischen dieser und der seßhaften Bevölkerung; die Banden-Delinquenz erscheint so vor allem als Abwehrstrategie „einer kleinen aktiven Gruppe" gegen den kollektiv fortschreitenden Prozeß der Pauperisie-

rung im Bereich der „heimatlosen Randexistenzen". REIFS Konkurrenz-
Entwicklungsmodell würde gut erklären, warum die von KÜTHER weitgehend angenommene, von DANKER mit guten Gründen angezweifelte
Solidarität zwischen Räubern und ihrem bäuerlich-ländlichen Umfeld
[260: Räuberbanden, 331 ff.] kaum vorhanden gewesen dürfte; andererseits steht ihm der von DANKER festgestellte hohe Anteil seßhafter und
„teilintegrierter" Bandenmitglieder entgegen. Auch hier bedürfte es
noch breiterer empirischer Überprüfung, denn die weiterführenden Er-   Erfordernis weiterer
gebnisse DANKERS basieren auf einer recht schmalen Zahl von unter-   Untersuchungen
suchten Banden im frühen 18. Jahrhundert. Besonders sollten künftige
Forschungen über das 18. und frühe 19. Jahrhundert zurückgreifend das
16. und 17. Jahrhundert intensiver einbeziehen, um zu klären, in wel-
chen Formen und mit welcher Intensität Banden-Delinquenz damals
virulent gewesen ist. Vor allem der andauernde Kampf gegen „gartende
[Lands-]Knechte" [vgl. 199a: BURSCHEL, 273 ff.], aber auch die stän-
dige, wenngleich übertriebene Sorge vor „Mordbrennern" im 16. Jahrhundert [dazu 230: R. SCRIBNER] weisen ebenso wie die bisher bekannten Informationen aus Verhörprotokollen darauf hin, daß das Bandenwesen in zeittypischen Ausprägungen (kleine, lockere Gruppen) auch
damals weit verbreitet war [vgl. 267: KRAUSE; 239: RADBRUCH/
GWINNER, 116 ff., 130 f.; 261: ESCH; 268: KUNZE; 241: SCHWERHOFF,
328 ff.]. Erst intensive Studien für eine größere Zahl von Banden könnten zeigen, ob es die „typische" Räuberbande und den „typischen" Räuber gegeben hat, inwieweit wachsender ökonomischer Druck und poli-
tisch-militärische Wechsellagen [vgl. z. B. 232: BEHRINGER, Mörder,
102 ff., 112] sowie Wandel bzw. Verschärfung der obrigkeitlichen
Strafverfolgung die Bildung und Zusammensetzung von Banden und
das Verhalten ihrer Mitglieder beeinflußt haben; auf einige charakteristische Unterschiede zwischen christlichen und jüdischen Banden –
starke familiäre Rückbindung, großer Anteil der Seßhaften, nur gering-
fügige Teilnahme von Frauen auf jüdischer Seite – hat GLANZ in seiner
grundlegenden Arbeit über die jüdischen Unterschichten hingewiesen
[301: Geschichte, 183 ff.].

Auf der Suche nach „subtileren Erklärungsangeboten" für die   Staatliches Handeln
Entstehung von Räuberbanden während der Frühen Neuzeit [260: Räu-   und seine Bewertung
berbanden, 483 ff.] betont DANKER selbst das „Zusammenspiel individueller Prädispositionen und gesellschaftlicher Faktoren", hebt aber
seinerseits besonders auf die Tendenz des Staates zur Kriminalisierung
der Randgruppen als wesentliche Voraussetzung ab, ja meint geradezu,
der frühmoderne Staat habe hier ein keineswegs derart gewichtiges
Problem „durch staatliche und gesellschaftliche Verarbeitung und Deu-

tung" hochstilisiert mit dem Ziel, neuentwickelte Normen der „christ-
lich-ständischen Gesellschaft" an von dieser selbst produzierten Randgruppen durch Verfolgung und Bestrafung zu exemplifizieren [a.a.O.,
15 f., 430 ff., bes. 449; vgl. 54 ff.]. „Der frühmoderne Staat" erscheint so
als geradezu rational kalkulierende Instanz, die ihre neuen Ordnungs-
vorstellungen im Sinne einer umfassenden „Sozialdisziplinierung" vor-
antreibt, indem sie ihre eigene Macht durch übertriebene Reglementierung und Repression gegenüber Randständigen steigert, und die Banditen selbst werden in dieser Inszenierung während des 18. Jahrhunderts
zu „optimalen Objekten der Normverdeutlichung" wie im 17. Jahrhundert – die Hexen [a.a.O., 368, 449, 502]. Hier scheint das modisch gewordene Konzept der „Sozialdisziplinierung" (vgl. hierzu II.6) über-
dehnt zu werden nicht nur durch den schwer nachvollziehbaren Zusammenhang zwischen Hexen- und Räuberverfolgung, sondern auch in
dem offensichtlich angenommenen Kalkül, daß Verfolgung der Delinquenz „nur als Vorwand zur Herrschaftsstabilisierung" diente [a.a.O.,
484].

5.4 Unehrliche

Die rechtlich-soziale Kategorie „Unehrlichkeit" betrifft sicher kein
zentrales, aber doch ein typisches und aus heutiger Sicht besonders auf-
fälliges Phänomen der Gesellschaftsordnung in Spätmittelalter und
Ungeklärte Früher Neuzeit. Allzuviel Aufmerksamkeit hat ihr die Wissenschaft
Probleme   bisher nicht geschenkt, so daß zumindest aus sozialgeschichtlichem
Blickwinkel noch vieles unklar bleibt – z.B. die Entstehungszeit von
Unehrlichkeit für die verschiedenen Berufe, der landschaftlich bzw. lokal unterschiedliche Geltungsbereich berufsspezifischer Unehrlichkeit
und deren verschieden intensive rechtliche und soziale Auswirkungen
im einzelnen, der Umfang der von Unehrlichkeit betroffenen Bevölkerungsteile und schließlich, obwohl lebhafter diskutiert, der Grund bzw.
die Gründe für das gesamte Phänomen. Während ältere Autoren wie O.
BENEKE [275] oder R. WISSELL [293: Handwerk I, 145 ff.] besonders
einstige Unfreiheit und die Gefahr betrügerischer Machenschaften,
beim Henker und bei henker-verwandten Berufen wie dem Abdecker
Umfassender zusätzlich die widerwärtige Tätigkeit herausstellten, bot W. DANCKERT
Erklärungsversuch 1963 einen sehr viel umfassenderen Erklärungsansatz an: Eigentlicher
Ursprung der Unehrlichkeit sei „das Erbe germanischen, vorchristli-
chen Kultbrauchtums", das „schon seit dem frühen Mittelalter unter die
(kollektive) Bewußtseinsschwelle hinabgedrückt: verdrängt" worden

sei; Formen von Unehrlichkeit (Pariatum, Unberührbarkeit) hätten sich auch in anderen Kulturen herausgebildet, und zwar „stets an Stellen, wo mehrere Kulturen, Religionen und Kulte zusammenstoßen, einander überlagern, miteinander streiten" [277: Unehrliche Leute, 7 f.]. In Mitteleuropa hätte demnach die Überschichtung von vorchristlicher durch die christliche Kultur den Nährboden für die (negativ tabuisierte) Unehrlichkeit gebildet. DANCKERT griff damit generalisierend auf einen Interpretationsansatz zurück, den der Rechtshistoriker K. v. AMIRA 1922 bezogen auf die Unehrlichkeit des Henkers entwickelte, indem er auf das Fortwirken altheidnischer Tabuvorstellungen hinwies [vgl. 274: ANGSTMANN, 75 ff.], und den 1962 FISCHER [279] auch für den Abdecker geltend machte. Die Kritik hat zu Recht die von DANCKERT beanspruchte universelle Gültigkeit dieses Ansatzes in Frage gestellt: Da sich Unehrlichkeit erst während des Spätmittelalters und der Frühen Neuzeit, und zwar maßgeblich im städtisch-zünftigen Bereich, intensiver entfaltete, erscheint sie vor allem in diesem sozialen und mentalen Kontext verortet, traten gegenüber etwaigen weit zurückliegenden Ursprüngen, die den Zeitgenossen kaum zugänglich gewesen sein können, zumindest „die sekundären Begründungszusammenhänge der Diskriminierung" in den Vordergrund [221: IRSIGLER/LASSOTTA, 97; vgl. 278: VAN DÜLMEN, Der infame Mensch, und 18: VAN DÜLMEN, 202 ff.; 299: SCHUSTER, Frauenhaus, 141 f.]. Daß im handwerklichen Bereich die Abwehr unerwünschter Konkurrenz seitens der Zünfte eine maßgebliche Rolle gespielt hat, steht außer Frage. Die nord- und ostdeutschen Zünfte übernahmen in dieser Entwicklung offensichtlich Vorreiterfunktionen [229: SCHUBERT, Mobilität, 118 ff.]; im Gebiet der deutschen Ostkolonisation spielte teilweise auch die Abgrenzung von Personenkreisen mit (einst) geringerem Rechtsstatus bzw. nichtdeutscher Herkunft (Wenden) sowie die Diskriminierung ländlicher Wettbewerber eine Rolle (z. B. bei Leinewebern, Zeidlern oder Töpfern; vgl. D.G. HOPP, Die Zunft und die Nichtdeutschen im Osten, insbesondere in der Mark Brandenburg. Marburg/L. 1954, 54 ff.).

Kritik: Späte Entfaltung des Phänomens, Vorreiterrolle des Zunftbürgertums

Besonders intensiv hat sich die Forschung mit der Unehrlichkeit des Scharfrichters/Nachrichters/Henkers befaßt. Die Versuche, sie zu deuten, reichen von der Tabu-Theorie bis zu psychologischen Erklärungen bei GERNHUBER [280] und OPPELT [286a] (u. a. Verstoß gegen das christliche Tötungsverbot, unterbewußt-traumatische Ablehnung der Todesstrafe, Projektion derartiger Abwehr bzw. der eigenen Aggressionsgefühle auf den Henker; vgl. auch [218: HARTUNG, 64 ff. und Nrr. 281, 289, 291] sowie im Überblick über die verschiedenen „Theorien" [286: NOWOSADTKO, 20 ff.]). Wie problematisch aber auch hier jegliche

Unehrlichkeit des Scharfrichters

Generalisierung ist, zeigen vor allem G. WILBERTZ [292] und J. NOWO-
SADTKO [286] am regionalen Beispiel (Hochstift Osnabrück bzw. Herzogtum Bayern) mit Blick auf die soziale Realität und auf deren Wandel im Laufe der Jahrhunderte statt auf die normativen Konstrukte der
Mit- und Nachwelt für Scharfrichter und Abdecker. In beiden Fällen
wird deutlich, daß die sozialen Auswirkungen von Unehrlichkeit zumal
für den Scharfrichter-Beruf sehr viel schwächer waren, als gemeinhin
angenommen, auch wenn sich die rechtliche und soziale Stellung der
Scharfrichter im Süden insgesamt deutlich weniger günstig gestaltete
als im Norden und Nordwesten.

Bedarf an Studien   Die zeitlich und regional differenzierte Sozialgeschichte von Un-
für einzelne Städte, ehrlichkeit und unehrlichen Berufen bleibt also auf weiten Strecken
Territorien und
Berufe noch zu schreiben. Noch kaum erprobt ist der besonders erfolgverspre-
chende Weg, dem Gesamtphänomen in einer städtischen Gesellschaft
oder einem Territorium systematisch nachzugehen und hierbei interak-
tives Handeln und Verhalten aller Beteiligten – der Verrufenden, der
Betroffenen und der Obrigkeit – zu analysieren [ansatzweise bei 290:
STUART, und im übergreifenden Kontext des Ehr-Problems vor allem
bei 285: NOWOSADTKO]. Auch weitere berufsbezogene Untersuchungen
wie die von W. JACOBEIT über Schäfer, die das Problem der „Unehrlichkeit" dieses Berufes ausführlich berücksichtigt [283: Schafhaltung,
173–224], blieben bisher die Ausnahme. JACOBEIT weist nach, daß der
Verruf als „unehrlich" für Schäfer sich erst seit der Mitte des 14. Jahrhunderts im Zunftbereich herausbildete und maßgeblich auf die fast un-
vermeidliche und z.T. von der Obrigkeit direkt vorgeschriebene Abdek-
kertätigkeit von Schäfern zurückzuführen ist. In welcher Weise die
Gruppe der fahrenden Spielleute während der Frühen Neuzeit tatsächlich (noch) von Unehrlichkeit betroffen war, müßte im Anschluß an die
das Mittelalter und Spätmittelalter betreffende Arbeit von W. HARTUNG
[282] geklärt werden (Ansätze bei 284: KRICKEBERG). Tatbestand und
rechtliche Reichweite etwaiger Unehrlichkeit von „Komödianten" waren wenigstens um 1700 in der juristischen Literatur fraglich und im
einzelnen umstritten, während soziale Anrüchigkeit des Berufs fortdau-
erte [287: SCHUBART-FIKENTSCHER]. Die Unehrlichkeit von Müllern
blieb offenbar eine weithin unbekannte Randerscheinung, und Entsprechendes gilt für Leineweber wenigstens in Oberdeutschland im Unterschied zu Nord- und Ostdeutschland sowie wohl auch für Bader und
Chirurgen: Die letztgenannten Berufe zählten z.B. in Württemberg
während des 18. Jahrhunderts überwiegend der gehobenen Mittelschicht an, und von Unehrlichkeit war keine Rede [S. SANDER, Hand-
werkschirurgen. Göttingen 1989, bes. 133 f.].

Anders war dies beim Beruf der Prostituierten, da dort die Unehr- Verschärfte
lichkeit zumal seit der Reformation im wesentlichen moralisch begrün- Marginalisierung
det war. Eine sozialgeschichtlich fundierte, modernen Ansprüchen ge- der Prostitution
nügende Arbeit über die Prostitution während der Frühen Neuzeit fehlt.
Die Studie von P. SCHUSTER über die Institution des Frauenhauses in
Deutschland [299] endet mit dem (früheren) 16. Jahrhundert; für den
untersuchten Zeitraum zeigt sie deutliche Parallelen im Wandel der
Einstellung gegenüber der Prostitution und in der verschärften gesellschaftlichen Ab- und Ausgrenzung der mobilen Armut [dazu vgl. 215:
GRAUS, 404 ff.]. Mit guten Gründen bezweifelt SCHUSTER die von französischen Forschern vertretene Ansicht, die Prostitutierten seien im
15. Jahrhundert voll in die städtische Gesellschaft integriert gewesen
[a.a.O., 135 ff., 212], hält aber andererseits Vorsicht gegenüber gängigen Vorstellungen von der „Unehrlichkeit" und damit verbundener
weitergehender Rechtlosigkeit der Prostituierten für angebracht, auch
wenn für sie wenigstens gewohnheitsmäßig ein Sonderrecht galt
[a.a.O., 85 ff.]. Über die Prostitution während der folgenden Jahrhunderte ist wenig bekannt. IRSIGLER/LASSOTTA [221: Bettler, 179 ff.] und
SCHWERHOFF [241: Köln, 369 ff.] zeigen, daß in Köln die Prostitution
während des 16. Jahrhunderts nicht zuletzt infolge puritanischer wer-
dender Sexualmoral, wie sie im konfessionellen Konkurrenzkampf
auch den Katholizismus stärker ergriff, durch Einrichtung eines Frauenhauses (erst 1527!) zunächst ghettoisiert und dann bis hin zu dessen
Schließung 1591 kriminalisiert wurde, daß jedoch Kuppelei und „freie
Prostitution" fortdauerten: „Weder für eine langfristige und konse-
quente Verstärkung obrigkeitlicher Kontrolle noch für einen Erfolg
herrschaftlicher Disziplinierungsmaßnahmen ergeben sich Anhalts-
punkte" [241: SCHWERHOFF, 377; vgl. ebd. 402 ff.]. In Städten wie
Nürnberg und Augsburg fiel der Zugriff auf entsprechende Sittlich-
keitsverfehlungen, vor allem gegen Kuppelei, dank protestantischer
Moralität offensichtlich deutlich härter aus [vgl. 297: ROPER, 111 ff.;
236: HAMPE, 40 ff., 96 ff.]. Beachtlich blieb das Ausmaß der Prostitution wohl immer in den großen Städten, besonders in solchen mit Hafen
wie Hamburg oder mit Militärgarnison wie Berlin; hier erließ die Regierung 1700 und 1792 sogar eigene „Bordell-Reglements", um das
solchermaßen geduldete Dirnenwesen (annähernd 1000 Frauen in rd.
100 Etablissements um 1780) zu kontrollieren [zahlreiche Hinweise für
den deutschen Bereich bei 294: BLOCH, Bd. 2 I, bes. 44 ff., 260 ff.,
389 ff., 467 ff., 500 ff., 528 ff., 556 ff., 667 ff., 686 ff.; für Berlin auch
192: KRÜGER, 378 ff.]. An der gängigen sozialen Herkunft der Dirnen
aus dem (vielfach ländlichen und kleinstädtischen) Unterschichten-

und Randgruppen-Milieu hat sich dabei über die Jahrhunderte hinweg
wenig verändert.

5.5 Zigeuner

Die Erforschung der Geschichte der Zigeuner während der Frühen
Neuzeit blieb bis heute im wesentlichen die Erforschung des Verhaltens
der Umwelt gegenüber den Zigeunern und deren Verfolgung [dazu als
Überblick 313: HOHMANN]. Ob sich dies jemals grundlegend ändern
wird, ist fraglich, denn Binneninformation aus den Reihen der Zigeuner
selbst steht angesichts der fehlenden Schriftlichkeit und der Abge-
schlossenheit ihrer Kultur gegenüber einer meist ablehnend-feindli-
chen Umwelt für diesen Zeitraum praktisch nicht zur Verfügung; auch
noch im 20. Jahrhundert ist Insider-Verständnis nur schwer zu gewinnen, ermöglicht dann freilich wertvolle Rückschlüsse auf vergangene
Jahrhunderte, wie der Erlebnisbericht von JAN YOORS zeigt [Die Zigeuner. Stuttgart 1970, unter dem Titel „Das wunderbare Volk. Meine
Jahre mit den Zigeunern" München 1989].

*Binneninforma-
tionen fehlen*

Folglich müssen zumal für die Frühe Neuzeit die verfügbaren
Quellen, da ganz weitgehend aus der obrigkeitlichen (Abwehr- und
Verfolger-)Perspektive geschrieben, sorgfältig ‚gegen den Strich‘ ausgewertet werden, um aus dem vorgeformten Raster ausbrechen zu können. Die Forschung hat dies bis in die 1960er Jahre hinein kaum getan,
wie die neuen Untersuchungen zur Wissenschaftsgeschichte zeigen
[312: HOHMANN; 320: RUCH; 309: BOTT-BODENHAUSEN, 21 ff.]. Noch
die durchaus material- und kenntnisreichen Arbeiten von H. ARNOLD
[Nrr. 245, 307, 308] vermischen problematische historische Situations-
einschätzungen, zweifelhafte moralische Wertungen und rassenbiologi-
sche Reminiszenzen und belegen damit das Fortwirken diskriminieren-
der Stereotype im Gewande wissenschaftlichen Anspruchs [vgl. dazu
315: HOHMANN, Robert Ritter, 351 ff.], wie es sich auch in dem von H.
GWINNER verfaßten einschlägigen Kapitel in G. RADBRUCH/H. GWIN-
NER [239: Geschichte, 203–216] ungebrochen niedergeschlagen hat [zu
Entwicklung und Weitergabe des negativen Stereotyps bes. 320: RUCH,
dazu die Quellensammlung von 5: GRONEMEYER und der Dokumenten-
teil in 312: HOHMANN, Zigeuner].

*Problematische For-
schungstraditionen*

Erst seit kurzem zeichnet sich in der Literatur die Tendenz ab,
nicht nur die bisher vor allem benutzten Quellen (obrigkeitliche Verfügungen, Gerichts- und Polizeiakten) aus gewandelter Perspektive erneut aufzubereiten [für das 16. Jahrhundert in Köln z. B. 221: IRSIGLER/
LASSOTTA, 170 ff.], sondern auch Materialien wie Rechnungen und Kir-

Neue Perspektiven

chenbücher einzubeziehen, die bisher für die Thematik nicht oder kaum beachtet wurden. Besonderes Interesse gilt dabei vor allem den nachweisbaren „prosozialen" Kontakten und Interaktionen zwischen Zigeunern und seßhafter ländlicher Bevölkerung, aber auch dem tatsächlichen (oft abmildernden und inkonsequenten) Verhalten der Behörden und Amtspersonen gegenüber den Zigeunern und deren Überlebensstrategien. Auf diese Weise entsteht allmählich für das 18. Jahrhundert ein deutlich differenzierteres Bild als bisher, wie z. B. die Untersuchungen von A. HÖCK [311], H. LEMMERMANN [318], R. GRONEMEYER [310] oder K. BOTT-BODENHAUSEN und ihren Mitarbeitern [309] belegen; es sollte durch vergleichbare Studien für weitere Gebiete, besonders auch den Westen und Süden Deutschlands, ergänzt werden.

6. Armenpolitik zwischen Fürsorge, Disziplinierung und Repression

1983 forderte V. HUNECKE einen „Perspektivwechsel" in der Geschichte der Armut, fort von der Beschäftigung mit der Armut selbst, über deren Ursachen und Wesen genügend bekannt sei, hin zum seiner Meinung nach zentraleren Aspekt der Armutsgeschichte, „wie Armut gesellschaftlich wahrgenommen und bewertet wurde" [26: Überlegungen, 488 ff.]. Tatsächlich ist unser Kenntnisstand über Quantität und Qualität von Armut und ihre Hintergründe in vorindustrieller Zeit zumindest für den mitteleuropäischen Bereich noch keineswegs sonderlich gut fundiert; ohne genauere Kenntnis der Armutsrealität aber läßt sich der jeweilige Umgang der Gesellschaft mit Armut kaum in wünschenswertem Maße einschätzen, und insofern bleiben beide Aspekte der Armutsgeschichte – Armut und ihre gesellschaftliche Wahrnehmung – engstens aufeinander bezogen.

Die Geschichte des Armenwesens, der Armenfürsorge und der Armenpolitik wurde bisher schon deshalb intensiver erforscht als die Geschichte der Armut insgesamt, weil die obrigkeitlich geprägte Quellenlage diesen Zugriff nahelegte. Ältere Gesamtdarstellungen wie die von UHLHORN [48] oder LIESE [33] bleiben trotz konfessioneller Zeitbedingtheiten dank ihrer Materialfülle bis heute grundlegend. Die neue Übersicht von SACHSSE/TENNSTEDT [44] über die Geschichte der Armenfürsorge in Deutschland seit dem Spätmittelalter beschränkt sich auf die (als tendenziell sehr repressiv bewertete) Fürsorge für Erwachsene im städtischen Bereich und berücksichtigt dabei seit dem 17. Jahrhundert fast ausschließlich die preußischen Verhältnisse (zur ideologischen Einfärbung des Konzepts s. u.).

Reichhaltig, wenn auch ungleichgewichtig ist die Spezialliteratur zum Armenwesen. Insgesamt besteht ein Defizit an Studien, welche auf lokaler oder regionaler Ebene die Entwicklung während der Frühen Neuzeit insgesamt verfolgen und dabei insbesondere auch die quantitative Seite (Zahl der Unterstützten, Größe der Unterstützung) analysieren. Zeitliche Schwerpunkte des Forschungsinteresses bilden das 15. und vor allem das 16. Jahrhundert, weil sich damals durchaus europaweit deutliche Wandlungen in der Einstellung gegenüber Armut ausmachen lassen, dann wieder die zweite Hälfte des 18. Jahrhunderts, als sich die Diskussion über Armut, über deren Ursachen und über die Möglichkeiten ihrer Bekämpfung im Wechselspiel zwischen realer Entwicklung und intensiverer Wahrnehmung und Durchdringung der Problematik belebte. Dabei bleiben allerdings die Masse der kleineren Städte und das flache Land unterbelichtet, wo die große Mehrheit der Bevölkerung (und damit auch der Armen) lebte und die Armenfürsorge schon angesichts sehr viel bescheidenerer institutioneller Ressourcen mehr über individuelle Hilfe verlief. Vor allem für größere Städte, in erster Linie Reichsstädte, existieren z.T. schon ältere, bis heute nicht überholte Untersuchungen [z.B. 328: BISLE für Augsburg, dazu für das 16./frühe 17. Jahrhundert jetzt 333: CLASEN; 409: WINCKELMANN für Straßburg; 383: RÜGER für Nürnberg]. Die neueren Studien von T. FISCHER [125] über Basel, Freiburg und Straßburg und von R. JÜTTE [356] über Frankfurt und Köln gehen die Thematik städtischer Armenfürsorge vergleichend an und schenken hierbei der vieldiskutierten Frage nach dem Einfluß des konfessionellen Moments auf die Entwicklung der Armenfürsorge besondere Aufmerksamkeit.

Ungenügende Kenntnis für kleine Städte und flaches Land, Konzentration auf die großen Reichsstädte

Auch über den gesamten Bereich der „geschlossenen" Armenfürsorge und über ihre Rolle in der Armenpolitik insgesamt sind unsere Kenntnisse bisher noch recht lückenhaft. S. REICKES grundlegende Untersuchung über das deutsche Spital und sein Recht im Mittelalter [379] reicht zeitlich bis ins frühe 16. Jahrhundert; eine Anschlußarbeit, die zudem wirtschafts- und sozialgeschichtliche Aspekte gegenüber rechtsgeschichtlichen Gesichtspunkten stärker ins Spiel zu bringen hätte, existiert für die Frühe Neuzeit nicht. Man bleibt daher auf einzelne Spitalgeschichten verwiesen, die ebenfalls nur zu oft im 16. Jahrhundert enden und gewöhnlich nur rudimentär über die Rolle des Spitals in der Armenfürsorge der jeweiligen Gemeinde inner- und außerhalb des Spitals selbst und über dessen Insassen unterrichten. Immerhin zeichnen sie kein einheitlich negatives Bild der Entwicklung, auch

Geschlossene Armenpflege: Bedeutung der Hospitäler

wenn sich die Tendenz zur Pfründneranstalt, zur Beschränkung auf die
eigenen Bürger und zu Amtsmißbrauch immer wieder beobachten läßt
[z.B. 329: BOLDT]. Besser scheinen die Verhältnisse z.B. in Lindau
[413: ZELLER, 112 ff., 214 f.], in Schwäbisch Hall [403: ULSHÖFER] oder
– wenigstens seit der zentralisierenden Reform des Armenwesens um
die Mitte des 18. Jahrhunderts – in Ravensburg gewesen zu sein [380:
R. REITER, 53 ff., 301 ff.]; in allen drei Fällen fungierten die Spitäler im
18. Jahrhundert vornehmlich als Armenanstalten, und eine ähnliche
Rückorientierung an den einstigen Aufgaben, falls erforderlich, dürfte
auch bei anderen Spitälern häufiger stattgefunden haben [Hinweise bei
380: REITER, 308]. Das bedeutende Nürnberger Heilig-Geist-Spital
diente im 16./17. Jahrhundert stiftungsgemäß trotz einer größeren Zahl
von (vielfach armen) Pfründnern vor allem als Krankenhaus für Angehörige des Handwerks bzw. von dessen Angehörigen und Bediensteten
(Gesellen, Dienstboten) [362: KNEFELKAMP]. Das Juliusspital in Würzburg als Zentralinstitut eines ganzen Territoriums für arme und arbeitsunfähige Landeskinder (einschließlich geistig Behinderter und Epilep-
tiker) bildete das herausragende Beispiel einer Reihe von ähnlichen katholischen Neugründungen des 16./18. Jahrhunderts [vgl. 407: WENDE-
HORST]; auf protestantischer Seite ist besonders die Gründung einer
„staatlichen Armen- und Elendenfürsorge" in der Landgrafschaft Hessen in Gestalt der vier „Hohen Hospitäler" als bedeutender Neuansatz
zu erwähnen [334: DEMANDT; 412: WRIGHT, 190 ff.]. Über die sozialen
Leistungen auch sonstiger spezieller Einrichtungen für Leprose, Pest-
kranke, Syphilitiker und Irre im Deutschland der Frühen Neuzeit liegt
einstweilen erst recht verstreute Information vor [vgl. z.B. Nrr. 352,
360, 410]. Von medizinhistorischer Seite wurde die Geschichte des
Hospitals bisher vornehmlich als Baugeschichte behandelt [vgl. z. B.
353: JETTER]. Einen anderen, bisher zu wenig beachteten Aspekt, näm-   Stiftungen
lich die Rolle, welche neben den Spitälern und verwandten Einrichtungen einer Vielzahl von kleineren Stiftungen und sonstigen testamenta-
rischen Verfügungen im Rahmen des Armenwesens zukam, beziehen
erst neuerdings einige wenige sozialgeschichtliche Arbeiten intensiv in
ihre Analyse ein, so BESOLD-BACKMUND [327] für zwei kleine oberfrän-
kische Städte oder F.-A. LASSOTTA [130], der für Köln vor allem anhand
eines reichhaltigen Bestandes von Testamenten die Testatoren und ihre
Legate für ein breites Spektrum wohltätiger Zwecke über einen Zeitraum von drei Jahrhunderten verfolgt.

HUNECKE stimmt im wesentlichen mit der internationalen For-   „Wendepunkte" in
schung überein, wenn er in der Geschichte der Armut auf europäischer   der Geschichte der
Ebene mehrere „Wendepunkte" seit dem Spätmittelalter herausstellt,   Armut

die sich auch in Deutschland ausmachen lassen:

1. die Pest von 1347/49 und ihre Auswirkungen, die eine zunehmend negativere Einschätzung der Armen und Bettler zur Folge hatten,

2. die Reformen des Armenwesens während der ersten Hälfte des 16. Jahrhunderts, die auf verschärfte Kontrolle der Armen und ihrer Unterstützung zielten,

3. seit der zweiten Hälfte des 18. Jahrhunderts die wachsende gesellschaftliche Einsicht in die ökonomische Bedingtheit der Armuts-Problematik und die Suche nach geeigneten ökonomischen Lösungsmöglichkeiten.

HUNECKE betont sehr stark den Zäsur-Charakter der Pest von 1347/49 und ihre Auswirkungen, wenn er sie als „die Scheidelinie zwischen mittelalterlicher und frühneuzeitlicher Armutsgeschichte" bewertet [a.a.O., 491], und relativiert damit die Bedeutung des Einschnitts in der Zeit der Reformation – stärker z.B. als MOLLAT, der zwar auch den Wandel seit der Mitte des 14. Jahrhunderts konstatiert [37: Die Armen im Mittelalter, 174 ff.], andererseits jedoch das Fortwirken des mittelalterlichen Caritas-Gedankens auch noch in den Reformbestrebungen des frühen 16. Jahrhunderts besonders anmerkt [a.a.O., bes. 273 f.]. Tatsächlich vollzog sich der Anschauungswandel im mitteleuropäischen Bereich seit der Mitte des 14. Jahrhunderts selbst in den Städten alles andere als dramatisch; Ansätze zum Umdenken in den großen Städten entwickelten erst in der zweiten Hälfte des 15. Jahrhunderts eine spürbare Dynamik mit nachhaltigeren Auswirkungen auf die Praxis; auf dem ‚flachen Land' dürfte sich, wenn überhaupt, nur wenig an der überkommenen Almosenvergabe geändert haben. Gerade die stark humanistisch eingefärbte Bettelkritik des ausgehenden 15./frühen 16. Jahrhunderts [vgl. dazu 23: GEREMEK, 214 ff.; 26: HUNECKE, 494 ff.] belegt, wie sehr die angegriffenen Zustände in Stadt und Land fortdauerten.

Mögliche Gründe für den Veränderungsschub in der städtischen Armenfürsorge   Der vielerorts zu beobachtende Veränderungs- und Entwicklungsschub in der städtischen Armenfürsorgepolitik im späteren 15. Jahrhundert, der insbesondere auch auf eine klarere Abgrenzung der unterstützungs-„würdigen" eigenen Ortsarmen und der bemißtrauten mobilen Armut Ortsfremder zielte, bedurfte und bedarf der Erklärung. Allgemeine Hinweise auf vermehrten Bettel, starkes Bevölkerungswachstum, Lohnverfall bei zunehmender Lohnabhängigkeit und Arbeitslosigkeit als Ursachen bleiben zu pauschal und müßten in ihrer Auswirkung auf die städtische Armenfürsorge genauer belegt werden. Auch die Versuche, die damalige Pauperisierung auf den „Frühkapitalismus" zurückzuführen und die Reform der Armenfürsorge als Instrument zu

interpretieren, das dazu diente, sozialverträgliche Rahmenbedingungen
für diese Entwicklung zu schaffen [so 23: GEREMEK, 145 f.; 34: LIS/
SOLY, 92 ff., 220 f.] halten der Überprüfung kaum stand. Überzeugender
begründet W. HARTUNG die sich längerfristig abzeichnenden Abschlie-
ßungstendenzen der Städte mit dem Charakter der sich neu herausbildenden, von Autonomiestreben bestimmten „Stadtgesellschaft als Soli-
dargemeinschaft", die „vom Gedanken der Gegenseitigkeit" getragen
wurde und daher dazu neigte, im Interesse der eigenen Bürgerschaft die
wachsende Zahl von Fremden auszugrenzen [347: Armut, bes. 161].

I. BOG machte gegenüber einseitig ökonomisch ausgerichteter Ursa-
chenforschung einen anderen Aspekt als entscheidend wichtig geltend:
Die restriktiven Reaktionen der städtischen Führungsgremien stünden
zunächst in dem „relativ wirtschaftsunabhängigen Zusammenhang"
der „Ausformung des frühneuzeitlichen Staates" [85: BOG, 62; ergänzend und das Spektrum der Ursachen erweiternd 125: FISCHER, bes.
161ff; 340: DERS., Beginn, 64].

Damit werden Kontinuitätslinien sichtbar zum zweiten „Wende-
punkt" der Armutsgeschichte im frühen 16. Jahrhundert, der durch ein
bisher unbekanntes Maß an „Laizierung und Kommunalisierung", Zen-
tralisation, Organisation und Kontrolle von Unterstützungsmitteln wie
von Bedürftigkeit gekennzeichnet ist. In der deutschen Forschung
wurde er seit den 1880er Jahren für längere Zeit zum Gegenstand eines
„konfessionellen Prioritätsstreites" [339: FEUCHTWANGER I, 180], in
dem von katholischer Seite besonders EHRLE [19], RATZINGER [41],
Janssen, Pastor und modifiziert auch LIESE [33: Caritas, 249 ff.] die entscheidende Bedeutung der älteren katholisch-humanistischen Fürsor-
getraditionen für die Reorganisation des Armenwesens im 16. Jahrhundert betonten, dagegen der Reformation wesentliche Verdienste um
eine Erneuerung des gemeindlichen Armenwesens absprachen, während auf protestantischer Seite im Gegenzug vor allem UHLHORN den
Durchbruch Luthers zum „Programm einer neuen, höheren Stufe der
christlichen Liebestätigkeit" betonte: Die Neueinschätzung von Armut,
Bettel, guten Werken, Arbeit und Nächstenliebe habe trotz anfangs erheblicher Mängel bei der Umsetzung den Weg zu moderner Armenfürsorge gewiesen und habe mit dem Konzept der „geordneten Gemeinde-
armenpflege" auch auf „die katholisch gebliebenen Völker" trotz Wi-
derstrebens der katholischen Kirche positiv zurückgewirkt [48: Liebestätigkeit, Bd. 3, S. 3ff., 32, 139 ff.; zur Prioritäts-Kontroverse unter Betonung des protestantischen Neuansatzes in der „offenen" Armenpflege
408: WINCKELMANN, Älteste Armenordnungen, 202 ff. und 409: Fürsorgewesen, 75 ff., 200 ff.; 376: PISCHL; aus katholischer Sicht abgewogen

Bedeutung der
Reformation für die
Erneuerung der
Armenfürsorge
umstritten

33: LIESE, 240 ff., 303 ff.; vgl. 367: LINDBERG, 313 ff. und 374: OEHMIG,

Relativierung des 230 ff.]. Heute zeichnet sich allgemein die Neigung ab, den vorantrei-
Einflusses der benden Einfluß der Reformation deutlich zu relativieren [Hinweise bei
Reformation 125: FISCHER, 261 f.; 26: HUNECKE, 493; 356: JÜTTE, Armenfürsorge, 2,
31 ff., 39 ff., 352 ff.; nachdrücklich 378: PULLAN, passim; im Überblick
jetzt 31: JÜTTE, 100 ff.]. W. HARTUNG hat neuerdings sogar wieder ähnlich wie die ältere katholische Kritik die negativen Auswirkungen der
Reformation auf das Armenwesen betont; das „Zeitalter der Reformation" habe „im Grunde viel eher repressive Maßnahmen gefördert",
während Kommunalisierung und Rationalisierung bereits im 13./14.
Jahrhundert eingesetzt hätten [347: Armut, 179 f.].

Unbestreitbar ergriff die Armenreform seit 1522 binnen weniger
Jahrzehnte gleichermaßen protestantische und katholische Städte und
Territorien [vgl. 356: JÜTTE, 41 ff.; 34: LIS/SOLY, 87 ff.; 23: GEREMEK,
145 ff.]; gleichgerichtete Langzeittrends auf der Wahrnehmungs- und
Institutionenebene sind nicht zu übersehen. Andererseits setzte der re-
formatorische Laizierungs- und Kommunalisierungsschub mitsamt den
neuen zentralisierenden Möglichkeiten des Zugriffs auf kirchlichen Besitz und Stiftungen neue Akzente [die Neuansätze betonend z.B. 374:
OEHMIG]; es erscheint unwahrscheinlich, daß die protestantischen Bemühungen um die Reform des weltlichen Armenwesens die zeitgenössische Diskussion und Praxis im katholischen Bereich völlig unberührt
gelassen haben, auch wenn die Frage nach der Eigenständigkeit der
Yperner Armenreform von 1525 und nach den etwaigen Quellen von
Juan Luis Vives' einflußreicher Schrift „De subventione pauperum"
bisher nicht voll geklärt erscheint [dazu 389: SCHERPNER, Theorie,
74 ff.; 401: STUPPERICH; 23: GEREMEK, 222 ff.]. Im Langzeittrend blie-
Graduelle Unter- ben graduelle Unterschiede, am ehesten spürbar zwischen katholischen
schiede zwischen und – differenzierten – protestantischen Lehrmeinungen über die Ar-
protestantischer
und katholischer menpflege [356: JÜTTE, 31 ff.; zu Luthers Sicht der Armut 345: GRIMM;
Armenfürsorge zum Armenkonzept Zwinglis und der reformierten Gemeinde in Zürich
zuletzt 431: WANDEL; zu demjenigen Calvins 361: KINGDON; 371: MC
KEE]. Galt in protestantischen Städten „das prinzipielle Bettelverbot",
so in den katholischen „die prinzipielle Bettelerlaubnis" [346: HAN-
SCHMIDT, 657; modifizierend 324: BATTENBERG]. Dies wirkte sich besonders in der Praxis des individuellen Almosengebens aus, die wenigstens bis ins späte 18. Jahrhundert hinein in katholischen Gebieten ausgeprägter erhalten blieb; teilweise wurde der Bettel wie in vorreforma-
torischer Zeit weiterhin als Element der Armenpflege berücksichtigt
und obrigkeitlich nur kontrolliert [125: T. FISCHER, 181, 261 ff., bes.
276 ff. im Vergleich zwischen den reformierten Städten Basel und

Straßburg einerseits, dem katholisch gebliebenen Freiburg andererseits; für Köln vgl. 356: JÜTTE, 320 ff.; 89: FINZSCH, bes. 117 ff.; 126: FRANÇOIS, Unterschichten, 461 ff.]; noch die Bemühungen Josephs II. um eine effizientere Armenfürsorge innerhalb der Habsburger Monarchie durch Konzentration der Mittel bei den sog. Pfarrarmeninstituten wurden in ihrer Wirkung durch die Almosen-Tradition entschieden abgeschwächt [397: STEKL, 36 ff.].

Auch die Zentralisierung der Armenfürsorge stieß in katholischen Städten und Territorien auf deutlich größere Schwierigkeiten, schon weil die geistlichen Institutionen nicht bereit waren, auf die Verfügung über ihre Ressourcen zu verzichten, wie das Beispiel von Freiburg oder Köln zeigt. Daß das protestantische System der zentralisierten Armenfürsorge ernste Mängel infolge ungenügender Kontrolle und einreißender Mißwirtschaft keineswegs ausschloß, zeigt das Beispiel von Frankfurt [356: JÜTTE, bes. 101 ff.; entsprechende Hinweise für andere Territorien bei 33: LIESE, 251 ff.]; ohnehin ist auch in protestantischen Gebieten eine organisierte Armenpflege oft erst recht spät entstanden, z. B. in Göttingen erst zu Beginn des 18. Jahrhunderts, und dies mit so mangelhafter Leistungsfähigkeit, daß sie selbst für die eigenen „Hausarmen" nicht im erforderlichen Maß aufkommen und deren Bettel unterbinden konnte [256: TITZ-MATUSZAK, S. 54 ff.; zum vergeblichen Versuch in Augsburg und anderen süddeutschen Reichsstädten, den fortdauernden Bettel auch Einheimischer abzustellen, 328: BISLE, 74 ff.].

Kennzeichnend für die sich allgemein verschärfende Haltung der Obrigkeit gegenüber „unwürdiger" Armut war die ungenügend entwickelte Einsicht in die grundlegende ökonomische Dimension der Armutsproblematik, den Mangel an existenzsichernden dauerhaften Arbeitsmöglichkeiten [am dörflichen Einzelbeispiel 101: BECK, 374 ff.]. Erst die allmähliche Entdeckung dieser Dimension etwa seit der Mitte des 18. Jahrhunderts im Zeichen wachsenden Bevölkerungsdrucks bewirkte nach HUNECKE die dritte Wende in der frühneuzeitlichen Armutsgeschichte, die zugleich eine entscheidende Voraussetzung dafür bildete, das Massenelend der „arbeitenden Armen" in Europa schließlich zu überwinden [26: Überlegungen, 509 ff.].

Entdeckung des „arbeitenden Armen" im 18. Jahrhundert

Tatsächlich hatte es schon zuvor nicht völlig an zukunftsweisenden Ansätzen gefehlt, das Armenproblem durch Arbeitseinsatz der dazu fähigen Unterstützungsbedürftigen wenigstens zu entschärfen, z. B. anläßlich der Reform des Armenwesens in Straßburg nach 1523 [125: T. FISCHER, 110, 301 ff.], doch scheiterten sie vor allem an ungenügenden Ressourcen und an den meist eng begrenzten Einsatzmöglichkeiten von großen Teilen der betroffenen Bevölkerungsgruppen.

Nur begrenzte Erfolge der neuen Arbeitspädagogik

Auch die engagierte, über Deutschland hinaus als Vorbild wirkende Reform des Hamburger Armenwesens durch die „Patrioten" im ausgehenden 18. Jahrhundert (1788) vermochte, aller anfänglichen Erfolge und internationalen Anerkennung ungeachtet, in dieser Hinsicht keinen echten Durchbruch mit längerfristiger Wirkung zu erzielen [dazu bes. 330: BRANDT, 388: SCHERPNER, sowie 368: LINDEMANN], und Ähnliches gilt für die damals aktuellen Bemühungen um eine zeitgemäße Arbeitspädagogik im Rahmen der Reform des Armenwesens anderer Städte, z. B. von Mainz [382: RÖSCH], Karlsruhe [136: MÜLLER, 305 ff.], Braunschweig [323: ALBRECHT] oder auch München, wo die Regierung mehrere zentrale Institutionen für das gesamte bayerische Staatsgebiet aufbaute [84: A. BAUMANN, Armuth, 132 ff.]. Gleichwohl konnte der Gedanke der Erziehung zur „Industrie", dem das sinnvolle Prinzip der „Hilfe zur Selbsthilfe" zugrundelag, seit der Mitte des 18. Jahrhunderts mit bisher unbekannter Intensität gleichermaßen in katholischen wie in evangelischen Territorien seine Wirkkraft entfalten. Laut U. FREVERT diente auch die „Zwangsmedikalisierung" der Armen durch Armenärzte im späten 18. Jahrhundert vor allem dem Ziel, im Interesse möglichst effizienter „staatlich-kommunaler Armenpflege" die Arbeitsfähigkeit des betreffenden Personenkreises zu sichern oder möglichst rasch wiederherzustellen, und bildete damit den ersten Schritt zu einer „aktiven Gesundheitspolitik" mit „sozialpolitischem Charakter" [341: Krankheit, 334 f.; vgl. 100 ff.].

Heranziehung einer Lohnarbeiterschaft als Ziel? Die marxistisch inspirierte, zeitweise modische Interpretation derartiger Bemühungen (wie der damals einsetzenden Industrieschulenbewegung überhaupt) als Versuch, auf diese Weise qualifizierte Arbeitskräfte für die ursprüngliche Akkumulation des Kapitals in Deutschland heranzuziehen, greift schon angesichts der höchst beschränkten Reichweite und Leistungsfähigkeit derartiger arbeitspädagogischer Armenpolitik entschieden zu kurz; traditionelle Hausarbeit (Spinnen, Stricken u. ä.) wurde fast durchweg mit Verlusten der Armenanstalten durchgeführt und konnte kapitalistischer Entwicklung kaum wirksame Impulse geben [vgl. 350: HERRMANN, 208 ff.]; dies gilt auch von den weiter unten zu besprechenden Einrichtungen der Zucht- und Arbeitshäuser.

Mehrschichtigkeit der Armenpolitik Ein Grundzug der frühneuzeitlichen Politik gegenüber Armut ist neben der (theoretisch) systematisierten Fürsorge für die „eigenen" „würdigen" Armen die (theoretisch) nicht minder systematische kriminalisierende Ausgrenzung all derjenigen Elemente, die man für „unwürdig" und zugleich aus hygienischen wie moralischen und polizeilichen Gründen für gefährlich hielt; mißtrauisch-abwehrende „Fremdenpoli-

tik" [141: SICKEN] bildete daher ein Teilstück des Armenwesens. Bei der
Beurteilung derartiger „Ordnungspolitik" ist aber ebenso die höchst begrenzte Effizienz der ergriffenen Maßnahmen festzuhalten wie die Tatsache, daß sich die – wie auch immer zu definierende – „Armenpolitik"
der Zeit nicht in Repression gegenüber den mobilen Randgruppen er-
schöpfte, denn die organisierte öffentliche Armenfürsorge blieb im wesentlichen Sache der einzelnen Gemeinden. Die dort erbrachten Leistungen – auch gegenüber für „würdig" befundenen fremden Bittstel-
lern – sind im einzelnen noch zu wenig untersucht, um ein zutreffendes
Urteil bilden zu können, da die erforderlichen Größenangaben mitsamt
erforderlichen Vergleichsdaten bisher nicht in genügender Dichte zur
Verfügung stehen. Jedenfalls sollte man den Wert auch der ‚öffentlichen
Wohlfahrt' für die Hilfsbedürftigen nicht unbesehen bagatellisieren, indem man sie an modernen Standards des Sozialstaats mißt.

Noch ungenügende Kenntnis über die erbrachten Fürsorgeleistungen

Die Forschung hat den mühsam zu ermittelnden amtlichen Fürsorgeleistungen (und mehr noch der besonders schwer zu fassenden
privaten Selbst- und Fremdhilfe) jedenfalls sehr viel weniger Aufmerksamkeit zugewandt als den spektakuläreren Maßnahmen staatlicher Repression mit der Folge, daß die Dimensionen u. U. bis zur Unkenntlich-
keit verzerrt zu werden drohen – besonders handfest im marxistisch
inspirierten Interpretationsmodell von SACHSSE/TENNSTEDT, wenn die
Autoren als Ziel der „staatlichen Sozialpolitik" die „Herstellung, Erhal-
tung und Sicherung eines verwertbaren Bestandes von Arbeitskräften
in der spezifischen Form der Lohnarbeit" bezeichnen, sie in die „hoch-
repressive Arbeitspädagogik" der Zucht- und Arbeitshäuser des 17./
18. Jahrhunderts münden und als „Absicherungspolitik" im Interesse
kapitalistischer Produktion (und Ausbeutung) unter dem Industriekapi-
talismus in gewandelter Gestalt weiterwirken sehen [44: Geschichte,
14 f., 17]. Die Mehrschichtigkeit der Armenfürsorge und Armenpolitik
während der Frühen Neuzeit bleibt bei solch ideologisch verklemmter
Sichtweise ausgeblendet. Dies zeigt auch die Einschätzung der Zucht-
und Arbeitshäuser [a.a.O., 113 ff.]: Obwohl die Autoren deren Multi-
funktionalität und zugleich ihre beschränkten Möglichkeiten durchaus
sehen, heben sie fast ausschließlich ab auf deren „Pionierfunktion"
beim „Aufbau und der Weiterentwicklung einer gesellschaftlich neu-
artigen Produktionsform, der Manufaktur" und bei der erforderlichen
„Beschaffung und Disziplinierung der Arbeitskräfte durch staatlichen
Zwang" [a.a.O., 122 f.; zur Tradition der marxistischen Interpretation
Hinweise in 400: B. STIER, 22 ff., ferner 34: LIS/SOLY, 116 ff. und 369:
MARZAHN, für den das Zucht- und Arbeitshaus „die Kerninstitution
frühbürgerlicher Sozialpolitik" darstellt]. Überzeugender als solche

Überschätzung repressiver Momente in der Armenpolitik

Zucht- und Arbeitshäuser in der Diskussion

ökonomistischen oder auch als die älteren rechtsgeschichtlichen Deutungen, welche das Zuchthauswesen allein unter dem Aspekt der Entstehung der modernen Freiheitsstrafe betrachteten [400: STIER, 19 ff.], erscheint die Bewertung des Zucht- und Arbeitshauses als „Universalanstalt", „als Instrument der Sozialpolitik, das Unterstützungs-, Erziehungs- und Strafabsichten zu verbinden suchte" [EBD., S. 214]. Diese Vielschichtigkeit der Institution, die bereits früher in Einzelstudien dank konkreter Anschauung sichtbar geworden ist [z. B. 392: SCHLUE; 396: SOTHMANN], rückt erst wieder durch neuere Arbeiten wie die Synthese für Österreich von H. STEKL [397: Österreichs- Zucht- und Arbeitshäuser; vgl. 399: DERS., Labore] und besonders die Untersuchung über das Pforzheimer Zucht- und Waisenhaus von B. STIER [400] in das Zentrum der Analyse, ohne daß dabei über der Betrachtung der umfassenderen Zielvorstellungen die gravierenden Mängel der Zuchthaus-Praxis übersehen werden.

Zwar ist Bedeutung der Zucht- und Arbeitshäuser quantitativ bescheiden, aber deshalb betrifft deren unterschiedliche Einschätzung keinesfalls ein Randproblem der Armutsthematik, sondern ausschnittweise einen Kernbereich der Diskussion über Wesen und Bedeutung der Armenfürsorge während der Frühen Neuzeit. Seit einigen Jahren wird in diese Diskussion das Konzept der „Sozialdisziplinierung" als Erklärungs- und Bewertungsansatz eingebracht. Mit „Sozialdisziplinierung" bezeichnete Gerhard OESTREICH den „Prozeß der Regulierung und Disziplinierung möglichst breiter Schichten [...] und die Regulierung und Disziplinierung der Tätigkeit des Menschen in sämtlichen Lebensbereichen" und suchte damit – ähnlich wie Max WEBER mit dem Konzept des abendländischen Rationalisierungsprozesses und Norbert ELIAS mit dem „Prozeß der Zivilisation" – eine langfristig wirksame und gesamtgesellschaftlich relevante Entwicklungstendenz während der (Frühen) Neuzeit idealtypisch dingfest zu machen. [Zur Entwicklung des Konzepts bei Oestreich vgl. W. SCHULZE, Gerhard Oestreichs Begriff der „Sozialdisziplinierung in der Frühen Neuzeit", in: ZHF 14 (1987), 265–302, ferner S. BREUER, Sozialdisziplinierung. Probleme und Problemverlagerung eines Konzepts bei M. Weber, G. Oestreich und M. Foucault, in: 46: SACHSSE/TENNSTEDT, 45–69]. Die verständliche Faszination des übergreifenden Interpretationsansatzes legte es nahe, das Sozialdisziplinierungs-Paradigma auch auf das Armenwesen anzuwenden. Freilich geschah dies vielfach mit der Tendenz, „die disziplinierenden und repressiven Absichten bürokratischer Arbeit überzubetonen und die offensichtlich vorhandenen und aufs engste damit verbundenen fürsorgerischen Ziele zu vernachlässigen" [400: STIER, 215].

Armenfürsorge als „Sozialdisziplinierung"?

Tatsächlich enthält jede Form von organisierter und kontrollierender Armen- und Sozialpolitik auch eine erhebliche Beigabe von „Sozialdisziplinierung" mit dem Ziel, dort, wo es notwendig erscheint, die für erforderlich gehaltene Hilfe einigermaßen wirksam leisten zu können.

Aus anderem Blickwinkel erhob zuletzt M. DINGES [17] gegenüber dem Paradigma der „Sozialdisziplinierung", seiner Reichweite und seiner Anwendung auf die frühneuzeitliche Armenfürsorge besonders durch SACHSSE/TENNSTEDT [44 und 46] und R. JÜTTE [29 und 357; vgl. dessen Erwiderung unter 30] grundlegende Bedenken und thematisierte dabei zugleich weiterführende Gesichtspunkte für die Erforschung der Armutsgeschichte in der Frühen Neuzeit. Unter anderem bemängelte er die vorherrschende Neigung, „tendenziell das obrigkeitliche bzw. Staatshandeln für den entscheidenden Aspekt im Sozialdisziplinierungsprozeß zu halten" und sich dabei vor allem auf normative Quellen zu stützen, ohne sie an der Praxis und deren Wirksamkeit zu überprüfen; so würden „wichtige Bereiche der Wirklichkeit systematisch ausgeklammert"; der philanthropische Charakter eines großen Teiles der Armenfürsorge gerate ebenso wie gesellschaftliche Widerstände „oder gar Gegenstrategien der zu Disziplinierenden [...] viel zu wenig in den Blick des Konzepts" [a.a.O., 10, 26f.], und ebenso die Tatsache, daß die obrigkeitliche Absicht von disziplinierender Kontrolle und Repression, von Erziehung und Integration in der Realität an „Staatsschwäche" und an ungenügenden Kapazitäten und Ressourcen des Armenwesens weitgehend gescheitert sei. Deshalb fordert er nun seinerseits einen „Perspektivwechsel, der die staatliche Intervention relativiert und die Aneignung der Armenfürsorgeangebote durch die Unterschichten und deren Alternativstrategien stärker in den Vordergrund rückt" [a.a.O., 10, 20ff.]. Solcher „Perspektivwechsel" liegt wenigstens teilweise quer zu dem von HUNECKE angestrebten, indem er vor allem auf die Sicht ,von unten', auf die Bewältigungsstrategien der von Armut Betroffenen oder Bedrohten selbst abhebt. DINGES stellt dementsprechend die grundlegende Bedeutung von „Strukturen und Beziehungen" heraus, „die es vorübergehend gestatten, jenseits der kurzfristigen ökonomischen Rationalität marktförmiger Beziehungen zu überleben, ohne in die Abhängigkeit von Sozialhilfeinstitutionen zu geraten", wie „Haushalte, Familie, Verwandtschaft, Patenschaft, Freundeskreis, Arbeits- und Mietverhältnisse" [a.a.O., 20ff.]. Die innerhalb solcher sozialen Geflechte praktizierte „Selbsthilfe" gilt ihm als „die hauptsächliche Strategie der frühneuzeitlichen Gesellschaft, das Absinken in Bedürftigkeit zu verhindern. Demgegenüber war das Angebot obrigkeitlicher Fürsorge sekundär" [a.a.O., 26].

Marginalien:

Gefahr, Handeln der Obrigkeiten überzubewerten

Selbsthilfestrategien der Unterschichten als Forschungsgegenstand

7. Weiterführende Perspektiven

Damit werden Lebenswelt und Verhaltensweisen der von Armut Bedrohten und Betroffenen – das, was man als die ‚Kultur des Überlebens' in einer „Ökonomie des Überlebens" bezeichnen könnte – zum
zentralen Thema [zum Selbsthilfeaspekt vgl. jetzt auch 31: JÜTTE,
83 ff.], einschließlich der Art und Weise, gegebenenfalls über private
Mildtätigkeit hinaus obrigkeitliche Armenfürsorge für sich zu nutzen.
In solchem Kontext kann das Paradigma der Sozialdisziplinierung
durchaus seinen Platz finden und zwar speziell in dem Bereich, in dem
die frühneuzeitliche „Selbsthilfegesellschaft" nicht mehr trug und die
Armenfürsorge letzte Abstütze bot oder die Ausgrenzungspolitik gegenüber „unwürdiger" Armut zu Buche schlug. Ein derartiger Zugriff
setzt freilich wiederum ein umfassendes Studium der Unterschichten
und Randgruppen und ihrer „Lebenswelten" voraus.

Zugriff über die
„Volks-Kultur"   Gerade in diesem Bereich könnten stärker alltags- und mentali-
tätsgeschichtlich orientierte Arbeiten dazu beitragen, Forschungsdefizite zu beheben. Ein Ansatzpunkt wäre es, im Rahmen der expandie-
renden Volkskultur-Forschung die von Dürftigkeit, Armut und Überlebensstrategien mitgeprägten Normen und Werte, Verhaltens- und Be-
ziehungsmuster der Unterschichten und Randgruppen differenzierter
zu erfassen und zu verstehen. Eine der wesentlichen Schwierigkeiten
hierbei besteht freilich darin, daß die „Volkskultur" der „einfachen
Leute" mehr als nur die Unterschichten betrifft, vielmehr auch, sozial
wenig präzise abgrenzend, zumindest den ländlich-bäuerlichen und
städtisch-handwerklich-kleinbürgerlichen Bereich einschließt und daß
sich innerhalb der „Volkskultur", wenn überhaupt, gruppen- bzw.
schichtenspezifische „Subkulturen" nur sehr rudimentär erfassen lassen. P. BURKE, der die Problematik von „Einheit und Vielfalt in der
Volkskultur" europaweit thematisiert [Helden, Schurken und Narren.
Europäische Kultur in der frühen Neuzeit. Stuttgart 1985, 36 ff.], hat
immerhin auf Ansätze zu derartigen „Subkulturen" (bzw. „Gegenkulturen") im Unterschichten- und Randgruppenbereich u. a. beim Militär
und im kriminellen Milieu hingewiesen (zu Problemen einer Räuber-
„Subkultur" s. o.); ansonsten erscheint das Konzept einer „Armuts-
Subkultur" kaum als sonderlich tragfähig [dazu 31: JÜTTE, 178 ff.].
Eher dürfte Entsprechendes für die ‚unterbürgerlichen' Handwerksgesellen auszumachen sein, wobei deren „Subkultur" allerdings wesentlich in die Traditionen des „ehrbaren Handwerks" eingebunden blieb,
die „Gesellenkultur" also im Kern eine „Zunft-" und „Handwerkerkul-
tur" war, freilich – wie dies ähnlich für den Dienstbotenbereich gilt –

auch Elemente einer „Jugendkultur" einschloß. Über „Verhalten und Gruppenkultur" des Handwerks während des 18. Jahrhunderts hat H. MÖLLER 1969 seine inzwischen klassisch gewordene Untersuchung vorgelegt und in diesem Zusammenhang auch die Ablösungstendenzen der Gesellen vom Meisterhaushalt wenigstens gestreift [Die kleinbürgerliche Familie im 18. Jahrhundert. Berlin 1969, 302 ff.].

Andererseits bleibt festzuhalten: „Volkskultur", auch wenn man sie als „plebejische Kultur" begreift, die der gesamten Bevölkerung ‚unterhalb' des „gebildeten bürgerlichen Publikums" gemeinsam war [vgl. hierzu in weiterführender Anknüpfung an E.P. THOMPSON 96: MEDICK, Plebejische Kultur, bes. 162 ff.], wirkte keineswegs bloß verbindend und ausgleichend zwischen den an ihr teilnehmenden Schichten und Gruppen, konnte vielmehr auch dazu beitragen, soziale Unterschiede und Spannungen zu verfestigen; das galt auch und gerade im engen lokalen und regionalen Bezug, in dem „Volkskultur" recht eigentlich wurzelte. Und sie bildete ihrerseits ein wichtiges Ferment in der Akzeptanz wie in der Ab- und Ausgrenzung von Randgruppen, ob es sich nun um fortdauernde oder abbröckelnde Traditionen der Almosenvergabe und des Rechts auf Bettel [z. B. 192: KRÜGER, 376 f., 597 ff.; 252: KIENITZ, 111 ff.], um Ehrverruf in Form der „Unehrlichkeit", um die überwiegend negative Einstellung z. B. gegenüber Juden handelte oder um den Einsatz „volksreligiös"-magischer Anschauungen im Kampf gegen Zauberer und Hexen. Auch hinsichtlich der Moral- und Ehrvorstellungen im Bereich der Sexualität scheint es – auch geschlechtspezifisch – innerhalb der Unterschichten ein breites Spektrum gegeben zu haben, von den Randgruppen ganz zu schweigen [Hinweise bei R. HABERMAS, Frauen und Männer im Kampf um Leib, Ökonomie und Recht, in: R. VAN DÜLMEN (Hrsg.), Dynamik der Tradition. Frankfurt a.M. 1992, 109–136, 131 ff.].

Andere Möglichkeiten des Zugriffs auf spezifische Lebenssitua- Lebensphasen tionen von Unterschichten und Randgruppen über die bereits erwähnten Ansätze hinaus bietet die weitergehende systematische Auswertung zumal serieller Quellen wie Rechnungen, Inventare und insbesondere auch Justizakten, um den Armenalltag und seine Bewältigung durch die Betroffenen noch intensiver zu erschließen. Aufbau und Nutzung von individuellen sozialen Netzwerken verdienen in diesem Zusammenhang besondere Aufmerksamkeit – einschließlich des hierfür bedeutsamen räumlichen Kontexts einer umfassend verstandenen „Nachbarschaft", deren Bedeutung die Stadtgeschichtsforschung in jüngster Zeit immer deutlicher herauszuarbeiten beginnt [vgl. bes. 148: JÜTTE mit reichhaltigen Literaturhinweisen; exemplarisch J. BOULTON, Neighbourhood and society. A London suburb in the seventeenth century. Cambridge 1987]. Förderlich für eine intensivere Erforschung der Lebensbedingungen von Unterschichten und Randgruppen wäre des weiteren die gezielte Analyse der spezifischen Probleme von Frauen und Familien, aber auch bestimmter Lebensabschnitte wie Kindheit, Jugend und Alter. Wiederum ist entsprechend der starken Segmentierung mit einem beachtlichen Spektrum zu rechnen, das sich nur bedingt auf einigermaßen klar faßbare Typen reduzieren läßt. Seßhaftigkeit, partielle Seßhaftigkeit oder permanente Mobilität schufen trotz fließender Übergänge durchaus unterschiedliche Lebensbedingungen, auch wenn generell ein vergleichsweise hoher Grad an Mobilität (einschließlich saisonaler Wanderungen) zwecks Existenzsicherung die Situation der Unterschichten angesichts ihrer prekären Erwerbs- und Lebenssituation und angesichts des Zwangs zur Kombination aller erreichbaren Verdienstchancen im näheren und weiteren Umfeld charakterisiert und die amtliche Grenzziehung zwischen Seßhaftigkeit und Nichtseßhaftigkeit als Kriterium der Armenunterstützung entsprechend problematisch erscheinen läßt. Der Umstand, inwieweit familiäre Einbindungen vorhanden waren und ein Mindestmaß an Abstützung und Schutz in individuell oder kollektiv kritischen Lebenslagen gewährten, erwies sich vor allem für die Frauen als bedeutungsvoll. Für alleinstehende Frauen scheint sich die Existenzsicherung in den Städten dank Gesindedienst sowie eines breiteren Spektrums gewerblicher Hilfsarbeiten und Dienstleistungen insgesamt günstiger gestaltet zu haben als im dörflichen Bereich (soweit dort nicht Heimarbeit neue Möglichkeiten bot) – wohl der entscheidende Grund für den weithin typischen Frauenüberschuß und für die größere Zahl von Witwen- und Frauenhaushalten in den frühneuzeitlichen Städten [vgl. M. MITTERAUER, Familie und Arbeitsorganisation in städtischen Gesellschaften des späten Mittelalters und der frühen Neuzeit, in: A. HAVERKAMP (wie Nr. 121), 1–36, 14 ff.]. Untersuchungen über die Arbeits- und Lebensweise von Frauen in unterschichtenspezifischen Tätigkeitsfeldern außerhalb des Dienstbotenbereichs sind auch angesichts schwieriger Quellenlage noch Mangelware [für Manufakturarbeit vgl. 188: BAKE; im Spiegel von Kriminalakten über alleinstehende Frauen 237: KAPPL, 131 ff.; Militär: BURSCHEL [199a], 241 ff.; einige Hinweise in K. OFFEN u. a. (Hrsg.), Writing Women's History. Bloomington 1991, 304 ff.]. Ferner ist damit zu rechnen, daß die notorisch labile wirtschaftliche Situation bei Unterschichten und Randgruppen besonders leicht auf Familienbildung und Familienzerfall durchschlug: Vermögensbezogene Plazierungsstrategien spielten keine vergleichbare Rolle wie in den Mittel- und Ober-

Frauen (margin)

Familie (margin)

schichten, einkommensichernde Arbeitsfähigkeit fiel um so mehr ins Gewicht. Verbindungen ohne Trauschein, die nach den verschärften Moralvorstellungen seit dem 16. Jahrhundert als „Unzucht" galten und durch Verlassen des Partners (meist der Frau) leicht gelöst werden konnten, waren zumindest bei den Vagierenden entsprechend zahlreich. Angesichts häufiger Abwesenheit eines Elternteils und angesichts des frühen Ausscheidens von Kindern hat man die Familie der Armen geradezu als „Zeitfamilie" charakterisiert [237: KAPPL, 103 ff.] – ein Familientypus, der in der Geschichte der Familie bisher noch keinen Platz gefunden hat. Und die Familie der Armen war besonders oft auch eine „Teilfamilie". Ein durch die Familienentwicklung bedingter Lebenszyklus der Armut [dazu 31: JÜTTE, 36 ff.] fügte sich angesichts der besonders zahlreichen Risiken im Unterschichten- und Randgruppenmilieu nicht einfachen Standardsituationen, prägte jedoch Lebensstationen: Auf der Suche nach Verdienst und ohne Rückbindung an zu erwartendes Erbe mußten Kinder im Unterschichtenbereich ihre Elternfamilie **Kindheit** gewöhnlich besonders früh verlassen. Die Sozialisationsmuster verliefen demgemäß im Unterschichten- und Armenmilieu weithin anders als in bürgerlichem oder eigentlich bäuerlichem Milieu: Arbeit (einschließlich Bettel) von frühester Kindheit an und das Erfordernis frühzeitigen eigenen Unterhalts mit entsprechend geringen Chancen zu einer auch nur ansatzweise qualifizierteren Ausbildung und mit dem Zwang zu erhöter Mobilität engten die Lebensperspektiven von vornherein auf die bescheidensten Reproduktionsbedingungen ein [vgl. an Extremsituationen z. B. 237: KAPPL, 202 ff.]. Die dürftige Fürsorge für Armen-, Findel- und Waisenkinder, die vor allem, wenngleich nicht nur Angehörige der Unterschichten betraf, fügte sich diesen Gegebenheiten [hierzu nach älteren Arbeiten wie 390: SCHERPNER, und 359: KALLERT, jetzt am Beispiel Nordwestdeutschlands deutlich weiterführend 371a: MEUMANN]. Daß sie auch auf die Lebenssituation im Alter durchschlu- **Alter** gen, daß Altersverarmung und Alterselend angesichts ungenügender oder fehlender Vermögensakkumulation die Angehörigen der Unterschichten (und hier wiederum gerade auch die Frauen) besonders hart trafen, bedarf kaum näherer Erläuterung [Hinweise bei J. EHMER, Sozialgeschichte des Alters. Frankfurt a. M. 1990, 33 ff.; allg. P. BORSCHEID, Geschichte des Alters, Bd. I. Münster 1986].

Schließlich sei noch das Problem angesprochen, welche Rolle **Protestverhalten** Angehörige der Unterschichten in den ländlichen und städtischen Unruhen des Spätmittelalters und der Frühen Neuzeit spielten, in denen es um die Verteilung der Macht zwischen Obrigkeiten und Untertanen ging. Die bisherige Forschung (einschließlich der marxistisch orientier-

ten) kam hierbei allerdings zu einem weitgehend negativen Befund
[vgl. EdG 1: P. BLICKLE, Unruhen in der ständischen Gesellschaft
1300–1800. München 1988]: Obwohl es an innerdörflichen und innerstädtischen Spannungen keineswegs mangelte, bildeten die eigentlichen Unterschichten wie die sozialen Randgruppen zwar ein zu beach-
tendes und durchaus gefürchtetes Unruhepotential, hinsichtlich eigenständigen Auftretens oder gar eigenständiger ‚Programmatik' aber
kaum ein entscheidendes Ferment derartiger Bewegungen; die Integra-
tionskraft der jeweiligen Handlungseinheiten – vor allem städtische
und ländliche Gemeinden – schuf über vorhandenes internes Konflikt-
potential hinweg ein beträchtliches Maß an Konsens in der Frontstel-
lung gegen die „Herrschaft". Am ehesten agierten wenigstens Teile der
Unterschichten über Mitläufertum hinaus als eigene ‚Partei' beim
Kampf um knapper werdende Ressourcen wie die Allmende in ländlichen Gemeinden, bei Gesellenstreiks und Teuerungsunruhen in den
Städten. Ein wesentliches Kennzeichen derartiger Konfliktkonstellatio-
nen war es, daß diese trotz vielfacher Ähnlichkeit gewöhnlich kleinräu-
mig-lokal segmentiert blieben und daß unterschiedliche Rechtsansprü-
che und dadurch bedingt abweichende Interessen innerhalb der Unterschichten wiederum einheitlichem Handeln im Wege standen, etwa bei
den Konflikten um Nutzungrechte und Aufteilungsquoten an Gemeinländereien. Zwar erhöhten die Nachrichten von der Französischen Revolution in den 1790er Jahren die Protestbereitschaft städtischer wie
ländlicher Unterschichten, jedoch nicht „proaktiv", sondern „reaktiv",
„zur Verteidigung überkommener politischer und sozialer Normen"
[92: HERZIG, 217]. Und die Abgrenzung der Gesellen vom „Pöbel" bei
den Gesellenunruhen der 1790er Jahre zeigt das Bedürfnis dieser ‚stan-
desbewußten' Unterschichtengruppe, jegliche Gemeinschaft mit rang-
niedrigeren Bevölkerungsteilen zu vermeiden [A. HERZIG/R. SACHS,
Der Breslauer Gesellenaufstand von 1793. Göttingen 1987, 8, 20]. Erst
während der akuten Übergangszeit in das industriell-kapitalistische
Wirtschafts- und Gesellschaftssystem im 19. Jahrhundert begann sich
infolge tendenzieller Nivellierung der Lebensbedingungen langsam genug raum- und gruppenübergreifendes gemeinsames Bewußtsein innerhalb der Unterschichten zu entwickeln, ohne daß sich ihr „Eigensinn"
bürgerlichem Rationalitäts- und Fortschrittsverständnis gefügt hätte.
Gerade während der Krisen- und Revolutionsjahre 1847/49 zeigte sich
im Ringen der „Volksmassen" um „Straße" und „Brot" [56: GAILUS] die
Macht tradierter Handlungs- und Verhaltensmuster auch innerhalb neu
sich herausbildender wirtschaftlicher und sozialer Rahmenbedingungen noch einmal deutlich genug. Die hier sichtbar werdende „Über-

gangsproblematik" in die „Moderne" und ihre Bedeutung für die Um-
formung von Armut, Unterschichten und Randgruppen im „Industriezeitalter" kann hier freilich nur angesprochen, nicht aber näher erörtert
werden [vgl. in weiterem Zusammenhang 32: KASCHUBA].

8. Tendenzen der Forschung seit 1995. Nachtrag 2013

Angesichts der Vielfalt einschlägiger Themenfelder und der stattlichen
Literatur, die hierzu seit 1995 erschienen ist, können nur einige Bereiche kurz angesprochen werden.

Allgemein sei auf die 2005/12 erschienene „Enzyklopädie der
Neuzeit" [ENZ] hingewiesen, die innerhalb des gewählten Zeitrahmens
(1450–1850) über sachkundige Artikel von „Armen- und Bettelwesen"
bis „Zigeuner" auch den raschen Zugriff auf relevante Literatur ermöglicht.

Soweit es *Quellen und Bibliographien* betrifft, verdient das vom
Max-Planck-Institut für Europäische Rechtsgeschichte Frankfurt am
Main initiierte vielbändige „Repertorium der Policeyordnungen der
Frühen Neuzeit" [438] besondere Beachtung, eröffnet es doch nach
Territorien gegliedert auch über die Grenzen des Alten Reichs hinaus
[Bd. 7: Orte der Eidgenossenschaft: Bern und Zürich; Bd. 9: Dänemark
und Schleswig-Holstein] den Zugang zu einem noch zu wenig genutzten gewichtigen Fundus an Information über die obrigkeitlich geprägte
Sicht der bestehenden wie der angestrebten herrschaftlichen, gesellschaftlichen und wirtschaftlichen Ordnung des frühneuzeitlichen Staates im Sinne der „guten Policey". Hierbei kam der Reglementierung
des Armenwesens insgesamt, dem Umgang mit Bettel, mobiler Armut
(Vaganten), armutsbedingter Kriminalität (Gauner, Räuber) und inkri-
minierten Randgruppen wie „Zigeunern" und Betteljuden ein nicht zu
unterschätzendes Gewicht zu. Dank eines systematischen und eines al-
phabetischen Sachregisters lassen sich Belegstellen zu gesuchten Stich-
worten im Quellenkorpus ermitteln, erfordern dann freilich noch den
Zugriff auf die betreffenden Quellen in Bibliotheken und Archiven.
Direkten Zugang zu derartigen Dokumenten im süddeutschen Raum
eröffnet bei erforderlicher kritischer Nutzung die bisher fünfbändige
Quellensammlung „Die ‚gute' Policey im Reichskreis" [441: WÜST;
vgl. z.B. Rezensionen in: sehepunkte 2 (2002), Nr. 7/8; 4 (2004),
Nr. 12; 9 (2009), Nr. 10].

(Marginalie:) Quellen: Policeyordnungen

Bei der Nutzung von „Policeyordnungen" bleibt natürlich stets zu beachten, dass die normativen Texte nur sehr bedingt zutreffende Aussagen erlauben über die jeweils zugrunde liegende „Realität" und über den tatsächlichen Erfolg, diese „Realität" im Sinne des Gesetzgebers (Deutsches Reich, Reichskreise, Landesherren, Reichsstädte) auszugestalten. Die Bedeutung der spannungsreichen Beziehungen zwischen „Recht und Armut" als ein konstituierendes Element für die gesamte Armutsproblematik während der Frühen Neuzeit steht jedoch außer Frage [vgl. z. B. K. HÄRTER in 450: KÜHBERGER/SEDMAK, 91–125]. Die

„Policeyforschung", „Gute Policey"

junge Disziplin der „Policeyforschung" findet hier ein ergiebiges Arbeitsfeld, wobei sich allerdings noch zeigen muss, ob „Gute Policey", die selbst einen kräftigen Schuss „Sozialdisziplinierung" oder „Sozialregulierung" enthält, einen überzeugenderen Stellenwert für die Epochencharakterisierung gewinnen kann als das zunehmend umstrittene Paradigma der „Sozialdisziplinierung" [dazu vgl. z. B. M. DINGES, Policeyforschung statt „Sozialdisziplinierung"?, in: Zs. f. Neuere Rechtsgesch. 24 (2002), 327–344; A. ISELI, Gute Policey. Öffentliche Ordnung in der frühen Neuzeit. Stuttgart 2009, bes. 45 ff., 131 ff.].

Arme, Armut, Armenpflege

Zugang zu ausgewählten, durch ausführlichen Kommentar erschlossene Quellen über Arme, Armut und Armenpflege überwiegend im städtischen Bereich bietet die Festschrift zum 70. Geburtstag von Helmut Bräuer, [437: KELLER u. a., 385–536], der sich selbst in zahlreichen Studien mit der Armutsproblematik während Spätmittelalter und Früher Neuzeit quellenintensiv auseinandergesetzt hat; vgl. auch das Quelleninventar [435] und dazu die Hinweise über Forschungsstand und Desiderate in 450: KÜHBERGER/SEDMAK, 45–66]. STROHM/KLEIN [440] publizieren und kommentieren in ihrem als Studienbuch angelegten zweibändigen Werk „Die Entstehung einer sozialen Ordnung Europas" außer einer Reihe einführender Beiträge (Bd. 1) in Übersetzung wichtige zeitgenössische Texte „zur Reform der Armenpflege" sowie Armenordnungen und Armengesetze aus dem 16. Jahrhundert. Andere Werke liefern zum jeweils behandelten Thema im Anhang ausgewählte Quellenstücke, z. B. die Nrr. 455, 474, 487, 513, 518, 547, 561 u. a.

Literatur: Überblicksdarstellungen

Soweit es die Abteilung *Literatur* betrifft, ist zunächst auf einige Gesamtübersichten zum Themenfeld hinzuweisen. R. JÜTTES europäisch ausgelegte aspektreich-systematisierende Darstellung über die Armut in der Frühen Neuzeit (16.–18. Jh.) [31] erschien inzwischen auch in deutscher Übersetzung mit fortgeschriebenem Literaturverzeichnis [448]. M. RHEINHEIMER [454] bietet überwiegend für den mitteleuropäischen Bereich bis zur Zeitschwelle 1850 einen kenntnisreichen Überblick mit einigen thematischen Schwerpunkten (Frauen, Zigeuner), wobei sein Interesse besonders den „Lebenswelten der frühneuzeitlichen Armen" gilt. Mit der „Lebenswelt und Kultur der unterständischen Schichten" im Gebiet des Deutschen Reiches während der Frühen Neuzeit befasst sich die konzentrierte Studie von R. VON FRIEDEBURG [460], die von einem weit gefassten Begriff der „unterständischen Schichten" ausgeht. Bei der Darstellung von deren „Lebensweisen" und ihrer „Teilhabe an der Kultur der ständischen Gesellschaft" hebt FRIEDEBURG auf die starken Rückbindungen ab, die zur „ständischen Kultur" einschließlich des religiösen Bereichs bestanden, so dass von einer schichtenspezifisch abgrenzenden „Volkskultur" oder auch von gruppenspezifischen „Gegenkulturen" (etwa bei Vaganten und Räubern) kaum die Rede sein könne.

Bezogen auf Europa und in zeitlich weitgespanntem Rahmen arbeitet seit 2002 der an der Universität Trier angesiedelte Sonderforschungsbereich 600 zum Thema „Fremdheit und Armut. Wandel von Inklusions- und Exklusionsformen von der Antike bis zur Gegenwart". Das ehrgeizige Ziel des interdisziplinären Forschungsansatzes – es beteiligen sich Fachvertreter für Geschichte, Germanistik, Kunstgeschichte, Medienwissenschaft, Politikwissenschaft, Rechtsgeschichte, Soziologie und Katholische Theologie – ist die Suche nach Antworten auf „die Frage, welche Formen des Umgangs mit Fremden und Armen in Gesellschaften unterschiedlichen Typs von der Antike bis in das 20. Jahrhundert ausgebildet wurden. Mit der Analyse des Wandels von Inklusions- und Exklusionsformen von Fremden und Armen sollen die Grundlagen für eine sozial- und kulturgeschichtliche Beschreibung europäischer und mediterraner Gesellschaften geschaffen werden, die insbesondere die mit der Organisation gesellschaftlicher Solidarität und ihrer Begrenzung verbundenen Probleme in den Blick nimmt." (So im Internet unter „SFB 600 Forschungsprogramm"). In den Tagungsbänden der Schriftenreihe „Inklusion/Exklusion. Studien zu Fremdheit und Armut von der Antike bis zur Gegenwart" (bisher 16 Bde.) werden Forschungsergebnisse zu den verschiedenen Teilprojekten publiziert, hier von zentralem Interesse der Projektbereich B über „Armut und Armenfürsorge", soweit der Zeitraum von Spätmittelalter und Früher Neuzeit betroffen ist [vgl. besonders die Beiträge in 456: SCHMIDT, 453: RAPHAEL/UERLINGS, 444: GESTRICH/RAPHAEL; hinzu kommen einschlägige Monographien, z. B. 457: JÖRG, betr. Hungerkrisen während des 15. Jahrhunderts und ihre Auswirkungen].

„Wer wurde oder wird ausgeschlossen, geduldet oder integriert? Wieviel Unterstützung wurde Bedürftigen, in Not Geratenen, Armen gewährt? Welche ‚Fremden' und ‚Armen' wurden und werden katego-

Marginalien: Interdisziplinärer Forschungsansatz: Sonderforschungsbereich „Fremdheit und Armut" — Leitfragen

risch ausgeschlossen, wer integriert? Welche Fremden und Armen wurden diszipliniert, inhaftiert oder auf andere Weise zugleich ausgeschlossen und einbezogen in die Gesellschaft?" (so im Internet unter „SFB 600") – diese Leitfragen selbst sind nicht eigentlich neu, sie bestimmten und bestimmen im Wesentlichen auch die zahlreichen neuen Arbeiten über die Entwicklung der Armenfürsorge im Spannungsfeld von Zuwendung und Repression während Spätmittelalter und Früher

Armenfürsorge Neuzeit. Als Gesamtübersicht über die Armenfürsorge in Deutschland bleibt Band 1 der Darstellung von SACHSSE/TENNSTEDT zu nennen, der mit unverändertem Text und Grundkonzept (s. hier S. 109), doch mit kritisch-selbstkritischen Nachbemerkungen und ergänzenden Literaturangaben versehen, 1998 in 2. Auflage erschien [455]. FROHMAN [443] belässt es für die Frühe Neuzeit bei recht kursorischen Ausführungen über die Entwicklung der damaligen obrigkeitlichen Armenpolitik.

Eine beachtliche Zahl von Monographien, besonders aber auch von Aufsatzbänden, meist das Produkt von Konferenzen, auf denen WissenschaftlerInnen im Rahmen der jeweiligen Tagungsthematik ihre Forschungsergebnisse vortrugen und diskutierten, bieten in Form von Übersichten, Problemerörterungen und Fallstudien für unterschiedliche Zeit- und Raumausschnitte sachkundige Einblicke in die vielen Facetten der komplexen Armutsproblematik und liefern damit wertvolle Bausteine für eine umfassendere Gesamtschau (vgl. die Literaturangaben besonders zu den Sachthemen [1.] und [5.]). Darauf kann hier nur pauschal hingewiesen werden.

Forschungen zum Besonders intensiv wurde dabei in den letzten anderthalb Jahr-
Spitalwesen zehnten die vielschichtig-bunte Welt des Spitalwesens diskutiert und untersucht. Aufsatzbände präsentieren die Ergebnisse von Tagungen mit europäischer oder eher regionaler Ausrichtung [520: BULST/SPIESS; 522: DROSSBACH; 527: FRIEDRICH; 546: MATHEUS; 555: SCHEUTZ, angelegt als vergleichendes „Handbuch" zum europäischen Spitalwesen; ferner die Aufsatzsammlung in MIÖG Bd. 115, 207–393; 514: AMMERER; 521: DIRMEIER; vgl. auch 557: SCHMAUDER], während Monographien, überwiegend Dissertationen, vor allem anhand einzelner Hospitäler quellengesättigte Basisarbeit leisteten [z.B. 511: ADERBAUER; 531: HATJE; 550: PRÄGER; 551: REDDIG; 553: SANNWALD; 556: SCHLENKRICH; 561: STANISLAW-KEMENAH; 565, 566: WATZKA; weiterführende Beiträge finden sich auch in sonstigen Sammelbänden – vgl. z.B. A. DAMM in 442: BRUCKMÜLLER, 58–88, M. SCHEUTZ in 456: SCHMIDT, 157–206]. SCHEUTZ u.a. [439] legten zudem einen kommentierten Quellenband zum europäischen Spitalwesen vor. Wichtige Impulse für die Spitalforschung gingen und gehen vom Archiv der St. Katharinen-

spitalstiftung Regensburg aus, in dessen Schriftenreihe „Studien zur Geschichte des Spital-, Wohlfahrts- und Gesundheitswesens" thematisch einschlägige Arbeiten zumal zum Armenwesen in Regensburg erscheinen [515: BARTH; 542: KRÖGER; 543: KÜHNE; 547: NEUMAIER]. Dank dichter Quellenüberlieferung ist es hier möglich, über die Sicht-, Denk-, Verhaltens- und Handlungsweisen der Verantwortlichen hinaus gerade auch diejenigen ihrer jeweiligen Klientel genauer zu analysieren und so die Lebenswelten der von Armut, Alter und Krankheit in ihren verschiedenen Spielarten Betroffenen gründlicher zu durchleuchten. Ähnliches gilt für die Stadt Münster [534, 535: JAKOBI; 539: KLÖTZER; 544: KÜSTER). Freilich bleibt festzuhalten, dass die ganz überwiegend in größeren Städten angesiedelten Spitäler keineswegs nur Arme und Kranke, sondern auch bessersituierte Pfründner betreuten und dass sie quantitativ für gewöhnlich doch nur einen höchst bescheidenen Beitrag zur Linderung von Armut leisten konnten – Letzteres gilt auch für sonstige Anstalten wie Arbeits-, Armen- und Waisenhäuser und besonders für den sehr viel schlechter ausgestatteten ländlichen Bereich.

Das Problem des Bettels betraf demgegenüber einen unvergleichlich größeren Personenkreis, sowohl was die Zahl der Hilfeheischenden wie auch was die Zahl der potentiell und tatsächlich Gebenden betrifft. Entsprechend lebhaft war der zeitgenössische Diskurs über „würdige" und „unwürdige" Armut, über etwaigen Unterstützungsanspruch und dessen Grenzen und nicht zuletzt über obrigkeitliche Maßnahmen, den Bettel wie die Mildtätigkeit in geordnete und dementsprechend kontrollierbare Bahnen zu lenken. „Kontinuität und Wandel" bestimmten das Bild – auf alle Fälle Kontinuität der Armuts-Probleme im Wechsel der politischen, wirtschaftlichen, gesellschaftlichen und weltanschaulichen Konstellationen, während der Wandel gerade auch die eigentliche „Armenpolitik" in Form zunehmender Regulierung und Ausgrenzung durch Armenordnungen, limitierte Bettelerlaubnis und verschärfte Strafen im Falle des Zuwiderhandelns und damit auch die „Bettlerexistenz" betraf [vgl. hierzu z.B. den Forschungsüberblick über „Bettler in frühneuzeitlichen Städten Mitteleuropas" von H. BRÄUER in 485: ALTHAMMER, 23–57].

Bettel und „Armenpolitik"

BRÄUER selbst liefert ein gelungenes Beispiel für „Individualisierungsversuche von Bettel", um so „Denken, Fühlen und Handeln einzelner Menschen innerhalb der Grenzen der sozialen Konstellationen und der jeweiligen gesellschaftlichen Situation zu zeigen und auf diese Weise den Mechanismus jener Beziehungen in den Blickpunkt zu rücken, der zwischen Mensch und Gesellschaft besteht". Er bewerkstelligt dies anhand einer Analyse von etwa 1500 Bettler-„Biogra-

Perspektivenwechsel: Lebenswelt der Bettler

phien", die er mit gebotener Vorsicht gegenüber der Quellenoptik „von oben" aus Verhörsprotokollen unerlaubt bettelnder Männer, Frauen und Kinder in Wien und aus Visitationsakten über arme BewerberInnen um die städtische Bettelerlaubnis während der zweiten Hälfte des 17. Jahrhunderts herausarbeitet [487; Zitat S. 216]. So entsteht ein differenziertes Bild von Lebenswelt, Befindlichkeit und Verhalten der Bettler, das dem vorherrschenden zeitgenössischen Bild vom professionellen, kriminellen und die gesellschaftlichen Normen unterlaufenden Müßiggänger kaum entsprach. Der Perspektivenwechsel „vom Bettelwesen zu den bettelnden Frauen, Männern und Kindern" verspricht daher zweifellos ein tieferes Verständnis der gesamten Armutsproblematik, wenn entsprechend geeignete Quellen zur Verfügung stehen und in ihrer Aussagekraft erkannt und in interdisziplinärem Dialog ausgewertet werden – auch sonstige amtliche Quellen können dabei, „gegen den Strich gebürstet", wertvolle Information beitragen. Dieser Ansatz prägt auch weitere Arbeiten von BRÄUER [459, 518, 518a]. Ähnliche Wege gehen z. B. G. AMMERER mit seiner Studie über Vaganten in Österreich während der zweiten Hälfte des 18. Jahrhunderts [486] und M. SCHEUTZ mit seiner Untersuchung der Bettlervisitationen in Niederösterreich während des 18. Jahrhunderts [489]; vgl. auch dessen Untersuchung zur komplexen Realität des Gerichtsalltags [480].

Soziale Randgruppen   „Unterschichten", wie sie in der vorliegenden Publikation charakterisiert werden (s. hier S. 5 f.), waren bei starker Binnendifferenzierung zumindest von Armut bedroht und in Notsituationen wie Teuerungskrisen infolge schlechter Ernten vielfach auf Hilfe angewiesen. Dies galt verstärkt für „soziale Randgruppen" – Menschen, die nicht dem geltenden oder obrigkeitlich erwünschten gesellschaftlichen Normensystem entsprachen (s. hier S. 7) und dementsprechend ausgegrenzt wurden.

Unehrlichkeit   Das Kriterium ausgeprägter Armut traf für die mit dem Makel der „Unehrlichkeit" behafteten Personen allerdings großenteils nicht zu. Neben dem Überblick von VAN DÜLMEN [500] ist hierzu besonders auf die intensive Lokalstudie von K. STUART über die bikonfessionelle Reichsstadt Augsburg hinzuweisen [499], die nun auch in deutscher Übersetzung vorliegt. Am Verhalten der Stadtgesellschaft, zumal an den Abgrenzungsbemühungen der zünftigen Handwerker vor allem gegenüber Scharfrichter und Abdecker, aber auch gegenüber einer wachsenden Zahl sonstiger Berufe, deren Tätigkeit mit Scharfrichter und Abdecker in teilweise abstrusen Zusammenhang gebracht wurde, wird hier überzeugend verdeutlicht, wie das Stigma der „Unehrlichkeit" dazu diente, die eigene korporative „Ehre" und Autonomie nach „un-

ten" wie nach „oben" gegen unerwünschte Konkurrenz und gegen obrigkeitliche Eingriffe zu verteidigen. Zum Scharfrichter vgl.
ferner die Regionalstudien von PECHAČEK [497] und SCHEFFKNECHT [498] und
den Beitrag von Scheffknecht in 471: HERGEMÖLLER, 122–172.

Dagegen war die Existenz eines großen Teils der Angehörigen ge-   Historische Krimi-
sellschaftlicher Randgruppen in sich steigernder Wechselwirkung zwi-   nalitätsforschung
schen realer Lebenssituation und gesellschaftlicher Ausgrenzung zumindest durch gefährliche Nähe zur Kriminalität gekennzeichnet. Die
expandierende Historische Kriminalitätsforschung hat es daher sehr oft
mit derartigen randständigen Existenzen zu tun, bei fließenden Über-
gängen vom zunehmend bekämpften „unwürdigen" Bettel und Not-
diebstahl angefangen über die mobile Armut der „Vaganten" und „Jauner", dann auch „Gauner", bis hin zu gewalttätiger Kriminalität – vgl.
die Nrn. 472 ff., als neueste Einführung SCHWERHOFF [483].

Besonders die „Räuber" haben sich nicht nur bei der Reproduk-   Räuber
tion zeitgenössischer Quellen [z. B. Nr. 434; kritisch zu den zahlreichen
einschlägigen Publikationen der beiden Autoren 493: FRITZ, 30], sondern auch in der Forschung seit einiger Zeit beachtlichen Interesses er-
freut (s. hier S. 93 ff.), auch wenn die romantisch angehauchte Vorstellung von „Sozialrebellen" in einer „Gegengesellschaft" oder von der
Entstehung einer eigenständigen „Sub-" und „Gegenkultur" inzwischen wohl kaum mehr vertreten wird [dazu vgl. z. B. 474: BLAUERT/
WIEBEL, 76 ff.; 491: SEIDENSPINNER, bes. 295 ff.; 492: DANKER, 171 ff.].

Wie aspektreich, vielschichtig und ergiebig die Thematik sein   Regionalstudien
kann, belegt die gewichtige Regionalstudie von G. FRITZ, die auf breiter   über Kriminalitäts-
Quellen- und Literaturbasis für Südwestdeutschland mit Württemberg   bekämpfung und
als Kerngebiet „die Entwicklung der organisierten Kriminalität insbe-   Strafjustiz in Süd-
sondere vagierender Randgruppen und der in ständigem Kampf mit   westdeutschland
diesen stehenden staatlichen bzw. obrigkeitlichen Kräfte" während der
letzten anderthalb Jahrhunderte des Alten Reiches detailliert analysiert
[493; Zitat S. 35; vgl. ergänzend dazu Nr. 494], indem er in drei umfangreichen Abschnitten die „Sozialgeschichte des südwestdeutschen
Jauner- und Vagantentums", die Probleme der Fahndung auf kommu-
naler und staatlicher Ebene und die „Rechtsfindung" durch die Straf-
gerichtsbarkeit (Gerichtsverfahren, Strafmaß und Durchführung der
Strafe) behandelt. Als weiteres Beispiel sei auf die gut drei Jahrhunderte umspannende Analyse von „Policey" und Strafjustiz in Kurmainz
von K. HÄRTER [478] hingewiesen, die auch ausführlich auf die Armenpolitik und den Umgang mit mobilen Randgruppen eingeht.

Innerhalb der „organisierten Kriminalität" hat die Frage nach der   „Zigeuner"
Rolle von „Zigeunern" als Täter und Opfer einige Diskussion darüber

ausgelöst, ob und inwieweit die Bezeichnung seinerzeit bereits ethnisch verstanden und genutzt wurde oder ob sie eher pauschaler Randgruppen-Diskriminierung diente [vgl. 508: LUCASSEN; 493: FRITZ, 68 f., 238 ff.]. Kaum strittig ist jedoch die Tatsache, dass „Zigeuner" während der Frühen Neuzeit eine Randgruppe bildeten, die im Wechselspiel zwischen literarisch unterstützter negativer Stereotypenbildung [dazu 510: SOLMS; 505: BOGDAL; 507: KALLENBERG] und brutaler Verfolgung im Zeichen zunehmend verschärfter obrigkeitlicher „Ordnungs"-Politik ganz besonders stark ausgegrenzt und kriminalisiert worden ist. Neue Regionalstudien für Südwest- und Westdeutschland im 17./ 18. Jahrhundert [506: FRICKE; 509: OPFERMANN] verstärken allerdings aufgrund intensiver Quellenarbeit weit über bisherige Ansätze hinaus die Einsicht, dass auch hier zwischen „Norm und Praxis" in der Alltagswirklichkeit beachtliche Handlungsspielräume bestehen konnten.

Armut, Unterschichten und Randgruppen in Kunst, Literatur und Publizistik

Welche Rolle Kunst und Literatur, Wissenschaft und Publizistik für die Wahrnehmung und Einschätzung von Armut, Unterschichten und Randgruppen spielten, inwieweit sie Urteilstrends in „der Gesellschaft" als Meinungsmacher und Normenvermittler beeinflussten oder sie ihrerseits nur nachzeichneten, damit aber auch verfestigten, und welche Breitenwirkung sie entfalteten, lässt sich im Einzelnen für gewöhnlich kaum ermitteln; ihre Bedeutung als Quelle für das jeweilige Zeitverständnis ist jedenfalls nicht zu unterschätzen. Das zeigt sich z. B. bei der literarischen und lexikalischen Exklusion der „Zigeuner" (s. oben). Der „visual" oder „pictorial turn" bewertet die vielfältige Bilderwelt (dazu vgl. auch Nr. 45, 2. Aufl. 1998) als erstrangige, doch bisher zu wenig beachtete historische Quelle, und das gilt gerade auch für den Bereich Armut, Unterschichten, Randgruppen. Dementsprechend mehren sich einschlägige Darstellungen, z. B. über Kriminalität und öffentliche Sicherheit [568: HÄRTER; vgl. auch 495: SIEBENMORGEN], über Armut und Bettel im Spätmittelalter [vgl. z. B. G. JARITZ in 442: BRUCKMÜLLER, 14–31] oder über die europäische „Armutskunst" des 16. Jahrhunderts, in der sich die widersprüchlichen Tendenzen der Zeit spiegeln: einerseits christliche Barmherzigkeit und Inklusion des Bettlers, andererseits der ausgrenzende ironisch-satirische Blick auf den betrügerischen Bettler [569: T. NICHOLS]. In dem sehr viel größeren zeitlichen Zusammenhang von der Antike bis zur Gegenwart bewegte sich die Ausstellung „Armut – Perspektiven in Kunst und Gesellschaft" [570: UERLINGS u. a.], mit der 2011 der Sonderforschungsbereich 600 dem Problem von Inklusion/Exklusion für Arme (und Fremde) im Spiegel von Bildquellen unter einer ganzen Reihe von Perspektiven nachging, wobei der Zeitraum Spätmittelalter–Frühneuzeit gebührend berücksichtigt wurde [vgl. auch einschlägige Beiträge vom Konstanzer Historikertag 2006 zu „Repräsentation der Wohltätigkeit" im Archiv für Kulturgeschichte 89 (2007), 253–328].

Policeyforschung, Historische Kriminalitätsforschung, Untersu-   Ausblick
chung der Inklusion/Exklusion von Armut in Wort und Bild und insbesondere das alltags-, mentalitäts- und mikrohistorisch ausgerichtete Bemühen, anhand eines erweiterten Quellenfundus tiefere Einblicke in die Alltagswelt sowie in die Verhaltens- und Handlungsweisen der von Armut Gefährdeten und Betroffenen, ferner in die verschiedenen Bereiche der Armenfürsorge und ihr Funktionieren (oder Nichtfunktionieren) zu gewinnen, haben sich als wichtige neue Ansätze erwiesen, den Blick auf Armut, Unterschichten und Randgruppen während der Frühen Neuzeit zu schärfen und damit zugleich auch das Verhalten und Handeln derer, die „das Sagen" hatten, zwischen Fürsorge, Kontrolle und Repression besser bewerten zu können. Dabei erscheint der ländlich-dörfliche Bereich, obwohl ein wichtiges Herkunftsgebiet städtischer Armut, schon wegen der schwierigeren Quellenlage gegenüber den (großen) Städten bisher entschieden unterbelichtet [Hinweise und Beiträge in 462: AMMERER]. Von grundlegender Bedeutung bleibt weiterhin das Plädoyer von M. DINGES, „vom Studium der Armut zum Studium der Selbsthilfestrategien beziehungsweise -taktiken der Armen überzugehen", weil „Selbsthilfe die nächstliegende, Fürsorge eine nachrangige Strategie" gewesen sei [Forschungsbericht „Neues in der Forschung zur spätmittelalterlichen und frühneuzeitlichen Armut?" in 529: GILOMEN, 21–43; Zitate S. 29, 37]. Lohnend wäre es, über die Zeitschwelle 1800 hinaus die weitere Entwicklung der Gesamtthematik im Zeichen von Umbruch und Krise zumal während der ersten Hälfte des 19. Jahrhunderts mit ähnlicher Intensität zu bearbeiten, wie das für die spätmittelalterlichen/frühneuzeitlichen Jahrhunderte geschehen ist oder derzeit geschieht. Die vielen verschiedenen Perspektiven und methodischen Ansätze soweit wie möglich aufeinander abzustimmen und miteinander zu verknüpfen, um zu einer differenzierten Gesamtschau zu gelangen, bleibt eine Herausforderung für die Zukunft.

III. Quellen und Literatur

Die folgende Auswahlbibliographie muß mit Blick auf den zur Verfügung stehenden Raum vor allem einschlägige ältere Werke und die umfangreiche Literatur zur Thematik für andere europäische Länder vernachlässigen. Hier helfen am ehesten die Angaben unter B.1 weiter. Soweit von demselben Verfasser/derselben Verfasserin mehrere sich stark überschneidende Studien vorliegen, wird gewöhnlich die letzte größere Arbeit genannt, mit deren Hilfe sich die anderen Publikationen leicht ermitteln lassen. Die Gliederung der Bibliographie folgt den Sachzusammenhängen, wie sie in Teil I und II dargestellt und erörtert werden. Die Abkürzungen entsprechen denen, welche die Historische Zeitschrift verwendet.

A. Quellen und Bibliographien

1. H. BOEHNCKE/R. JOHANNSMEIER (Hrsg.), Das Buch der Vaganten. Spieler – Huren – Leutbetrüger. Köln 1987.
2. H. BOEHNCKE/H. SARKOWICZ (Hrsg.), Die deutschen Räuberbanden. 3 Bde. Frankfurt/M. 1991.
3. D. EBELING/F. IRSIGLER, (Bearb.), Getreideumsatz, Getreide- und Brotpreise in Köln 1368–1797. 2 Bde. Köln–Wien 1976/77.
4. M. J. ELSAS, Umriß einer Geschichte der Preise und Löhne in Deutschland. 3 Bde. Leiden 1936/49.
5. R. GRONEMEYER, Zigeuner im Spiegel früher Chroniken und Abhandlungen. Quellen vom 15. bis zum 18. Jahrhundert. Gießen 1987.
6. C. JANTKE/D. HILGER (Hrsg.), Die Eigentumslosen. Der deutsche Pauperismus und die Emanzipationskrise in Darstellungen und Deutungen der zeitgenössischen Literatur. Freiburg i. Br. 1965.

7. F. KLUGE. Rotwelsch. Quellen und Wortschatz der Gaunersprache und der verwandten Geheimsprachen. Bd. 1: Rotwelsches Quellenbuch. Straßburg 1901.

8. E. MÜNSTERBERG, Bibliographie des Armenwesens (mit Nachträgen 1 und 2). Berlin 1900/06.

9. W. NAUDÉ, Die Getreidehandelspolitik und Kriegsmagazinverwaltung Brandenburg-Preußens bis 1740. Berlin 1901.

10. U.-C. PALLACH, Hunger. Quellen zu einem Alltagsproblem in Europa und der Dritten Welt (17. bis 20. Jahrhundert). München 1986.

10a. J. PETERS (Hrsg.), Ein Söldnerleben im Dreißigjährigen Krieg. Berlin 1993.

11. T. RIIS, Pauvreté et développement urbain en Europe XVe – XVIIIe/XIXe siècles. Une bibliographie. Odense 1981.

12. G. SCHMOLLER/W. NAUDÉ/A. SKALWEIT, Die Getreidehandelspolitik und Kriegsmagazinverwaltung Preußens 1740–1756. Berlin 1910.

13. A. SKALWEIT, Die Getreidehandelspolitik und Kriegsmagazinverwaltung Preußens 1756–1806. Berlin 1931.

14. M. STÜRMER (Hrsg.), Herbst des Alten Handwerks. Zur Sozialgeschichte des 18. Jahrhunderts. München 1979.

15. O. WINCKELMANN, Die Armenordnungen von Nürnberg (1522), Kitzingen (1523), Regensburg (1523) und Ypern (1525), in: ARG 10 (1912/13), 242–280, 11 (1914), 1–18.

16. A. WINKELMANN, Litteratur der öffentlichen Armen- und Krankenpflege in Teutschland. Braunschweig 1802.

B. Literatur

1. Allgemeine und epochen-, länder- oder sachübergreifende Beiträge und Darstellungen

17. M. DINGES, Frühneuzeitliche Armenfürsorge als Sozialdisziplinierung? Probleme mit einem Konzept, in: GG 17 (1991), 5–29.

18. R. VAN DÜLMEN, Kultur und Alltag in der Frühen Neuzeit, Bd. II. München 1992.

19. F. Ehrle, Beiträge zur Geschichte und Reform der Armenpflege. Freiburg i. Br. 1881.
20. W. Fischer, Armut in der Geschichte. Erscheinungsformen und Lösungsversuche der „sozialen Frage" in Europa seit dem Mittelalter. Göttingen 1982.
21. F. Furet, Pour une définition des classes inférieures à l'époque moderne, in: Annales E.S.C. 18 (1963), 459–474.
22. L. Gall, Von der ständischen zur bürgerlichen Gesellschaft. München 1993.
23. B. Geremek, Geschichte der Armut. Elend und Barmherzigkeit in Europa. München–Zürich 1988 (Tb.-Ausgabe München 1991).
24. J.P. Gutton, La société et les pauvres en Europe, 16e–18e siècles. Paris 1974.
25. A.-L. Head/B. Schnegg (Hrsg.), Armut in der Schweiz (17.–20. Jahrhundert). Zürich 1989.
26. V. Hunecke, Überlegungen zur Geschichte der Armut im vorindustriellen Europa, in: GG 9 (1983), 480–512.
27. E. Isenmann, Die deutsche Stadt im Spätmittelalter 1250–1500. Stadtgestalt, Recht, Stadtregiment, Kirche, Gesellschaft, Wirtschaft. Stuttgart 1988.
28. S. und W. Jacobeit, Illustrierte Alltagsgeschichte des deutschen Volkes. Bd. 1: 1550–1810. Köln 1986.
29. R. Jütte, Poor Relief and Social Discipline in Sixteenth Century Europe, in: European Studies Review 11 (1981), 25–52.
30. R. Jütte „Disziplin zu predigen ist eine Sache, sich ihr zu unterwerfen eine andere" (Cervantes). Prolegomena zu einer Sozialgeschichte der Armenfürsorge diesseits und jenseits des Fortschritts, in: GG 17 (1991), 92–101.
31. R. Jütte, Poverty and Deviance in Early Modern Europe. Cambridge 1994.
32. W. Kaschuba, Lebenswelt und Kultur der unterbürgerlichen Schichten im 19. und 20. Jahrhundert. München 1990.
33. W. Liese, Geschichte der Caritas. Bd. 1. Freiburg i. Br. 1922.
34. C. Lis/H. Soly, Poverty and Capitalism in Pre-Industrial Europe. Hassocks/Sussex 1979.
35. K. H. Metz, Staatsräson und Menschenfreundlichkeit. Formen und Wandlungen der Armenpflege im Ancien Régime Frankreichs, Deutschlands und Großbritanniens, in: VSWG 72 (1985), 1–26.
36. M. Mollat, (Hrsg.), Études sur l'histoire de la pauvreté, Moyen Age – 16e siècle. 2 Bde. Paris 1974.

37. M. MOLLAT, Die Armen im Mittelalter. München 1984.
38. H. MOMMSEN/W. SCHULZE (Hrsg.), Vom Elend der Handarbeit. Probleme historischer Unterschichtenforschung. Stuttgart 1981.
39. O. G. OEXLE, Armut, Armutsbegriff und Armenfürsorge im Mittelalter, in: SACHSSE/TENNSTEDT [wie Nr. 46], 73–100.
40. C. PFISTER, Bevölkerungsgeschichte und Historische Demographie 1500–1800. München 1994.
41. G. RATZINGER, Geschichte der kirchlichen Armenpflege. 2. Aufl. Freiburg i. Br. 1884.
42. T. RIIS (Hrsg.), Aspects of Poverty in Early Modern Europe. 3 Bde. Stuttgart-Odense 1981–1990.
43. D. SAALFELD, Die ständische Gliederung der Gesellschaft Deutschlands im Zeitalter des Absolutismus, in: VSWG 67 (1980), 457–483.
44. C. SACHSSE/F. TENNSTEDT, Geschichte der Armenfürsorge in Deutschland. Vom Spätmittelalter bis zum Ersten Weltkrieg. Stuttgart u. a. 1980.
45. C. SACHSSE/F. TENNSTEDT, Bettler, Gauner und Proleten. Armut und Armenfürsorge in der deutschen Geschichte. Ein Bild-Lesebuch. Reinbek 1983.
46. C. SACHSSE/F. TENNSTEDT (Hrsg.), Soziale Sicherheit und soziale Disziplinierung. Beiträge zu einer historischen Theorie der Sozialpolitik. Frankfurt a. M. 1986.
47. E. P. THOMPSON, Plebeische Kultur und moralische Ökonomie. Frankfurt a. M. u. a. 1980.
48. G. UHLHORN, Die christliche Liebestätigkeit, Bd. 3. Stuttgart 1890, 2. Aufl. 1895.
49. H.-U. WEHLER, Deutsche Gesellschaftsgeschichte. Bd. 1. München 1987.
50. V. WEISS, Bevölkerung und soziale Mobilität. Sachsen 1550–1880. Berlin 1993.

2. Massenarmut und Hungerkrisen

51. W. ABEL, Massenarmut und Hungerkrisen im vorindustriellen Europa. Versuch einer Synopsis. Hamburg–Berlin 1974.
52. W. ABEL, Agrarkrisen und Agrarkonjunktur. Eine Geschichte der Land- und Ernährungswirtschaft Mitteleuropas seit dem hohen Mittelalter. 3. Aufl. Hamburg 1978.
53. F. BLAICH, Die wirtschaftspolitische Tätigkeit der Kommission

zur Bekämpfung der Hungersnot in Böhmen und Mähren 1771–1772, in: VSWG 56 (1969), 299–331.

54. U. DIRLMEIER, Lebensmittel- und Versorgungspolitik mittelalterlicher Städte als demographisch relevanter Faktor?, in: Saeculum 39 (1988), 149–153.

55. D. EBELING, Versorgungskrisen und Versorgungspolitik während der zweiten Hälfte des 16. Jahrhunderts in Köln, in: ZAA 27 (1979), 32–59.

56. M. GAILUS, Straße und Brot. Sozialer Prostest in den deutschen Staaten unter besonderer Berücksichtigung Preußens, 1847–1849. Göttingen 1990.

57. F. GÖTTMANN, Die Versorgungslage in Überlingen zur Zeit der Hungerkrise 1770/71, in: DERS. (Hrsg.), Vermischtes zur neueren Sozial-, Bevölkerungs- und Wirtschaftsgeschichte des Bodenseeraumes. Horst Rabe zum Sechzigsten. Konstanz 1990, 75–134.

58. S. GÖTTSCH; Hungerunruhen – Veränderungen im traditionellen Protestverhalten, in: Zs. f. Volkskunde 80 (1984), 170–181.

59. P. HERTNER, L'approvisionnement des villes et la politique des prix alimentaires des administrations municipales aux 17e/18e siècles: le cas de Strasbourg et de Marburg an der Lahn, in: M. FLINN (Hrsg.), Proceedings of the Seventh International History Congress. Edinburgh 1978, Bd. 2, 347–359.

60. M. HUHN, Zwischen Teuerungspolitik und Freiheit des Getreidehandels: Staatliche und städtische Maßnahmen 1770–1847, in: H.-J. TEUTEBERG (Hrsg.), Durchbruch zum modernen Massenkonsum. Münster 1987, 37–89.

61. F. IRSIGLER, Getreidepreise, Getreidehandel und städtische Versorgungspolitik in Köln vornehmlich im 15. und 16. Jahrhundert, in: W. BESCH u.a. (Hrsg.), Die Stadt in der europäischen Geschichte. FS E. Ennen. Bonn 1972, 571–610.

62. U. KLUGE, Hunger, Armut und soziale Devianz im 18. Jahrhundert. Hungerkrisen, Randgruppen und absolutistischer Staat in Preußen, in: Freiburger Universitätsblätter 26 (1987) Nr. 96, 61–91.

63. H.-D. LÖWE, Teuerungsrevolten, Teuerungspolitik und Marktregulierung im 18. Jahrhundert in England, Frankreich und Deutschland, in: Saeculum 37 (1986), 291–312.

64. F. MAGEN, Reichsexekutive und regionale Selbstverwaltung im späten 18. Jahrhundert. Zu Funktion und Bedeutung der süd- und westdeutschen Reichskreise bei der Handelsregulierung im Reich aus Anlaß der Hungerkrise von 1770/72. Berlin 1992.

65. M. MATTMÜLLER, Die Hungersnot der Jahre 1770/71 in der Basler Landschaft, in: N. BERNARD/Q. REICHEN (Hrsg.), Gesellschaft und Gesellschaften. FS zum 65. Geburtstag von Prof. Dr. Ulrich Im Hof. Bern 1982, 271–291.
66. H. MEDICK, „Hungerkrisen" in der historischen Forschung. Beispiele aus Mitteleuropa vom 17.–19. Jahrhundert, in: SOWI 1985, 95–103.
67. J. MOOSER, Gewalt und Verführung, Not und Getreidehandel, in: BERDING [wie Nr. 92], 218–236.
68. L. F. NEWMAN (Hrsg.), Hunger in History. Food Shortage, Poverty, and Deprivation. Cambridge/Mass.-Oxford 1990.
69. J. D. POST, The Last Great Subsistence Crisis in the Western World. Baltimore–London 1977.
70. J. D. POST, Food Shortage, Climatic Variability and Epidemic Disease in Preindustrial Europe: The Mortality Peak in the Early 1740s. Cornell 1985.
71. J. D. POST, Nutritional Status and Mortality in Eighteenth -century Europe, in: NEWMAN [wie Nr. 68], 241–280.
72. B. ROECK, Bäcker, Brot und Getreide in Augsburg. Zur Geschichte des Bäckerhandwerks und zur Versorgungspolitik der Reichsstadt Augsburg im Zeitalter des Dreißigjährigen Krieges. Sigmaringen 1987.
73. R. I. ROTBERG/T. K. RABB (Hrsg.), Hunger and History: The Impact of Changing Food Production and Consumption Patterns on Society. Cambridge u. a. 1985.
74. D. SAALFELD, Die Wandlungen der Preis- und Lohnstruktur während des 16. Jahrhunderts in Deutschland, in: W. FISCHER (Hrsg.), Beiträge zu Wirtschaftswachstum und Wirtschaftsstruktur im 16. und 19. Jahrhundert. Berlin 1971, 9–28.
75. D. SAALFELD, Lebensstandard in Deutschland 1750–1860, in: I. BOG u. a. (Hrsg.), Wirtschaftliche und soziale Strukturen im säkularen Wandel. FS W. Abel zum 70. Geburtstag. Hannover 1974, Bd. 2, 417–443.
76. G. SCHMIDT, Die frühneuzeitlichen Hungerrevolten. Soziale Konflikte und Wirtschaftspolitik im Alten Reich, in: ZHF 18 (1991), 257–280.
77. E. SCHOLLIERS, Loonarbeid en honger. De Levenstandaard in de XVe en XVIe eeuw te Antwerpen. Antwerpen 1960.
78. P. STOLZ, Basler Wirtschaft in vor- und frühindustrieller Zeit. Zürich 1977 (Kapitel 3).

79. J. WALTER/R. SCHOFIELD, (Hrsg.), Famine, Disease and the Social Order in Early Modern Society. Cambridge 1989.
80. E. WEINZIERL-FISCHER, Die Bekämpfung der Hungersnot in Böhmen 1770–1772 durch Maria Theresia und Joseph II., in: Mitt. d. österr. Staatsarchivs 7 (1954), 478–514.
81. H. WERMELINGER, Lebensmittelteuerungen, ihre Bekämpfung und ihre politischen Rückwirkungen in Bern vom ausgehenden 15. Jahrhundert bis in die Zeit der Kappelerkriege. Bern 1971.
82. C. ZIMMERMANN, ‚Noth' und ‚Theuerung' im badischen Unterland. Reformkurs und Krisenmanagement unter dem aufgeklärten Absolutismus, in: Aufklärung 2 (1987), 95–119.
83. C. ZIMMERMANN, Obrigkeitliche Krisenregulierung und kommunale Interessen: Das Beispiel Württemberg 1770/71, in: M. GAILUS/H. VOLKMANN (Hrsg.), Der Kampf um das tägliche Brot. Nahrungsmangel, Versorgungspolitik und Protest 1770–1990. Opladen 1994, 107–131.

3. Unterschichten – Strukturen und Lebenssituationen

3.1 Übergreifende Arbeiten

84. A. BAUMANN, „Armuth ist hier wahrhaft zu Haus ...“ Vorindustrieller Pauperismus und Einrichtungen der Armenpflege in Bayern um 1800. München 1984.
85. I. BOG, Über Arme und Armenfürsorge in Oberdeutschland und in der Eidgenossenschaft im 15. und 16. Jahrhundert, in: I. Bog, Oberdeutschland. Das Heilige Römische Reich des 16. bis 18. Jahrhunderts in Funktion. Idstein 1985, 56–72.
86. R. VAN DÜLMEN, Frauen vor Gericht. Kindsmord in der Frühen Neuzeit. Frankfurt/M. 1991.
87. R. ENDRES, Das Armenproblem im Zeitalter des Absolutismus, in: F. KOPITZSCH (Hrsg.), Aufklärung, Absolutismus und Bürgertum in Deutschland. München 1976, 220–241.
88. R. ENGELSING, Zur Sozialgeschichte deutscher Mittel- und Unterschichten. Göttingen 1973.
89. N. FINZSCH, Obrigkeit und Unterschichten. Zur Geschichte der rheinischen Unterschichten gegen Ende des 18. und zu Beginn des 19. Jahrhunderts. Stuttgart 1990.
90. A. HERZIG, Kinderarbeit in Deutschland in Manufaktur und Protofabrik (1750–1850), in: AfS 23 (1983), 311–375.

91. A. HERZIG, Unterschichtenprotest in Deutschland 1790–1870. Die politische Kultur des „Pöbels" im Übergang von der Stände- zur Klassengesellschaft. Göttingen 1988.

92. A. HERZIG, Der Einfluß der Französischen Revolution auf den Unterschichtenprotest in Deutschland während der 1790er Jahre, in: H. BERDING (Hrsg.), Soziale Unruhen in Deutschland während der Französischen Revolution. Göttingen 1988, 202–217.

93. B. KIRCHGÄSSNER, Probleme quantitativer Erfassung städtischer Unterschichten im Spätmittelalter, besonders in den Reichsstädten Konstanz und Esslingen, in: MASCHKE/SYDOW [wie Nr. 135], 75–89.

94. B. KIRCHGÄSSNER, Möglichkeiten und Grenzen in der Auswertung statistischen Urmaterials für die südwestdeutsche Wirtschaftsgeschichte im Spätmittelalter, in: EHBRECHT [wie Nr. 151], 75–100.

95. J. KOCKA, Weder Stand noch Klasse. Unterschichten um 1800. Bonn 1990.

96. H. MEDICK, Plebejische Kultur, plebejische Öffentlichkeit, plebejische Ökonomie. Über Erfahrungen und Verhaltensweisen Besitzarmer und Besitzloser in der Übergangsphase zum Kapitalismus, in: R. M. BERDAHL u. a., Klassen und Kultur. Sozialanthropologische Perspektiven in der Geschichtsschreibung. Frankfurt a. M. 1982, 157–204.

97. M. MITTERAUER, Ledige Mütter. Zur Geschichte unehelicher Geburten in Europa. München 1983.

98. J. MOOSER, Unterschichten in Deutschland 1770–1820, in: H. BERDING/E. FRANÇOIS/H. P. ULLMANN (Hrsg.), Deutschland im Zeitalter der Französischen Revolution. Frankfurt a. M. 1989, 317–338.

99. W. SCHEFFKNECHT, „Arme Weiber". Bemerkungen zur Rolle der Frau in den Unterschichten und vagierenden Randgruppen der frühneuzeitlichen Gesellschaft, in: A. NIEDERSTÄTTER/W. SCHEFFKNECHT (Hrsg.), Hexe oder Hausfrau. Das Bild der Frau in der Geschichte Vorarlbergs. Sigmaringendorf 1981, 77–109.

100. E. SCHUBERT, Arme Leute, Bettler, Gauner im Franken des 18. Jahrhunderts. Neustadt a. d. Aisch 1983, 2. Aufl. 1990.

3.2 Ländlicher Bereich

101. R. BECK, Unterfinning. Ländliche Welt vor Anbruch der Moderne. München 1993 (bes. 220 ff., 323 ff.).

102. H. Böning, Ulrich Bräker. Der Arme Mann aus dem Toggenburg. Leben, Werk und Zeitgeschichte. Königstein/T. 1985.

103. S. Breit, „Leichtfertigkeit" und ländliche Gesellschaft. Voreheliche Sexualität in der frühen Neuzeit. München 1991.

104. A.-M. Dubler, Armen- und Bettlerwesen in der Gemeinen Herrschaft „Freie Ämter" (16. bis 18. Jahrhundert). Basel 1970.

105. R. Endres, Sozialer Wandel in Franken und Bayern auf der Grundlage der Dorfordnungen, in: E. Hinrichs/G. Wiegelmann (Hrsg.), Sozialer und kultureller Wandel in der ländlichen Welt des 18. Jahrhunderts. Wolfenbüttel 1982, 211–227.

106. H. Feigl, Zur Rechtslage der unterbäuerlichen Schichten im 15., 16. und 17. Jahrhundert, in: H. Knittler (Hrsg.), Wirtschafts- und sozialhistorische Beiträge. FS für A. Hoffmann zum 75. Geburtstag. München 1979, 247–271.

107. H. Grees, Ländliche Unterschichten und ländliche Siedlung in Ostschwaben. Tübingen 1975.

108. H. Grees, Unterschichten mit Grundbesitz in ländlichen Siedlungen Mitteleuropas, in: G. Henkel (Hrsg.), Die ländliche Siedlung als Forschungsgegenstand der Geographie. Darmstadt 1983, 193–223.

109. K. Mittelhäusser, Häuslinge im südlichen Niedersachsen, in: BlldtLG 116 (1980), 235–278.

110. M. Mitterauer, Lebensformen und Lebensverhältnisse ländlicher Unterschichten, in: H. Matis (Hrsg.), Von der Glückseligkeit des Staates. Staat, Wirtschaft und Gesellschaft im Zeitalter des aufgeklärten Absolutismus. Berlin 1981, 315–338.

111. J. Mooser, Ländliche Klassengesellschaft 1770–1848. Bauern und Unterschichten, Landwirtschaft und Gewerbe im östlichen Westfalen. Göttingen 1984.

112. A. Nagel, Armut im Barock. Die Bettler und Vaganten Oberschwabens. Ravensburg, 2. Aufl. 1989.

113. J. Peters, Ostelbische Landarmut – Sozialökonomisches über landlose und landarme Agrarproduzenten im Spätfeudalismus, in: JbWG 1967 III, 255–302.

114. G. Ritter, Die Nachsiedlerschichten im nordwestdeutschen Raum unter besonderer Berücksichtigung der Kötter im Niederbergischen Land, in: BerdtLK 41 (1968), 85–128.

115. D. Saalfeld, Stellung und Differenzierung der ländlichen Bevölkerung Nordwestdeutschlands in der Ständegesellschaft des 18. Jahrhunderts, in: Hinrichs/Wiegelmann [wie Nr. 105], 229–251.

116. P. SAUER, Not und Armut in den Dörfern des Mittleren Neckarraums in vorindustrieller Zeit, in: ZWLG 41 (1982), 131–149.

117. F.-W. SCHAER, Die ländlichen Unterschichten zwischen Weser und Ems vor der Industrialisierung – ein Forschungsproblem, in: NdsJb 59 (1978), 45–69.

118. J. SCHLUMBOHM, Sozialstruktur und Fortpflanzung bei der ländlichen Bevölkerung Deutschlands im 18. und 19. Jahrhundert, in: E. VOLAND (Hrsg.), Fortpflanzung: Natur und Kultur im Wechselspiel. Frankfurt/M. 1992, 322–346.

118a.J. SCHLUMBOHM, Lebensläufe, Familien, Höfe. Die Bauern und Heuerleute des Osnabrückischen Kirchspiels Belm in proto-industrieller Zeit, 1650–1860. Göttingen 1994.

3.3 Städtischer Bereich

119. M. U. CHRISMAN, Urban Poor in the Sixteenth Century: The Case of Strasbourg, in: M. U. CHRISMAN/O. GRÜNDLER (Hrsg.), Social Groups and Religious Ideas in the Sixteenth Century. Kalamazoo/Mich. 1978, 59–67, 169–171.

120. U. DIRLMEIER, Untersuchungen zu Einkommensverhältnissen und Lebenshaltungskosten in oberdeutschen Städten des Spätmittelalters (Mitte 14. bis Anfang des 16. Jahrhunderts). Heidelberg 1978.

121. U. DIRLMEIER, Zum Problem von Versorgung und Verbrauch privater Haushalte im Spätmittelalter, in: A. HAVERKAMP (Hrsg.), Haus und Familie in der spätmittelalterlichen Stadt. Köln–Wien 1984, 257–288.

122. F.-G. DREYFUS, Sociétés et mentalités à Mayence dans la seconde moitié du XVIIIe siècle. Paris 1968.

123. D. EBELING, Bürgertum und Pöbel. Wirtschaft und Gesellschaft Kölns im 18. Jahrhundert. Köln–Wien 1987.

124. R. ENDRES, Zünfte und Unterschichten als Elemente der Instabilität in den Städten, in: P. BLICKLE (Hrsg.), Revolte und Revolution in Europa. HZ Beih. 4 NF, München 1975, 151–170.

125. T. FISCHER, Städtische Armut und Armenfürsorge im 15. und 16. Jahrhundert. Sozialgeschichtliche Untersuchungen am Beispiel der Städte Basel, Freiburg i. Br. und Straßburg. Göttingen 1979.

126. E. FRANÇOIS, Unterschichten und Armut in rheinischen Residenzstädten des 18. Jahrhunderts, in: VSWG 62 (1975), 433–464.

127. E. FRANÇOIS, Koblenz im 18. Jahrhundert. Zur Sozial- und Bevölkerungsstruktur einer deutschen Residenzstadt. Göttingen 1982.

128. V. GROEBNER, Ökonomie ohne Haus. Zum Wirtschaften armer Leute in Nürnberg am Ende des 15. Jahrhunderts. Göttingen 1993.

129. B. KUSKE, Die städtischen Handels- und Verkehrsarbeiter und die Anfänge städtischer Sozialpolitik in Köln bis zum Ende des 18. Jahrhunderts. Bonn 1914.

130. A. LASSOTTA, Formen der Armut im späten Mittelalter und zu Beginn der Neuzeit. Untersuchungen vornehmlich an Kölner Quellen des 14. bis 17. Jahrhunderts. Phil. Diss. Freiburg i. Br. 1993.

131. W. LAUFER, Die Sozialstruktur der Stadt Trier in der frühen Neuzeit. Bonn 1973.

132. R. LAUFNER, Die „Elendenbruderschaft" in Trier im 15. und 16. Jahrhundert. Ein Beitrag zur Sozialgeschichte der untersten Unterschichten im ausgehenden Mittelalter und der frühen Neuzeit, in: JbWLG 4 (1978), 221–237.

133. E. MASCHKE, Die Unterschichten der mittelalterlichen Städte Deutschlands, in: MASCHKE/SYDOW [wie Nr. 135], 1–74.

134. E. MASCHKE; Die Schichtung der mittelalterlichen Stadtbevölkerung Deutschlands als Problem der Forschung, in: Mélanges en l'honneur de Fernand Braudel, II. Toulouse 1973, 367–379.

135. E. MASCHKE/J. SYDOW, (Hrsg.), Gesellschaftliche Unterschichten in den südwestdeutschen Städten. Stuttgart 1967.

136. C. MÜLLER, Karlsruhe im 18. Jahrhundert. Zur Genese und zur sozialen Schichtung einer residenzstädtischen Bevölkerung. Karlsruhe 1992.

137. D. PULS (Hrsg.), Wahrnehmungsformen und Protestverhalten. Studien zur Lage der Unterschichten im 18. und 19. Jahrhundert. Frankfurt a.M. 1979.

138. B. ROECK, „Arme" in Augsburg zu Beginn des Dreißigjährigen Krieges, in: ZBLG 46 (1983), 515–558.

139. B. ROECK, Eine Stadt in Krieg und Frieden: Studien zur Geschichte der Reichsstadt Augsburg zwischen Kalenderstreit und Parität. Göttingen 1989.

140. H. SCHULTZ, Berlin 1650–1800. Sozialgeschichte einer Residenz. Berlin 1987.

141. B. SICKEN, Fremde in der Stadt. Beobachtungen zur „Fremdenpolitik" und zur sozioökonomischen Attraktivität der Haupt- und Residenzstadt Würzburg gegen Ende des 18. Jahrhunderts, in: K. KRÜGER (Hrsg.), Europäische Städte im Zeitalter des Barock. Gestalt – Kultur – Sozialgefüge. Köln-Wien 1988, 271–329.

142. K. SIMON-MUSCHEID, „Und ob sie schon einen dienst finden, so sind sie nit bekleidet dernoch". Die Kleidung städtischer Unter-

schichten zwischen Projektionen und Realität im Spätmittelalter und in der frühen Neuzeit, in: BULST/JÜTTE [wie Nr. 222], 47–64.

143. G. WUNDER, Unterschichten der Reichsstadt Hall. Methoden und Probleme ihrer Erforschung, in: MASCHKE/SYDOW [wie Nr. 135], 101–118.

144. P. ZSCHUNKE, Konfession und Alltag in Oppenheim. Wiesbaden 1984.

3.3.1 Sozialtopograhie

145. D. DENECKE, Sozialtopographie und sozialräumliche Gliederung der spätmittelalterlichen Stadt. Problemstellungen, Methoden und Betrachtungsweisen der historischen Wirtschafts- und Sozialgeographie, in: J. FLECKENSTEIN/K. STACKMANN (Hrsg.), Über Bürger, Stadt und städtische Literatur im Spätmittelalter. Göttingen 1980, 161–202.

146. D. DENECKE, Social status and place of residence in preindustrial German towns: recent studies in social topography, in: D. DENECKE/G. SHAW (Hrsg.), Urban Historical Geography. Recent Progress in Britain and Germany. Cambridge 1988, 125–140.

147. W. HELD, Zwischen Marktplatz und Anger. Stadt-Land-Beziehungen im 16. Jahrhundert in Thüringen. Weimar 1988.

148. R. JÜTTE, Das Stadtviertel als Problem und Gegenstand der frühneuzeitlichen Stadtgeschichtsforschung, in: BlldtLG 127 (1991), 235–269.

149. V. KRIESE, Die Leipziger Vorstädte – ihre ökonomische, soziale und verfassungsmäßige Entwicklung im 18. Jahrhundert. Phil. Diss. Leipzig 1986 (Teilresumé in JbRegG 16 II (1989), 110–125).

150. E. PIPER, Der Stadtplan als Grundriß der Gesellschaft. Topographie und Sozialstruktur in Augsburg und Florenz um 1500. Frankfurt/M. 1982.

151. H.-C. RUBLACK, Probleme der Sozialtopographie der Stadt im Mittelalter und in der frühen Neuzeit, in: W. EHBRECHT (Hrsg.), Voraussetzungen und Methoden geschichtlicher Städteforschung. Köln–Wien 1979, 177–193.

152. H. RÜTHING, Höxter um 1500. Analyse einer Stadtgesellschaft. Paderborn 1986.

153. B. SACHSE, Soziale Differenzierung und regionale Verteilung der Bevölkerung Göttingens im 18. Jahrhundert. Hildesheim 1978.

154. W. SACHSE, Wohnen und soziale Schichtung in Göttingen im 18. Jahrhundert, in: H. J. TEUTEBERG (Hrsg.), Homo habitans. Zur

Sozialgeschichte des ländlichen und städtischen Wohnens in der Neuzeit. Münster 1985, 131–154.

155. W. SACHSE, Göttingen im 18. und 19. Jahrhundert. Zur Bevölkerungs- und Sozialstruktur einer deutschen Universitätsstadt. Göttingen 1987.

156. M. SCHEFTEL, Gänge, Buden und Wohnkeller in Lübeck. Bau- und sozialgeschichtliche Untersuchungen zu den Wohnungen der ärmeren Bürger und Einwohner einer Großstadt des späten Mittelalters und der frühen Neuzeit. Neumünster 1988.

3.4 Handwerk und Handwerksgesellen

157. H. BRÄUER, Gesellen im sächsischen Zunfthandwerk des 15. und 16. Jahrhunderts. Weimar 1989.

158. C. P. CLASEN, Die Augsburger Weber. Leistungen und Krisen des Textilgewerbes um 1600. Augsburg 1981.

159. R. S. ELKAR (Hrsg.), Deutsches Handwerk in Spätmittelalter und Früher Neuzeit. Sozialgeschichte – Volkskunde – Literaturgeschichte. Göttingen 1983.

160. A. GRIESSINGER, Das symbolische Kapital der Ehre. Streikbewegungen und kollektives Bewußtsein deutscher Handwerksgesellen im 18. Jahrhundert. Frankfurt a. M. u. a. 1981.

161. A. GRIESSINGER, Handwerkerstreiks in Deutschland während des 18. Jahrhunderts. Begriff – Organisationsformen – Ursachenkonstellationen, in: U. ENGELHARDT (Hrsg.), Handwerker in der Industrialisierung. Stuttgart 1984, 407–434.

162. A. GRIESSINGER/R. REITH, Lehrlinge im deutschen Handwerk des ausgehenden 18. Jahrhunderts. Arbeitsorganisation, Sozialbeziehungen und alltägliche Konflikte, in: ZHF 13 (1986), 149–199.

163. M. HENKEL, Zunftmißbräuche. „Arbeiterbewegung" im Merkantilismus. Frankfurt–New York 1989.

164. G. JARITZ, Kriminalität – Kriminalisierung. Zum „Randgruppenverhalten" von Gesellen im Spätmittelalter, in: JbRegG 17 II (1990), 100–113.

165. W. REININGHAUS, Die Entstehung der Gesellengilden im Spätmittelalter. Wiesbaden 1981.

166. R. REITH, Arbeits- und Lebensweise im städtischen Handwerk. Zur Sozialgeschichte Augsburger Handwerksgesellen im 18. Jahrhundert (1700–1806). Göttingen 1988.

167. H. SCHULTZ, Landhandwerk im Übergang vom Feudalismus zum Kapitalismus – vergleichender Überblick und Fallstudie Mecklenburg-Schwerin. Berlin 1984.

168. K. SCHULZ, Handwerksgesellen und Lohnarbeiter. Untersuchungen zur oberrheinischen und oberdeutschen Stadtgeschichte des 14. bis 17. Jahrhunderts. Sigmaringen 1985.

169. K. SCHULZ, Störer, Stümpler, Pfuscher, Bönhasen und „Fremde". Wandel und Konsequenzen der städtischen Bevölkerungs- und Gewerbepolitik seit der Mitte des 16. Jahrhunderts, in: JÄGER u. a. [wie Nr. 346], 683–705.

170. K. SCHWARZ, Die Lage der Handwerksgesellen in Bremen während des 18. Jahrhunderts. Bremen 1975.

171. K. WESOLY, Lehrlinge und Handwerksgesellen am Mittelrhein. Ihre soziale Lage und ihre Organisation vom 14. bis ins 17. Jahrhundert. Frankfurt a. M. 1985.

3.5 Gesinde

172. R. ENGELSING, Einkommen der Dienstboten in Deutschland zwischen dem 16. und 20. Jahrhundert, in: JbIdtG 2 (1973), 11–65.

173. R. ENGELSING, Das Vermögen der Dienstboten in Deutschland zwischen dem 17. und 20. Jahrhundert, in: JbIdtG 3 (1974), 227–256.

174. R. ENGELSING, Der Arbeitsmarkt der Dienstboten im 17., 18. und 19. Jahrhundert, in: H. KELLENBENZ (Hrsg.), Wirtschaftspolitik und Arbeitsmarkt. München 1974, 159–237.

175. S. GÖTTSCH, Beiträge zum Gesindewesen in Schleswig-Holstein zwischen 1740 und 1840. Neumünster 1978.

176. W. HARTINGER, Bayerisches Dienstbotenleben auf dem Land vom 16. bis zum 18. Jahrhundert, in: ZBLG 38 (1975), 598–638.

177. P. ILISCH, Zum Leben von Knechten und Mägden in vorindustrieller Zeit, in: Rhein.-westfäl. Zs. für Volkskunde 22 (1976), 255–265.

178. J. KAMANN, Alt-Nürnberger Gesindewesen. Kultur- und Wirtschaftsgeschichtliches aus vier Jahrhunderten, in: MVG Nürnb. XIV (1901), 65–157.

179. O. KÖNNECKE, Rechtsgeschichte des Gesindes in West- und Süddeutschland. Marburg/L. 1912.

180. K.-S. KRAMER, Einiges über die Lage des Gesindes in einem ostholsteinischen Gutsbezirk, in: ZfV 70 (1974), 20–38.

181. E. LENNHOFF, Das ländliche Gesindewesen in der Kurmark Brandenburg vom 16. bis 19. Jahrhundert. Breslau 1906.

182. M. MITTERAUER, Gesindedienst und Jugendphase im europäischen Vergleich, in: GG 11 (1985), 177–204.

183. M. MITTERAUER, Formen ländlicher Familienwirtschaft. Historische Ökotypen und familiale Arbeitsorganisation im österreichischen Raum, in: J. EHMER/M. MITTERAUER (Hrsg.), Familienstruktur und Arbeitsorganisation in ländlichen Gesellschaften. Wien u. a. 1986, 185–323.

184. H. PLATZER, Geschichte der ländlichen Arbeitsverhältnisse in Bayern. München 1904.

185. R. SCHRÖDER, Das Gesinde war immer frech und unverschämt. Gesinde und Gesinderecht vornehmlich im 18. Jahrhundert. Frankfurt a. M. 1992.

186. K. TENFELDE, Ländliches Gesinde in Preußen. Gesinderecht und Gesindestatistik 1810 bis 1861, in: AfS XIX (1979), 189–229.

187. R. WUTTKE, Gesindeordnungen und Gesindezwangsdienst in Sachsen bis zum Jahre 1835. Eine wirtschaftsgeschichtliche Studie. Leipzig 1893.

3.6 Heim- und Manufakturarbeit

188. R. BAKE, Vorindustrielle Frauenerwerbsarbeit. Arbeits- und Lebensweise von Manufakturarbeiterinnen im Deutschland des 18. Jahrhunderts unter besonderer Berücksichtigung Hamburgs. Köln 1984.

189. R. BRAUN, Industrialisierung und Volksleben. Veränderung der Lebensformen unter Einwirkung der verlagsindustriellen Heimarbeit in einem ländlichen Industriegebiet (Zürcher Oberland) vor 1800. Göttingen 1979.

190. P. KRIEDTE/H. MEDICK/J. SCHLUMBOHM, Industrialisierung vor der Industrialisierung. Gewerbliche Warenproduktion auf dem Lande in der Formationsperiode des Kapitalismus. Göttingen 1978.

191. P. KRIEDTE/H. MEDICK/J. SCHLUMBOHM, Sozialgeschichte in der Erweiterung – Proto-Industrialisierung in der Verengung? Demographie, Sozialstruktur, moderne Hausindustrie: eine Zwischenbilanz der Proto-Industrialisierungs-Forschung, in: GG 18 (1992), 70–87, 231–255.

192. H. KRÜGER, Zur Geschichte der Manufakturen und der Manufakturarbeiter in Preußen. Die mittleren Provinzen in der zweiten Hälfte des 18. Jahrhunderts. Berlin 1958.

193. H. Matis, Über die sozialen und wirtschaftlichen Verhältnisse österreichischer Fabrik- und Manufakturarbeiter um die Wende vom 18. zum 19. Jahrhundert, in: VSWG 53 (1966), 433–476.

194. H. Rosenbaum, Formen der Familie. Frankfurt a. M. 1982.

195. B. Schöne, Kultur und Lebensweise Lausitzer Bandweber (1750–1850). Berlin 1977.

196. R. Sieder, Sozialgeschichte der Familie. Frankfurt a. M. 1987.

197. A. Tanner, Spulen – Weben – Sticken. Die Industrialisierung in Appenzell Außerrhoden. Zürich 1982.

3.7 Militär

198. R. Baumann, Das Söldnerwesen im 16. Jahrhundert im bayerischen und süddeutschen Beispiel. Eine gesellschaftsgeschichtliche Untersuchung. München 1978.

199. R. Baumann, Landsknechte. Ihre Geschichte und Kultur vom späten Mittelalter bis zum Dreißigjährigen Krieg. München 1994.

199a. P. Burschel, Söldner im Nordwestdeutschland des 16. und 17. Jahrhunderts. Sozialgeschichtliche Studien. Göttingen 1994.

200. E. W. Hansen, Zur Problematik einer Sozialgeschichte des deutschen Militärs im 17. und 18. Jahrhundert, in: ZHF 6 (1979), 425–460.

201. I. Kracauer, Das Militärwesen der Reichsstadt Frankfurt a. M. im XVIII. Jahrhundert, in: Archiv f. Frankfurts Gesch u. Kunst, 3. Folge, Bd 12 (1920), 1–180.

202. J. Kraus, Das Militärwesen der Reichsstadt Augsburg 1548–1806. Vergleichende Untersuchungen über städtische Militäreinrichtungen in Deutschland vom 16.–18. Jahrhundert. Augsburg 1980.

203. B. R. Kroener, Soldat oder Soldateska? Programmatischer Aufriß einer Sozialgeschichte militärischer Unterschichten in der ersten Hälfte des 17. Jahrhunderts, in: M. Messerschmidt u. a. (Hrsg.), Militärgeschichte. Probleme – Thesen – Wege. Stuttgart 1982, 100–123.

204. B. R. Kroener, Vom „extraordinari Kriegsvolck" zum „miles perpetuus". Zur Rolle der bewaffneten Macht in der europäischen Gesellschaft der Frühen Neuzeit. Ein Forschungs- und Literaturbericht, in: MGM 43 (1988), 141–188.

205. B. R. Kroener, Bellona und Caritas. Das Königlich-Potsdamsche Militär-Waisenhaus. Lebensbedingungen der Militärbevölkerung in Preußen im 18. Jahrhundert, in: Ders. (Hrsg.), Potsdam – Staat,

Armee, Residenz in der preußisch-deutschen Militärgeschichte. Frankfurt a. M. u. a. 1993, 231–252.

206. G. LIEBE, Soldat und Waffenhandwerk. Leipzig 1899 (ND Köln–Düsseldorf 1972).

207. H.-M. MÖLLER, Das Regiment der Landsknechte. Untersuchungen zu Verfassung, Recht und Selbstverständnis in deutschen Söldnerheeren des 16. Jahrhunderts. Wiesbaden 1976.

208. R. PRÖVE, Stehendes Heer und städtische Gesellschaft im 18. Jahrhundert. Göttingen und seine Militärbevölkerung. München 1995.

209. F. REDLICH, De praeda militari. Looting and Booty 1500–1815. Wiesbaden 1956.

210. F. REDLICH, The German Military Enterpriser and His Work Force. A Study in European Economic and Social History. 2 Bde. Wiesbaden 1964/65.

211. T. SCHWARK, Lübecks Stadtmilitär im 17. und 18. Jahrhundert. Untersuchungen zur Sozialgeschichte einer reichsstädtischen Berufsgruppe. Lübeck 1990.

4. Randgruppen – Strukturen und Lebenssituationen

4.1 Übergreifende Arbeiten

212. K.-L. AY, Unehrlichkeit, Vagantentum und Bettelwesen in der vorindustriellen Gesellschaft (anhand bayerischer Quellen), in: JbIdtG 8 (1979), 13–37.

213. K.-L. AY, Außerständische Menschen in Süddeutschland bis zur Epoche der Französischen Revolution, in: O. BÜSCH (Hrsg.), Die demokratische Bewegung in Mitteleuropa im ausgehenden 18. und frühen 19. Jahrhundert. Berlin 1980, 43–55.

213a. A. BREITENBORN, Randgruppen im Allgemeinen Landrecht für die Preußischen Staaten von 1794. Berlin 1994.

214. K. CZOK, Zum Problem der Armen, Vaganten und Räuberbanden im Absolutismus, in: JbRegG 16 I (1989), 169–173.

215. F. GRAUS, Randgruppen der städtischen Gesellschaft im Spätmittelalter, in: ZHF 4 (1981), 385–437.

216. F. GRAUS, Organisationsformen der Randständigen. Das Königreich der Bettler, in: Rechtshistor. Journal 8 (1989), 236–255.

217. T. HAMPE, Die fahrenden Leute in der deutschen Vergangenheit. Leipzig 1902.

218. W. HARTUNG, Gesellschaftliche Randgruppen im Spätmittelalter. Phänomen und Begriff, in: KIRCHGÄSSNER/REUTER [wie Nr. 223], 49–114.

219. B.-U. HERGEMÖLLER (Hrsg.), Randgruppen der spätmittelalterlichen Gesellschaft. Warendorf 1990.

220. B.-U. HERGEMÖLLER, Randgruppen der spätmittelalterlichen Gesellschaft – Einheit und Vielfalt, in: HERGEMÖLLER [wie Nr. 219], 1–51.

221. F. IRSIGLER/A. LASSOTTA, Bettler und Gaukler, Dirnen und Henker. Außenseiter in einer mittelalterlichen Stadt. München 1984.

222. R. JÜTTE, Stigma-Symbole: Kleidung als identitätsstiftendes Merkmal bei spätmittelalterlichen und frühneuzeitlichen Randgruppen (Juden, Dirnen, Aussätzige, Bettler), in: N. BULST/R. JÜTTE (Hrsg.), Zwischen Sein und Schein. Kleidung und Identität in der ständischen Gesellschaft, in: Saeculum 44 (1993), 65–89.

223. B. KIRCHGÄSSNER/F. REUTER, (Hrsg.), Städtische Randgruppen und Minderheiten. Sigmaringen 1986.

224. A. KOPECNY, Fahrende und Vagabunden. Ihre Geschichte, Überlebenskünste, Zeichen und Straßen, Berlin 1980.

225. C. KÜTHER, Menschen auf der Straße. Vagierende Unterschichten in Bayern, Franken und Schwaben in der zweiten Hälfte des 18. Jahrhunderts. Göttingen 1983.

226. B. ROECK, Außenseiter, Randgruppen, Minderheiten. Fremde im Deutschland der frühen Neuzeit. Göttingen 1993.

227. N. SCHINDLER, Die Entstehung der Unbarmherzigkeit. Zur Kultur und Lebensweise der Salzburger Bettler am Ende des 17. Jahrhunderts, in: DERS., Widerspenstige Leute. Studien zur Volkskultur in der frühen Neuzeit. Frankfurt 1992, 258–314.

228. E. SCHUBERT, Soziale Randgruppen und Bevölkerungsentwicklung im Mittelalter, in: Saeculum 39 (1988), 294–339.

229. E. SCHUBERT, Mobilität ohne Chance: Die Ausgrenzung des fahrenden Volkes, in: W. SCHULZE (Hrsg.), Ständische Gesellschaft und soziale Mobilität. München 1988, 113–164.

230. R. W. SCRIBNER, The Mordbrenner Fear in Sixteenth-Century Germany – Political Paranoia or the Revenge of the Outcast?, in: R. J. EVANS (Hrsg.), The German underworld: deviants and outcasts in German history. London–New York 1988, 29–56.

231. K. SIMON-MUSCHEID, Randgruppen, Bürgerschaft und Obrigkeit. Der Basler Kohlenberg, 14.–16. Jahrhundert, in: S. BURGHARTZ u. a. (Hrsg.), Spannungen und Widersprüche. Gedenkschrift für František Graus. Sigmaringen 1992, 203–225.

4.2 Kriminalität

232. W. BEHRINGER, Mörder, Diebe, Ehebrecher. Verbrechen und Strafen in Kurbayern vom 16. bis 18. Jahrhundert, in: R. VAN DÜLMEN (Hrsg.), Verbrechen, Strafen und soziale Kontrolle. Studien zur Kulturforschung III. Frankfurt/M. 1990, 85–132.

233. D. BLASIUS, Kriminologie und Geschichtswissenschaft. Bilanz und Perspektiven interdisziplinärer Forschung, in: GG 14 (1988), 136–149.

234. R. VAN DÜLMEN, Theater des Schreckens. Gerichtspraxis und Strafritual in der frühen Neuzeit. München 1985.

235. A. FELBER, Unzucht und Kindsmord in der Rechtssprechung der freien Reichsstadt Nördlingen vom 15. bis 19. Jahrhundert. Bonn 1961.

236. T. HAMPE, Die Nürnberger Malefizbücher als Quellen der reichsstädtischen Sittengeschichte vom 14. bis zum 18. Jahrhundert. Nürnberg 1927.

237. C. KAPPL, Die Not der kleinen Leute. Der Alltag der Armen im 18. Jahrhundert im Spiegel der Bamberger Malefizamtsakten. Bamberg 1984.

238. W. KRÖNER, Freiheitsstrafe und Strafvollzug in den Herzogtümern Schleswig, Holstein und Lauenburg von 1700 bis 1864. Frankfurt/M. u. a. 1988.

239. G. RADBRUCH/H. GWINNER, Geschichte des Verbrechens. Versuch einer historischen Kriminologie. Stuttgart 1951 (ND 1990).

240. H. REIF (Hrsg.), Räuber, Volk und Obrigkeit. Studien zur Geschichte der Kriminalität in Deutschland seit dem 18. Jahrhundert. Frankfurt a. M. 1984.

241. G. SCHWERHOFF, Köln im Kreuzverhör. Kriminalität, Herrschaft und Gesellschaft in einer frühneuzeitlichen Stadt. Bonn–Berlin 1991.

242. G. SCHWERHOFF, Devianz in der alteuropäischen Gesellschaft. Umrisse einer historischen Kriminalitätsforschung, in: ZHF 19 (1992), 385–414.

243. O. ULBRICHT, Kindsmord und Aufklärung in Deutschland. Stuttgart 1990.

244. P. WETTMANN-JUNGBLUT, „Stelen inn rechter hungersnodtt". Diebstahl, Eigentumsschutz und strafrechtliche Kontrolle im vorindustriellen Baden 1600–1850, in: R. VAN DÜLMEN [wie Nr. 232].

4.3 Bettler, Vaganten, Gauner

245. H. ARNOLD, Das Vagantenunwesen in der Pfalz während des 18. Jahrhunderts. Ein Beitrag zur Bevölkerungskunde der Pfalz, in: MHVPfalz 5 (1957), 117–152.

246. F. C. B. AVÉ-LALLEMANT, Das deutsche Gaunertum in seiner sozialpolitischen, literarischen und linguistischen Ausbildung zu seinem heutigen Bestande, 4 Bde. Leipzig 1858/62 (ND der Bde. 1/2 Wiesbaden 1978).

247. A. FIEDLER, Vom Armen-, Bettel- und Räuberwesen in Kursachsen, vornehmlich während der 1. Hälfte des 18. Jahrhunderts, in: R. WEINHOLD (Hrsg.), Volksleben zwischen Zunft und Fabrik. Berlin 1982, 285–317.

248. R. JÜTTE, Abbild und soziale Wirklichkeit des Bettler- und Gaunertums zu Beginn der Neuzeit. Sozial-, mentalitäts- und sprachgeschichtliche Studien zum Liber Vagatorum (1510). Köln–Wien 1988.

249. R. JÜTTE, Der Prototyp eines Vaganten – Hans von Straßburg, in: BOEHNCKE/JOHANNSMEIER [wie Nr. 1], 117–132.

250. R. JÜTTE, Nepper, Schlepper und Bauernfänger im frühneuzeitlichen Köln, in: RhVjbll 51 (1987), 250–274.

251. R. JÜTTE, Die Anfänge des organisierten Verbrechens. Falschspieler und ihre Tricks im späten Mittelalter und der frühen Neuzeit, in: AKG 70 (1988), 1–32.

252. S. KIENITZ, Unterwegs – Frauen zwischen Not und Normen. Lebensweise und Mentalität vagierender Frauen um 1800 in Württemberg. Tübingen 1989.

253. J. NAUMANN, Vaganten und mobile Gruppen im Wittgensteinischen. Fremde Almosenempfänger der Kirche zu Feudingen zwischen 1632 und 1709, in: I. SALZMANN/H. STEINIGER (Hrsg.), Geburtstagsgabe für Alfred Höck. Marburg 1971, 171–192.

254. E. SCHUBERT, Gauner, Dirnen und Gelichter in deutschen Städten des Mittelalters, in: C. MECKSEPER/E. SCHRAUT (Hrsg.), Mentalität und Alltag im Spätmittelalter. Göttingen 1985, 97–128.

255. R. W. SCRIBNER, Mobility: Voluntary or Enforced? Vagrants in the Sixteenth Century, in: G. JARITZ/A. MÜLLER (Hrsg.), Migration in der Feudalgesellschaft. Frankfurt a. M.–New York 1987, 65–88.

256. I. TITZ-MATUSZAK, Mobilität der Armut. Das Almosenwesen des 17. und 18. Jahrhunderts im südniedersächsischen Raum, in: Plesse-Archiv 24 (1988), 5–338.

4.4 Räuber und Gauner

257. K. S. BADER, Kriminelles Vagantentum im Bodenseegebiet um 1800, in: Schweiz. Zs. f. Strafrecht 78 (1962), 291–333.

258. H. BETTENHÄUSER, Räuber- und Gaunerbanden in Hessen. Ein Beitrag zum Versuch einer historischen Kriminologie Hessens, in: ZHessG 75/76 (1964/65), 275–348.

259. O. E. BREIBECK, Ertz-Maleficanten, Wilddiebe, Räuber, Mordbanditen. Regensburg 1977.

260. U. DANKER, Räuberbanden im Alten Reich um 1700. Ein Beitrag zur Geschichte von Herrschaft und Kriminalität in der Frühen Neuzeit. Frankfurt a. M. 1988.

261. A. ESCH, Räuber, Diebe, Wegelagerer. Reviere, Beute, Schicksale in Berner Verhörsprotokollen des frühen 16. Jahrhunderts, in: U. BESTMANN u. a. (Hrsg.), Hochfinanz – Wirtschaftsräume – Innovationen. FS Wolfgang von Stromer. Trier 1987, Bd. 2, 741–764.

262. M. FRANKE, Schinderhannes. Das kurze, wilde Leben des Johannes Bückler, neu erzählt nach alten Protokollen, Briefen und Zeitungsberichten. Düsseldorf 1984, Frankfurt/M. 1990.

263. W. HARTINGER, Raubkriminalität und soziale Schichtung. Zur Wirkung bürgerlicher Lebensnormen im 18. Jahrhundert, in: ZfV 70 (1974), 1–19.

264. W. HARTINGER, Rechtspflege und Volksleben. Zur Funktion des Rechts im absolutistischen Bayern, in: K. KÖSTLIN/K. D. SIEVERS (Hrsg.), Das Recht der kleinen Leute. Beiträge zur rechtlichen Volkskunde. FS K.-S. Kramer z. 60. Geburtstag. Berlin 1976, 50–68.

265. E. J. HOBSBAWM, Die Banditen. Frankfurt a. M. 1972.

266. E. J. HOBSBAWM, Sozialrebellen. Archaische Sozialbewegungen im 19. und 20. Jahrhundert. Gießen 1979.

267. L. KRAUSE, Zur Geschichte des Gaunerwesens und Verbrecheraberglaubens in Norddeutschland im 16. Jahrhundert, in: Beitrr. z. Gesch. d. Stadt Rostock 6 (1912), 71–126.

268. C. KÜTHER, Räuber und Gauner in Deutschland. Das organisierte Bandenwesen im 18. und frühen 19. Jahrhundert. Göttingen 1976.

269. C. KÜTHER, Räuber, Volk und Obrigkeit. Zur Wirkungsweise und Funktion staatlicher Strafverfolgung im 18. Jahrhundert, in: REIF [wie Nr. 240], 17–42.

270. M. KUNZE, Der Prozeß Pappenheimer. Ebelsbach 1981.

270a. K. LANGE, Gesellschaft und Kriminalität. Räuberbanden im 18. und frühen 19. Jahrhundert. Frankfurt/M. u. a. 1994.

271. H. REIF, Vagierende Unterschichten, Vagabunden und Bandenkriminalität im Ancien Régime, in: Beitrr. z. hist. Sozialkunde 11 (1981), 27–37.

272. P. W. ROTH, Raub-, Diebs-, Mörder- und Zigeunergesindel. Steirische Gaunermandate als Quelle zur Sozialgeschichte, in: J. SCHNEIDER u. a. (Hrsg.), Wirtschaftskräfte und Wirtschaftswege. FS für Hermann Kellenbenz. Bamberg 1978, Bd. 2, 645–655.

273. W. SEIDENSPINNER, Hölzerlips und Schwarzer Peter. Zur Raub- und Bandenkriminalität im badisch-hessisch-fränkischen Grenzraum im frühen 19. Jahrhundert, in: ZGO 129 (1981), 368–398.

4.5 Unehrliche

274. E. ANGSTMANN, Der Henker in der Volksmeinung. Seine Namen und sein Vorkommen in der mündlichen Volksüberlieferung. Bonn 1928.

275. O. BENEKE, Von unehrlichen Leuten. Kulturhistorische Studien und Geschichten aus vergangenen Tagen deutscher Gewerbe und Dienste. 2. Aufl. Berlin 1889.

276. J. BRANDHORST, Spielleute – Vaganten und Künstler, in: HERGEMÖLLER [wie Nr. 219], 115–133.

277. W. DANCKERT, Unehrliche Leute. Die verfemten Berufe. 1. Aufl. Bern 1963, 2. Aufl. Bern–München 1979.

278. R. VAN DÜLMEN, Der infame Mensch. Unehrliche Arbeit und soziale Ausgrenzung in der Frühen Neuzeit, in: DERS. (Hrsg.), Arbeit, Frömmigkeit und Eigensinn. Studien zur Kulturforschung II. Frankfurt/M. 1990, 106–140.

279. F. J. FISCHER, Der Abdecker. Seine Bedeutung als Träger magischer Vorstellungen im Zeitalter des Barock, in: Österr. Zschr. f. Volkskunde 65 (1962), 71–95.

280. J. GERNHUBER, Strafvollzug und Unehrlichkeit, in: ZRG GA 74 (1957), 119–177.

281. J. GLENZDORF/F. TREICHEL, Henker, Schinder und arme Sünder, 2 Bde. Bad Münder 1970.

282. W. HARTUNG, Die Spielleute. Eine Randgrupe der Gesellschaft des Mittelalters. Wiesbaden 1982.

283. W. JACOBEIT, Schafhaltung und Schäfer in Zentraleuropa bis zum Beginn des 20. Jahrhunderts. Berlin 1961.

284. D. KRICKEBERG, Zur sozialen Stellung des deutschen Spielmanns im 17. und 18. Jahrhundert, besonders im Nordwesten, in: W. SAL-

MEN (Hrsg.), Der Sozialstatus des Berufsmusikers vom 17.–19. Jahrhundert. Kassel 1971, 26–42.

285. J. NOWOSADTKO, Die Ehre, die Unehre und das Staatsinteresse. Konzepte und Funktionen von „Unehrlichkeit" im historischen Wandel am Beispiel des Kurfürstentums Bayern, in: Gesch. in Wiss. u. Unterricht 44 (1993), 362–381.

286. J. NOWOSADTKO, Scharfrichter und Abdecker. Der Alltag zweier „unehrlicher Berufe" in der Frühen Neuzeit. Paderborn u. a. 1994.

286a. W. OPPELT, Über die „Unehrlichkeit" des Scharfrichters. Unter bevorzugter Verwendung von Ansbacher Quellen. Lengfeld 1976.

287. G. SCHUBART-FIKENTSCHER, Zur Stellung der Komödianten im 17. und 18. Jahrhundert. SB Sächs. Akad. d. Wiss. zu Leipzig, Phil.-hist. Klasse, Bd. 107, H. 6. Berlin 1963.

288. G. SCHUBART-FIKENTSCHER, Die Unehelichen-Frage in der Frühzeit der Aufklärung. SB Sächs. Akad. d. Wiss. zu Leipzig, Phil.-hist. Klasse, Bd. 112, H. 3. Berlin 1967.

289. H. SCHUHMANN, Der Scharfrichter. Seine Gestalt – seine Funktion. Kempten 1964.

290. K. STUART, Unehrlichkeitskonflikte in Augsburg in der frühen Neuzeit, in: ZHV Schwaben 83 (1990), 113–127.

291. G. VOSS, Henker – Tabugestalt und Sündenbock, in: HERGEMÖLLER [wie Nr. 219], 86–114.

292. G. WILBERTZ, Scharfrichter und Abdecker im Hochstift Osnabrück. Untersuchungen zur Sozialgeschichte zweier „unehrlicher" Berufe im nordwestdeutschen Raum vom 16. bis zum 19. Jahrhundert. Osnabrück 1979.

293. R. WISSELL, Des alten Handwerks Recht und Gewohnheit. Bd. 1, 2. Aufl. Berlin 1971 (145–273 zu Unehrlichkeit).

4.6 Prostituierte

294. I. BLOCH, Die Prostitution. 2 Bde. Berlin 1912/25.

295. A. LÖMKER-SCHLÖGELL, Prostituierte – „umb vermeydung willen merers übels in der cristenhait", in: HERGEMÖLLER [wie Nr. 219], 52–85.

296. B. RATH, Prostitution und spätmittelalterliche Gesellschaft im österreichisch-süddeutschen Raum, in: Frau und spätmittelalterlicher Alltag. Wien 1986, 553–571.

297. L. ROPER, The Holy Household. Women and Morals in Reformation Augsburg. Oxford 1989 (89–131: Prostitution and Moral Order).

298. J. ROSSIAUD, Dame Venus. Prostitution im Mittelalter. München 1989.

299. P. SCHUSTER, Das Frauenhaus. Städtische Bordelle in Deutschland (1350–1600). Paderborn u. a. 1992.

4.7 Juden

300. F. BATTENBERG, Das europäische Zeitalter der Juden. Zur Entwicklung einer Minderheit in der nichtjüdischen Umwelt Europas. 2 Bde. Darmstadt 1990.

301. R. GLANZ, Geschichte des niederen jüdischen Volkes in Deutschland. Eine Studie über historisches Gaunertum, Bettelwesen und Vagantentum. New York 1968.

302. R. P.-C. HSIA, The Myth of Ritual Murder. Jews and Magic in Reformation Germany. New Haven/London 1988.

303. H. REINICKE, Gaunerwirtschaft. Die erstaunlichen Abenteuer hebräischer Spitzbuben in Deutschland. Berlin 1983.

304. R. RIES, Juden – Zwischen Schutz und Verteufelung, in: HERGEMÖLLER [wie Nr. 219], 232–276.

305. S. ROHRBACHER, Räuberbanden, Gaunertum und Bettelwesen, in: J. BOHNKE-KOLLWITZ, (Hrsg.), Köln und das rheinische Judentum. Köln 1984, 117–124.

306. M. J. WENNINGER, Man bedarf keiner Juden mehr. Ursachen und Hintergründe ihrer Vertreibung aus den deutschen Reichsstädten im 15. Jahrhundert. Wien u. a. 1981.

4.8 Zigeuner

307. H. ARNOLD, Die Zigeuner. Herkunft und Leben der Stämme im deutschen Sprachgebiet. Olten–Freiburg i. Br. 1965.

308. H. ARNOLD, Fahrendes Volk. Randgruppen des Zigeunervolkes. Neustadt a. d. Weinstraße 1980.

309. K. BOTT-BODENHAUSEN (Hrsg.), Sinti in der Grafschaft Lippe. Studien zur Geschichte der „Zigeuner" im 18. Jahrhundert. München 1988.

310. R. GRONEMEYER/G. A. RAKELMANN, Zigeuner in Solms im 18. Jahrhundert, in: Hess. Bll. f. Volks- und Kulturforschung 23 (1988), 145–154.

311. A. HÖCK, Recht auch für Zigeuner? Ein Kapitel Minderheitenforschung nach hessischen Archivalien, in: KÖSTLIN/SIEVERS [wie Nr. 264], 77–88.

312. J. S. HOHMANN, Zigeuner und Zigeunerwissenschaft. Marburg/L. 1980.

313. J. S. HOHMANN, Geschichte der Zigeunerverfolgung in Deutschland. Frankfurt–New York 1981.

314. J. S. HOHMANN, Verfolgte ohne Heimat. Geschichte der Zigeuner in Deutschland. Frankfurt/M. u. a. 1990.

315. J. S. HOHMANN, Robert Ritter und die Erben der Kriminalbiologie. „Zigeunerforschung" im Nationalsozialismus und in Westdeutschland im Zeichen des Rassismus. Frankfurt a. M. u. a. 1991.

316. J. S. HOHMANN, Neue deutsche Zigeunerbibliographie. Frankfurt a. M. u. a. 1992.

317. O. VAN KAPPEN, Geschiedenis der Zigeuners in Nederland. De ontwikkeling van de rechtspositie der Heidens of Egyptenaren in de Noordelijke Nederlanden (1420–1750). Assen 1965.

318. H. LEMMERMANN, Zigeuner und Scherenschleifer im Emsland. Sögel 1986.

319. H. MODE/S. WÖLFFLING, Zigeuner. Der Weg eines Volkes in Deutschland. Leipzig 1968.

320. M. RUCH, Zur Wissenschaftsgeschichte der deutschsprachigen „Zigeunerforschung" von den Anfängen bis 1900. Diss. Freiburg i. Br. 1986.

321. R. VOSSEN, Zigeuner. Roma, Sinti, Gitanos, Gypsies zwischen Verfolgung und Romantisierung. Frankfurt a. M. u. a. 1983.

5. Armenpolitik zwischen Fürsorge, Kontrolle und Repression

322. M. ACKELS, Das Trierer städtische Almosenamt im 16. und 17. Jahrhundert. Ein Beitrag zur Analyse sozialer Unterschichten, in: KurtrierJb 24 (1984), 75–103.

323. P. ALBRECHT, Die Übernahme der Prinzipien der Hamburger Armenreform für die Stadt Braunschweig, in: Jb. der Sozialarbeit 4 (1981), 181–203.

324. J. F. BATTENBERG, Obrigkeitliche Sozialpolitik und Gesetzgebung. Einige Gedanken zu mittelrheinischen Bettel- und Almosenordnungen des 16. Jahrhunderts, in: ZHF 18 (1991), 33–70.

325. J. BELKER, Aussätzige – „Tückischer Feind" und „Armer Lazarus", in: HERGEMÖLLER [wie Nr. 219], 200–231.

326. W. BERNOULLI, Von der reformierten Diakonie der Reformationszeit, in: H. KRIMM (Hrsg.), Das diakonische Amt der Kirche. 2. Aufl. Stuttgart 1965, 197–241.

327. M. BESOLD-BACKMUND, Stiftungen und Stiftungswirklichkeit. Studien zur Sozialgeschichte der beiden oberfränkischen Kleinstädte Forchheim und Windsheim. Neustadt a. d. Aisch 1986.

328. M. BISLE, Die öffentliche Armenpflege der Reichsstadt Augsburg mit Berücksichtigung der einschlägigen Verhältnisse in anderen Reichsstädten Süddeutschlands. Ein Beitrag zur christlichen Kulturgeschichte. Paderborn 1904.

329. A. BOLDT, Das Fürsorgewesen der Stadt Braunschweig in Spätmittelalter und Früher Neuzeit. Braunschweig 1988.

330. M. BRANDT, Die Bestrebungen der Hamburgischen Armenanstalt von 1788 zur Erziehung der Armenbevölkerung. Ein Beitrag zur Geschichte der Industrieschule. Hamburg 1937.

331. U. BRÜGMANN, Die öffentliche Armenpflege der Stadt Hannover in den Jahren 1700–1824, in: Hannoversche Geschichtsblätter NF 24 (1970), 89–146.

332. L. CARTER, There should be no beggars among Christians: Karlstadt, Luther and the origins of protestant poor relief, in: Church History 46 (1977), 313–343.

333. C.-P. CLASEN, Armenfürsorge in Augsburg vor dem Dreißigjährigen Kriege, in: ZHV Schwaben 78 (1984), 65–115.

334. K. E. DEMANDT, Die Anfänge der staatlichen Armen- und Elendenfürsorge in Hessen, in: HessJbLG 30 (1980), 176–235.

335. U. DORN, Öffentliche Armenpflege in Köln von 1794–1871. Köln–Wien 1990.

336. H. DREVES, Das Armenwesen der Stadt Goslar. Goslar 1992.

337. H. EICHLER, Zucht- und Arbeitshäuser in den mittleren und östlichen Provinzen Brandenburg-Preußens. Ihr Anteil an der Vorbereitung des Kapitalismus, in: JbWG 1970/I, 127–147.

338. R. ENDRES, Das „Straf-Arbeitshaus" St. Georgen bei Bayreuth, in: Jb. d. Sozialarbeit 4 (1981), 89–105.

339. L. FEUCHTWANGER, Geschichte der sozialen Politik und des Armenwesens im Zeitalter der Reformation, in: Schmollers Jb. f. Gesetzgebung, Verwaltung u. Volkswirtschaft 32 (1908), 167–204, 33 (1909), 191–228 (= I und II).

340. T. FISCHER, Der Beginn frühmoderner Sozialpolitik in deutschen Städten des 16. Jahrhunderts, in: Jb. d. Sozialarbeit 4 (1981), 46–68.

341. U. FREVERT, Krankheit als politisches Problem 1770–1880. Soziale Unterschichten in Preußen zwischen medizinischer Polizei und staatlicher Sozialversicherung. Göttingen 1984.

342. S. FRÖHLICH, Die soziale Sicherung bei Zünften und Gesellenver-
bänden. Darstellung, Analyse, Vergleich. Berlin 1976.

343. B. FUHL, Randgruppenpolitik des Schwäbischen Kreises im
18. Jahrhundert: Das Zucht- und Arbeitshaus zu Buchloe, in: ZHV
Schwaben 81 (1988), 63–115.

344. G. FUMASOLI, Ursprünge und Anfänge der Schellenwerke. Ein
Beitrag zur Frühgeschichte des Zuchthauswesens. Zürich 1981.

345. H. J. GRIMM, Luther's Contribution to Sixteenth-Century Organisation of Poor-Relief, in: ARG 61 (1970), 222–234.

346. A. HANSCHMIDT, Zur Armenpolitik der Stadt Münster im ausge-
henden 16. Jahrhundert, in: H. JÄGER u. a. (Hrsg.), Civitatum
Communitas. Studien zum europäischen Städtewesen. FS für
Heinz Stoob zum 65. Geburtstag. Köln–Wien 1984, 655–682.

347. W. HARTUNG, Armut und Fürsorge: eine Herausforderung der
Stadtgesellschaft im Übergang vom Spätmittelalter zur Frühen
Neuzeit, in: J. JAHN/W. HARTUNG/I. EBERL (Hrsg.), Oberdeutsche
Städte im Vergleich. Mittelalter und Frühe Neuzeit. Sigmaringen
1989, 158–181.

348. K. E. HAUSMANN, Die Armenpflege in der Helvetik. Basel–Stuttgart 1969.

349. G. HEISS, Erziehung der Waisen zur Manufakturarbeit. Pädagogi-
sche Zielvorstellungen und ökonomische Interessen der maria-
theresianischen Verwaltung, in: MIÖG 85 (1977), 316–331.

350. U. HERRMANN, Armut – Armenversorgung – Armenerziehung an
der Wende zum 18. Jahrhundert, in: DERS., Aufklärung und Erziehung. Weinheim 1993, 157–179.

351. I. HUBERTI, Das Armenwesen der Stadt Trier vom Ausgang der
kurfürstlichen Zeit bis zum Ende der französischen Herrschaft
(1768–1814). Berlin 1935.

352. D. JETTER, Grundzüge der Geschichte des Irrenhauses. Darmstadt
1981.

353. D. JETTER, Das europäische Hospital von der Spätantike bis 1800.
Köln 1986.

354. H. JONELI, Arbeitslosenfürsorge im alten Basel, in: BaslerZ 6
(1907), 180–283.

355. R. JÜTTE, Andreas Hyperius (1511–1564) und das frühneuzeitliche Armenwesen, in: ARG 75 (1984), 113–138.

356. R. JÜTTE, Obrigkeitliche Armenfürsorge in deutschen Reichsstädten der frühen Neuzeit. Städtisches Armenwesen in Frankfurt am
Main und Köln. Köln–Wien 1984.

357. R. Jütte, Disziplinierungsmechanismen in der städtischen Armenfürsorge der Frühneuzeit, in: Sachsse/Tennstedt [wie Nr. 46], 101–118.

358. R. Jütte, „Die Küche der Armen" in der Frühen Neuzeit am Beispiel von Armenspeisungen in deutschen und westeuropäischen Städten, in: JbIdtG 16 (1987), 24–47.

359. H. Kallert, Waisenhaus und Arbeitserziehung im 17. und 18. Jahrhundert. Diss. Frankfurt/M. 1964.

360. F. Kaspar/B. Krug/J. Belker, Zum funktionalen Wandel karitativer Einrichtungen. Interdisziplinäre Studien zum Leprosorium in Münster-Kinderhaus, in: N.-A. Bringéus u. a. (Hrsg.), Wandel der Volkskultur in Europa. Münster 1988, Bd. II, 669–695.

361. R. M. Kingdon, Social Welfare in Calvin's Geneva, in: American Hist. Rev. 76 (1971), 50–69.

362. U. Knefelkamp, Das Heilig-Geist-Spital in Nürnberg vom 14.–17. Jahrhundert. Geschichte, Struktur, Alltag. Nürnberg 1989.

363. C. Koch, Wandlungen der Wohlfahrtspflege im Zeitalter der Aufklärung. Diss. Erlangen 1933.

364. P. Kolb, Die Juliusspital-Stiftung zu Rothenfels. Würzburg 1985.

365. B. Krug-Richter, Zwischen Fasten und Festmahl. Hospitalverpflegung in Münster 1540–1650. Münster 1994.

366. F. P. Lane, Poverty and Poor Relief in the German Church Orders of Johann Bugenhagen, 1485–1558. Ph. D. Thesis Ohio State Univ. 1973.

367. C. Lindberg, There Schould Be No Beggars Among Christians: Karlstadt, Luther and the Origins of Protestant Poor Relief, in: Church History 46 (1977), 313–334.

368. M. Lindemann, Patriots and Paupers. Hamburg 1730–1812. New York–Oxford 1990.

369. C. Marzahn, Das Zucht- und Arbeitshaus. Die Kerninstitution frühbürgerlicher Sozialpolitik, in: C. Marzahn/H.-G. Ritz (Hrsg.), Zähmen und Bewahren. Die Anfänge bürgerlicher Sozialpolitik. Bielefeld 1984, 7–68.

370. M. Mayer, Hilfsbedürftige und Delinquenten. Die Anstaltsinsassen der Stadt St. Gallen 1750–1798. St. Gallen 1987.

371. E. Mc Kee, John Calvin on the Diaconate and Liturgical Almsgiving. Genf 1984.

371a. M. Meumann, Findelkinder, Waisenhäuser, Kindsmord. Unversorgte Kinder in der frühneuzeitlichen Gesellschaft. München 1995.

372. A. MISCHLEWSKI, Alltag im Spital zu Beginn des 16. Jahrhunderts, in: A. KOHLER-H. LUTZ (Hrsg.), Alltag im 16. Jahrhundert. Studien zu Lebensformen in mitteleuropäischen Städten. Wien 1987, 152–173.

373. W. MORITZ, Die bürgerlichen Fürsorgeanstalten der Reichsstadt Frankfurt am Main im späten Mittelalter. Frankfurt/M. 1981.

374. S. OEHMIG, Der Wittenberger Gemeine Kasten in den ersten zweieinhalb Jahrzehnten seines Bestehens (1522/23 bis 1547), in: JbGFeud 12 (1988), 229–269 und 13 (1989), 133–179.

375. J. H. PETER, Die Probleme der Armut in den Lehren der Kameralisten. Berlin 1934.

376. F. PISCHL, Die ersten Armenordnungen der Reformationszeit, in: Deutsche Geschichtsblätter 17 (1916), 317–330.

377. H. POHL (Hrsg.), Staatliche, städtische, betriebliche und kirchliche Sozialpolitik vom Mittelalter bis zur Gegenwart (VSWG, Beih. 95). Stuttgart 1991.

378. B. PULLAN, Catholics and the Poor in Early Modern Europe, in: Transactions of the Royal Historical Society, 5th ser., 26 (1976), 15–34.

379. S. REICKE, Das deutsche Spital und sein Recht im Mittelalter, 2 Bde. Stuttgart 1932.

380. R. REITER, Städtische Armenfürsorge im Übergang vom 18. zum 19. Jahrhundert. Sozial-, wirtschafts- und verwaltungsgeschichtliche Untersuchungen zur Sozialpolitik der Stadt Ravensburg und ihrer Einrichtungen 1755–1845. Konstanz 1989.

381. E. L. RICE, The Influence of the Reformation on Nuremberg's Provision for Social Welfare, 1521–1528. Ph. D. Diss. Ohio State Univ. 1974.

382. F. RÖSCH, Die Mainzer Armenreform vom Jahre 1786. Berlin 1929.

383. W. RÜGER, Mittelalterliches Almosenwesen. Die Almosenordnungen der Reichsstadt Nürnberg. Nürnberg 1932.

384. W. SACHSE, Über Armenfürsorge und Arme in Göttingen im 18. und frühen 19. Jahrhundert. Eine Skizze, in: Theorie und Empirie in Wirtschaftspolitik und Wirtschaftsgeschichte. FS für Wilhelm Abel. Göttingen 1984, 217–242.

385. H. O. SCHEMBS, Der Allgemeine Almosenkasten in Frankfurt am Main 1531–1981. Frankfurt a. M. 1981.

386. K. O. SCHERNER, Das Recht der Armen und Bettler im Ancien Régime, in: ZRG gA 96 (1979), 55–99.

387. K. O. SCHERNER, Arme und Bettler in der Rechtstheorie des 17. Jahrhunderts. Der „Tractatus de mendicantibus validis" des Ahasver Fritsch, in: ZNR 10 (1988), 129–150.

388. H. SCHERPNER, Die Kinderfürsorge in der Hamburgischen Armenreform vom Jahre 1788. Berlin 1927.

389. H. SCHERPNER, Theorie der Fürsorge. Göttingen 1962.

390. H. SCHERPNER, Geschichte der Jugendfürsorge. Göttingen 1966.

391. H. SCHERPNER, Studien zur Geschichte der Fürsorge. Frankfurt a. M. 1984.

392. H. SCHLUE, Die Geschichte des Bonner Zuchthauses und des Bonner Arbeitshauses. Diss. Bonn 1957.

393. M. SCHMITZ, Die Armenpflege in Koblenz unter dem letzten Kurfürsten Clemens-Wenzeslaus und ihre Fortsetzung auf der rechten Rheinseite unter dem Fürsten Friedrich-Wilhelm von Nassau-Weilburg 1768–1815. Berlin 1938.

394. C. SCHOTT, Armenfürsorge, Bettelwesen und Vagantenbekämpfung in der Reichsabtei Salem. Bühl 1978.

395. N. SMIAR, Poor Law and Outdoor Poor Relief in Zürich, 1520–1529: A Case Study in Social Welfare History and Social Welfare Policy Implementation. Ph. D. Diss Univ. of Illinois at Chicago 1986.

396. M. SOTHMANN, Das Armen-, Zucht- und Werkhaus in Nürnberg bis 1806. Nürnberg 1970.

397. H. STEKL, Österreichs Zucht- und Arbeitshäuser 1671–1920. Institutionen zwischen Fürsorge und Strafvollzug. München-Wien 1978.

398. H. STEKL, Soziale Sicherung und soziale Kontrolle. Zur österreichischen Armengesetzgebung des 18. und 19. Jahrhunderts, in: Bericht über den 14. österreichischen Historikertag. Wien 1979, 136–156.

399. H. STEKL, „Labore et fame". Sozialdisziplinierung in Zucht- und Arbeitshäusern des 17. und 18. Jahrhunderts, in: SACHSSE/TENNSTEDT [wie Nr. 46], 119–147.

400. B. STIER, Fürsorge und Disziplinierung im Zeitalter des Absolutismus. Das Pforzheimer Zucht- und Waisenhaus und die badische Sozialpolitik im 18. Jahrhundert. Sigmaringen 1988.

401. R. STUPPERICH, Das Problem der Armenfürsorge bei Juan Luis Vives, in: A. BUCK (Hrsg.), Juan Luis Vives. Hamburg 1981, 49–62.

402. W. TRAPHAGEN, Die ersten Arbeitshäuser und ihre sozialpädagogische Funktion. Berlin 1935.

403. K. ULSHÖFER, Menschen im Spital. Eine Analyse des Haller Hospitalkirchenbuches 1703–1752, in: ZWLG 41 (1982), 104–130.

404. H. VALENTINITSCH, Anfänge des modernen Strafvollzugs in Österreich und die Gründung des Grazer Zucht- und Arbeitshauses, in: Reformen des Rechts. Graz 1979, 147–169.

405. D. WEBER, Zucht- und Arbeitshäuser am Niederrhein im 18. Jahrhundert, in: Düsseldorfer Jb. 60 (1986), 78–96.

406. H. V. WEBER, Die Entwicklung des Zuchthauswesens in Deutschland im 17. und 18. Jahrhundert, in: Abhandll. z. Rechts- und Wirtschaftsgesch. FS Adolf Zycha zum 70. Geburtstag. Weimar 1941, 427–468.

407. A. WENDEHORST; Das Juliusspital in Würzburg. Bd. 1: Kulturgeschichte. Würzburg 1976.

408. O. WINCKELMANN, Über die ältesten Armenordnungen der Reformationszeit (1522–1525), in: Hist. Vierteljahrsschr. 17 (1914), 187–228, 361–400.

409. O. WINCKELMANN, Das Fürsorgewesen der Stadt Straßburg vor und nach der Reformation bis zum Ausgang des sechzehnten Jahrhunderts. Ein Beitrag zur deutschen Kultur- und Wirtschaftsgeschichte. 2 Bde. Leipzig 1922.

410. J. H. WOLF, (Hrsg.), Aussatz – Lepra – Hansenkrankheit. Ein Menschheitsproblem im Wandel. Teil 2. Würzburg 1986.

411. W. WOLF, Zur Geschichte des Armen- und Arbeitshauses in Potsdam 1774–1800. Postdam 1963.

412. W. J. WRIGHT, Capitalism, the State, and the Lutheran Reformation: Sixteenth-Century Hesse. Athens 1988.

413. B. ZELLER, Das Heilig-Geist-Spital zu Lindau im Bodensee von seinen Anfängen bis zum Ausgang des 16. Jahrhunderts. Lindau 1952.

414. B. ZELLER, Die schwäbischen Spitäler, in: Zschr. f. württ. Landesgesch. 13 (1954), 71–89.

6. Armut, Unterschichten, Randgruppen in Kunst und Literatur

415. P. ASSION, Matthias Hütlin und sein Gaunerbüchlein, der „Liber vagatorum", in: AlemJb 1971/72, 74–92.

416. J. BOLTE, Fahrende Leute in der Literatur des 15. und 16. Jahrhunderts, in: SB Preuß. Akad. d. Wiss., Phil.-hist. Klasse 31 (1928), 625–655.

417. G. BURDE-SCHNEIDEWIND, Historische Volkssagen zwischen Elbe und Niederrhein. 2. Aufl. Berlin 1973.
418. G. BURDE-SCHNEIDEWIND, Historische Volkssagen aus dem 13. bis 19. Jahrhundert. Berlin 1977.
419. G. GRIEPENTROG, Historische Volkssagen aus dem 13.–19. Jahrhundert. Berlin 1975.
420. R. JÜTTE, Vagantentum und Bettlerwesen bei Hans Jakob Christoffel von Grimmelshausen, in: Daphnis 9 (1980), 109–131.
421. E. MOSER-RATH, „Lustige Gesellschaft". Schwank und Witz des 17. und 18. Jahrhunderts in kultur- und sozialgeschichtlichem Kontext. Stuttgart 1984.
422. E. MOSER-RATH, Dem Kirchenvolk die Leviten gelesen. Alltag im Spiegel süddeutscher Barockpredigten. Stuttgart 1991.
423. S. D. MULLER, Charity in the Dutch Republic. Pictures of Rich and Poor for Charitables Institutions. Ann Arbor/Mich. 1985.
424. L. K. REINOLD, The Representation of the Beggar as Rogue in Dutch Seventeenth-Century Art. Ph.D. thesis. Univ. of California 1981.
425. L. RÖHRICH, Märchen und Wirklichkeit. 2. Aufl. Wiesbaden 1955.
426. E. SCHUBERT, Randgruppen in der Schwankliteratur des 16. Jahrhunderts, in: KIRCHGÄSSNER/REUTER [wie Nr. 223], 129–160.
427. K. D. SIEVERS, Leben in Armut. Zeugnisse der Armutskultur aus Lübeck und Schleswig-Holstein vom Mittelalter bis zum 20. Jahrhundert. Heide 1991.
428. M. SPENLE, Die Bettlerdarstellung im elsässischen Volksschauspiel im XVI. und XVII. Jahrhundert. Phil. Diss. Straßburg 1916.
429. W. STEINITZ, Deutsche Volkslieder demokratischen Charakters aus sechs Jahrhunderten, Bd. 1. Berlin 1955.
430. E. SUDECK, Bettlerdarstellungen vom Ende des XV. Jahrhunderts bis zu Rembrandt. Straßburg 1931.
431. L. P. WANDEL, Allways among us. Images of the poor in Zwingli's Zurich. Cambridge 1990.
432. W. WOELLER, Der soziale Gehalt und die soziale Funktion der deutschen Volksmärchen. Teil I in: Wiss. Zschr. d. Humboldt-Univ. zu Berlin, gesellschafts- und sprachwiss. Reihe X (1961), 395–456; Teil II in: Ebd. XI (1962), 281–307.
433. R. WOSSIDLOS/G. SCHNEIDEWIND, Herr und Knecht. Antifeudale Sagen aus Mecklenburg, Berlin-O. 1960.

7. Nachtrag 2013

Die Bibliographie beschränkt sich auf Monographien und Aufsatz-Sammelbände. Sie folgt der Gliederung der vorangehenden Literaturauswahl. Die (oft schwierige) Zuordnung der einzelnen Titel zu den verschiedenen Sachthemen in Teil B wird durch Kurzangabe am Anfang jeder Nummer kenntlich gemacht (z. B. [3.7] = Militär usw.).

A. Quellen und Bibliographien

434. H. BOEHNCKE/H. SARKOWICZ, Im wilden Südwesten. Die Räuberbanden zwischen Neckar und Bodensee. Frankfurt a. M. 1995. [Zu den zahlreichen weiteren Publikationen der beiden Autoren vgl. 493: FRITZ, 30, 909].

435. H. BRÄUER/E. SCHLENKRICH (Bearb.), Armut und Armutsbekämpfung. Schriftliche und bildliche Quellen bis um 1800 aus Chemnitz, Dresden, Freiberg, Leipzig und Zwickau. Ein sachthematisches Inventar, 2 Halbbde., CD-ROM. Leipzig 2002.

436. A. HOF, Der soziale Ort der Gesundheit. Topographische Bibliographie zur Sozialgeschichte des Fürsorge-, Hospital-, Medizinal- und Wohlfahrtswesens. Regensburg 2000.

437. K. KELLER u. a. (Hrsg.), Stadt, Handwerk, Armut. Eine kommentierte Quellensammlung zur Geschichte der Frühen Neuzeit. Leipzig 2008.

438. REPERTORIUM der Policeyordnungen der Frühen Neuzeit (Studien zur europäischen Rechtsgeschichte), bis 2010 10 Bände. Frankfurt a. M. 1996/2010.

439. M. SCHEUTZ u. a. (Hrsg.), Quellen zur europäischen Spitalgeschichte in Mittelalter und Früher Neuzeit. Wien 2010.

440. T. STROHM/M. KLEIN (Hrsg.), Die Entstehung einer sozialen Ordnung Europas, Bd. 1: Historische Studien und exemplarische Beiträge zur Sozialreform im 16. Jahrhundert; Bd. 2: Europäische Ordnungen zur Reform der Armenpflege im 16. Jahrhundert. Heidelberg 2004.

441. W. WÜST (Hrsg.), Die „gute" Policey im Reichskreis. Zur frühmodernen Normensetzung in den Kernregionen des Alten Reiches, Bd. 1–4. Berlin 2001/2008; Bd. 5. Erlangen 2011 [die Bände betreffen Schwäbischen und Fränkischen Reichskreis (1 und 2), Bayerischen Reichskreis und Oberpfalz (3), „die lokale Policey" (4), die Markgraftümer Ansbach und Kulmbach-Bayreuth (5)].

B. Literatur

442. [1.] E. BRUCKMÜLLER (Hrsg.), Armut und Reichtum in der Geschichte Österreichs. Wien u. a. 2010.

443. [1.] L. FROHMAN, Poor Relief and Welfare in Germany from the Reformation to World War I. Cambridge u. a. 2008.

444. [1.] A. GESTRICH/L. RAPHAEL (Hrsg.), Inklusion/Exklusion. Studien zu Fremdheit und Armut von der Antike bis zur Gegenwart. Frankfurt a. M. u. a. 2004, 2. Aufl. 2008.

445. [1.] O. P. GRELL/A. CUNNINGHAM (Hrsg.), Health Care and Poor Relief in Protestant Europe, 1500–1700. London u. a. 1997.

446. [1.] S. HAHN (Hrsg.), Armut in Europa 1500–2000. Innsbruck 2010.

447. [1.] A. HOLENSTEIN u. a. (Hrsg.), Reichtum und Armut in den schweizerischen Republiken des 18. Jahrhunderts. Genf 2010.

448. [1.] R. JÜTTE, Arme, Bettler, Beutelschneider. Eine Sozialgeschichte der Armut in der Frühen Neuzeit. Weimar 2000.

449. [1.] K. KRIMM u. a. (Hrsg.), Armut und Fürsorge in der Frühen Neuzeit. Ostfildern 2011 [Schwerpunkt Südwestdeutschland].

450. [1.] C. KÜHBERGER/C. SEDMAK (Hrsg.), Aktuelle Tendenzen der historischen Armutsforschung. Wien 2005.

451. [1.] O. G. OEXLE (Hrsg.), Armut im Mittelalter. Ostfildern 2004 [wichtige Beiträge zum Spätmittelalter S. 165 ff., zur Armutsikonographie S. 9 ff.].

452. [1.] O. PELC/J. H. IBS (Hrsg), Arme, Kranke, Außenseiter. Soziale Randgruppen in Schleswig-Holstein seit dem Mittelalter. Neumünster 2005.

453. [1.] L. RAPHAEL/H. UERLINGS (Hrsg.), Zwischen Ausschluss und Solidarität. Modi der Inklusion/Exklusion von Fremden und Armen in Europa seit der Spätantike. Frankfurt a. M. u. a. 2008.

454. [1.] M. RHEINHEIMER, Arme, Bettler und Vaganten. Überleben in der Not 1450–1850. Frankfurt a. M. 2000.

455. [1.] C. SACHSSE/F. TENNSTEDT, Geschichte der Armenfürsorge in Deutschland, Bd. 1: Vom Spätmittelalter bis zum Ersten Weltkrieg, 2., verb. und erw. Aufl. Stuttgart u. a. 1998.

456. [1.] S. SCHMIDT (Hrsg.), Arme und ihre Lebensperspektiven in der Frühen Neuzeit. Frankfurt a. M. u. a. 2008.

457. [2.] C. JÖRG, „Teure, Hunger, Großes Sterben". Hungersnöte und Versorgungskrisen in den Städten des Reiches während des 15. Jahrhunderts. Stuttgart 2008.

458. [3.1] H. BRÄUER (Hrsg.), Arme – ohne Chance? Kommunale Armut und Armutsbekämpfung vom Spätmittelalter bis zur Gegenwart. Leipzig 2004.

459. [3.1] H. BRÄUER, Zur Mentalität armer Leute in Obersachsen 1500 bis 1800. Essays. Leipzig 2008.

460. [3.1] R. VON FRIEDEBURG, Lebenswelt und Kultur der unterständischen Schichten in der Frühen Neuzeit. München 2002 [EDG 62].

461. [3.1] S. SIMON, Die Tagelöhner und ihr Recht im 18. Jahrhundert. Berlin 1995.

462. [3.2] G. AMMERER u. a. (Hrsg.), Armut auf dem Lande. Mitteleuropa vom Spätmittelalter bis zur Mitte des 19. Jahrhunderts. Wien u. a. 2010.

463. [3.3] A. KINZELBACH, Gesundbleiben, Krankwerden, Armsein in der frühneuzeitlichen Gesellschaft. Gesunde und Kranke in den Reichsstädten Überlingen und Ulm 1500–1700. Stuttgart 1995.

464. [3.3] K. SIMON-MUSCHEID, Die Dinge im Schnittpunkt sozialer Beziehungsnetze. Reden und Objekte im Alltag (Oberrhein, 14. bis 16. Jahrhundert). Göttingen 2004.

465. [3.5] R. DÜRR, Mägde in der Stadt. Das Beispiel Schwäbisch Hall in der Frühen Neuzeit. Frankfurt a. M./New York 1995.

466. [3.7] J. W. HUNTEBRINKER, „Fromme Knechte" und „Garteteufel". Söldner als soziale Gruppe im 16. und 17. Jahrhundert. Konstanz 2010.

467. [3.7] S. KROLL, Soldaten im 18. Jahrhundert zwischen Friedensalltag und Kriegserfahrung. Lebenswelten und Kultur in der kursächsischen Armee 1728–1796. Paderborn u. a. 2006.

468. [3.7] M. LORENZ, Das Rad der Gewalt. Militär und Zivilbevölkerung in Norddeutschland nach dem Dreißigjährigen Krieg (1650–1700). Köln u. a. 2007.

469. [3.7] J. NOWOSADTKO, Stehendes Heer im Ständestaat. Das Zusammenleben von Militär- und Zivilbevölkerung im Fürstbistum Münster 1650–1803. Paderborn u. a. 2011.

470. [4.1] O. BORST (Hrsg.), Minderheiten in der Geschichte Südwestdeutschlands. Tübingen 1996.

471. [4.1] U. HERGEMÖLLER (Hrsg.), Randgruppen der spätmittelalterlichen Gesellschaft, neubearbeitete Ausgabe. Warendorf 2001 [gegenüber der Erstausgabe von 1990 – vgl. [219] – erheblich erweitert].

472. [4.2] G. AMMERER u. a. (Hrsg.), Gefängnis und Gesellschaft. Zur (Vor-)Geschichte der strafenden Einsperrung. Leipzig 2003.

473. [4.2] A. BLAUERT/G. SCHWERHOFF (Hrsg.), Kriminalitätsgeschichte. Beiträge zur Sozial- und Kulturgeschichte der Vormoderne. Konstanz 2000.

474. [4.2] A. BLAUERT/E. WIEBEL, Gauner- und Diebslisten. Registrieren, Identifizieren und Fahnden im 18. Jahrhundert. Frankfurt a. M. 2001.

475. [4.2] F. BRETSCHNEIDER, Gefangene Gesellschaft. Eine Geschichte der Einsperrung in Sachsen im 18. und 19. Jahrhundert. Konstanz 2008.

476. [4.2] J. EIBACH, Frankfurter Verhöre. Städtische Lebenswelten und Kriminalität im 18. Jahrhundert. Paderborn 2003.

477. [4.2] U. FLECK, „Diebe" – „Räuber" – „Mörder". Studien zur kollektiven Delinquenz rheinischer Räuberbanden an der Wende vom 18. zum 19. Jahrhundert. Diss. phil. Trier 2003 [Text im Internet abrufbar].

478. [4.2] K. HÄRTER: Policey und Strafjustiz in Kurmainz, 2 Bde. Frankfurt a. M. 2005 [S. 930–1122 betr. Armenpolitik und mobile Randgruppen, Vagantenverfolgung und Sicherheitspolizei].

479. [4.2] U. RUBLACK, Magd, Metz' oder Mörderin. Frauen vor frühneuzeitlichen Gerichten. Frankfurt 1998.

480. [4.2] M. SCHEUTZ, Alltag und Kriminalität. Disziplinierungsversuche im steirisch-österreichischen Grenzgebiet im 18. Jahrhundert. Wien u. a. 2001.

481. [4.2] S. SCHMITT/M. MATHEUS (Hrsg.), Kriminalität und Gesellschaft in Spätmittelalter und Neuzeit. Stuttgart 2005.

482. [4.2] E. SCHUBERT, Räuber, Henker, arme Sünder. Verbrechen und Strafe im Mittelalter. Darmstadt 2007.

483. [4.2] G. SCHWERHOFF, Historische Kriminalitätsforschung. Frankfurt a. M. 2011.

484. [4.2] O. ULBRICHT (Hrsg.), Von Huren und Rabenmüttern. Weibliche Kriminalität in der Frühen Neuzeit. Köln u. a. 1995.

485. [4.3] B. ALTHAMMER (Hrsg.), Bettler in der europäischen Stadt der Moderne. Zwischen Barmherzigkeit, Repression und Sozialreform. Frankfurt a. M. u. a. 2007.

486. [4.3] G. AMMERER, Heimat Straße. Vaganten im Österreich des Ancien Régime. Wien/München 2003.

487. [4.3] H. BRÄUER, „... und hat seithero gebetlet". Bettler und Bettelwesen in Wien und Niederösterreich zur Zeit Kaiser Leopolds I. Wien 1996.

488. [4.3] T. D. MEIER/R. WOLFENSBERGER, „Eine Heimat und doch keine". Heimatlose und Nicht-Sesshafte in der Schweiz (16.–19. Jahrhundert). Zürich 1998.

489. [4.3] M. SCHEUTZ, Ausgesperrt und gejagt, geduldet und versteckt. Bettlervisitationen im Niederösterreich des 18. Jahrhunderts. St. Pölten 2003.

490. [4.3] E. SCHUBERT, Fahrendes Volk im Mittelalter. Bielefeld 1995.

491. [4.3] W. SEIDENSPINNER, Mythos Gegengesellschaft. Erkundungen in der Subkultur der Jauner. Münster u. a. 1998.

492. [4.4] U. DANKER, Die Geschichte der Räuber und Gauner. Düsseldorf u. a. 2001.

493. [4.4] G. FRITZ, „Eine Rotte von allerhandt rauberischem Gesindt". Öffentliche Sicherheit in Südwestdeutschland vom Ende des Dreißigjährigen Krieges bis zum Ende des Alten Reiches. Ostfildern 2004.

494. [4.4] G. FRITZ, Quellen und Materialien zur öffentlichen Sicherheit in Südwestdeutschland, vornehmlich in Württemberg, vom Ende des Dreißigjährigen Krieges bis zum Ende des Alten Reiches. Remshalden 2005 [Grundlagenmaterial zu Nr. 493].

495. [4.4] H. SIEBENMORGEN (Hrsg.), Schurke oder Held? Historische Räuber und Räuberbanden. Sigmaringen 1995.

496. [4.4] M. SPICKER-BECK, Räuber, Mordbrenner, umschweifendes Gesind. Zur Kriminalität im 16. Jahrhundert. Freiburg i. Br. 1995.

497. [4.5] P. PECHAČEK, Scharfrichter und Wasenmeister in der Landgrafschaft Hessen-Kassel in der Frühen Neuzeit. Frankfurt a. M. 2003.

498. [4.5] W. SCHEFFKNECHT, Scharfrichter. Eine Randgruppe im frühneuzeitlichen Vorarlberg. Konstanz 1995.

499. [4.5] K. STUART, Unehrliche Berufe. Status und Stigma in der Frühen Neuzeit am Beispiel Augsburgs. Augsburg 2008 (englische Originalausgabe Cambridge u. a. 1999).

500. [4.5] R. VAN DÜLMEN, Der ehrlose Mensch. Unehrlichkeit und soziale Ausgrenzung in der Frühen Neuzeit. Köln u. a. 1999.

501. [4.6] S. KIENITZ, Sexualität, Macht und Moral. Prostitution und Geschlechterbeziehungen Anfang des 19. Jahrhunderts in Württemberg. Ein Beitrag zur Mentalitätsgeschichte. Berlin 1995.

502. [4.6] B. SCHUSTER, Die freien Frauen. Dirnen und Frauenhäuser im 15. und 16. Jahrhundert. Frankfurt a. M. 1995.

503. [4.7] J. F. BATTENBERG, Die Juden in Deutschland vom 16. bis zum Ende des 18. Jahrhunderts [EDG 60]. München 2001 [bes. 45 ff., 112 ff.].

504. [4.7] M. Breuer/M. Graetz, Deutsch-jüdische Geschichte in der Neuzeit, Bd. I: Tradition und Aufklärung 1600–1780. München 1996.

505. [4.8] K.-M. Bogdal, Europa erfindet die Zigeuner. Eine Geschichte von Faszination und Verachtung. Berlin 2011.

506. [4.8] T. Fricke, Zigeuner im Absolutismus. Bilanz einer einseitigen Überlieferung. Eine sozialgeschichtliche Untersuchung anhand südwestdeutscher Quellen. Pfaffenweiler 1996.

507. [4.8] V. Kallenberg, Von „liederlichen Land-Läuffern" zum „asiatischen Volk". Die Repräsentation der „Zigeuner" in deutschsprachigen Lexika und Enzyklopädien zwischen 1700 und 1850. Eine wissensgeschichtliche Untersuchung. Frankfurt a. M. u. a. 2010.

508. [4.8] L. Lucassen, Zigeuner. Die Geschichte eines polizeilichen Ordnungsbegriffes in Deutschland 1700–1945. Köln u. a. 1996.

509. [4.8] U. F. Opfermann, „Seye kein Ziegeuner, sondern kayserlicher Cornet". Sinti im 17. und 18. Jahrhundert. Eine Untersuchung anhand archivalischer Quellen. Berlin 2007.

510. [4.8] W. Solms, Zigeunerbilder. Ein dunkles Kapitel der deutschen Literaturgeschichte. Von der frühen Neuzeit bis zur Romantik. Würzburg 2008.

511. [5.] H. Aderbauer: Das Tübinger Spital und der Wandel seiner sozialen Funktion in der Frühen Neuzeit. Vom Pfründnerheim zur Armen- und Arbeitsanstalt. Tübingen 1997.

512. [5.] G. Ammerer u. a. (Hrsg.) Gefängnis und Gesellschaft: Zur (Vor-)Geschichte der strafenden Einsperrung. Leipzig 2003.

513. [5.] G. Ammerer/A. S. Weiss (Hrsg.), Strafe, Disziplin und Besserung. Österreichische Zucht- und Arbeitshäuser von 1750 bis 1850. Frankfurt a. M. u. a. 2006.

514. [5.] G. Ammerer u. a. (Hrsg.), Orte der Verwahrung. Die innere Organisation von Gefängnissen, Hospitälern und Klöstern seit dem Spätmittelalter. Leipzig 2010.

515. [5.] T. Barth, Alltag in einem Waisenhaus der Frühen Neuzeit. Das protestantische Waisenhaus von Regensburg im 17. und 18. Jahrhundert. Regensburg 2002.

516. [5.] S. Begon, De iure hospitalium. Das Recht des deutschen Spitals im 17. Jahrhundert unter Berücksichtigung der Abhandlungen von Ahasver Fritsch und Wolfgang Adam Lauterbach. Marburg/ L. 2002.

517. [5.] H. O. Brans, Hospitäler, Siechen- und Krankenhäuser im früheren Regierungsbezirk Aachen von den Anfängen bis 1971.

Hospitäler und Siechenhäuser bis zum Ende des 18. Jahrhunderts. Herzogenrath 1995.

518. [5.] H. BRÄUER, Der Leipziger Rat und die Bettler. Quellen und Analysen zu Bettlern und Bettelwesen in der Messestadt bis ins 18. Jahrhundert. Leipzig 1997.

518a.[5.] H. BRÄUER, Kinderbettel und Bettelkinder Mitteleuropas zwischen 1500 und 1800. Beobachtungen, Thesen, Anregungen, Leipzig 2010.

519. [5.] H. BRÄUER/E. SCHLENKRICH (Hrsg.), Die Stadt als Kommunikationsraum. Beiträge zur Stadtgeschichte vom Mittelalter bis ins 20. Jahrhundert [Festschrift für Karl Czok zum 75. Geburtstag; zur Armutsthematik, 57–100, 515–533, 659–697]. Leipzig 2001.

520. [5.] N. BULST/K.-H. SPIESS (Hrsg.), Sozialgeschichte mittelalterlicher Hospitäler. Ostfildern 2007.

521. [5.] A. DIRMEIER (Hrsg.), Organisierte Barmherzigkeit. Armenpflege und Hospitalwesen in Mittelalter und Früher Neuzeit. Regensburg 2010.

522. [5.] G. DROSSBACH (Hrsg.), Hospitäler in Mittelalter und Früher Neuzeit. Frankreich, Deutschland und Italien. Eine vergleichende Geschichte. München 2007.

523. [5.] U. EISENBACH, Zuchthäuser, Armenanstalten und Waisenhäuser in Nassau. Fürsorgewesen und Arbeitserziehung vom 17. bis zum Beginn des 19. Jahrhunderts. Wiesbaden 1994.

524. [5.] T. FEHLER, Poor Relief and Protestantism. The Evolution of Social Welfare in Sixteenth-Century Emden. London 1999.

525. [5.] N. FINZSCH/R. JÜTTE, (Hrsg.), Institutions of Confinement. Hospitals, Asylums, and Prisons in Western Europe and North America, 1500–1950. Cambridge 1996.

526. [5.] E. FLÜCKIGER STREBEL, Zwischen Wohlfahrt und Staatsökonomie. Armenfürsorge auf der bernischen Landschaft im 18. Jahrhundert. Zürich 2002.

527. [5.] A. FRIEDRICH u. a. (Hrsg.), Das Hospital am Beginn der Neuzeit. Soziale Reform in Hessen im Spiegel europäischer Kulturgeschichte. Zum 500. Geburtstag Landgraf Philipps des Großmütigen. Petersberg 2004.

528. [5.] G. GERBER-VISSER, „dan mein muter wolt nicht muter sein, und der vatter nicht vatter". Findelkinder in Bern im 18. Jahrhundert. Bern 2005.

529. [5.] H.-J. GILOMEN u. a. (Hrsg.), Von der Barmherzigkeit zur Sozialversicherung. Umbrüche und Kontinuitäten vom Spätmittelalter bis zum 20. Jahrhundert. Zürich 2002.

530. [5.] J. F. HARRINGTON, The Unwanted Child. The Fate of Found-
lings, Orphans, and Juvenile Criminals in Early Modern Germany. Chicago/London 2009.

531. [5.] F. HATJE, „Gott zu Ehren, der Armut zum Besten". Hospital
zum Heiligen Geist und Marien-Magdalenen-Kloster in der Geschichte Hamburgs vom Mittelalter bis in die Gegenwart. Hamburg 2002.

532. [5.] C. HUDEMANN-SIMON, L'État et les pauvres. L'assistance et la
lutte contre la mendicité dans les quatre départements rhénans,
1794–1814. Sigmaringen 1997.

533. [5.] D. HÜCHTKER, „Elende Mütter" und „liederliche Weibsper-
sonen". Geschlechterverhältnisse und Armenpolitik in Berlin
(1770–1850). Münster 1999.

534. [5.] F.-J. JAKOBI u. a. (Hrsg.), Stiftungen und Armenfürsorge in
Münster vor 1800. Münster 1996.

535. [5.] F.-J. JAKOBI u. a. (Hrsg.), Strukturwandel der Armenfürsorge
und der Stiftungswirklichkeiten in Münster im Laufe der Jahrhunderte. Münster 2002.

536. [5.] P. JOHANEK (Hrsg.), Städtisches Gesundheits- und Fürsorgewesen vor 1800. Köln u. a. 2000.

537. [5.] B. KINK, „Nihil" und „Habnits". Die Verwaltung der Not.
Armut und Armenfürsorge in der Hofmark Hofhegnenberg im
17. und 18. Jahrhundert. Fürstenfeldbruck 1998.

538. [5.] A. KLEIN, Armenfürsorge und Bettelbekämpfung in Vorder-
österreich 1753–1806 unter besonderer Berücksichtigung der
Städte Freiburg und Konstanz. Freiburg 1994.

539. [5.] R. KLÖTZER, Kleiden, Speisen, Beherbergen. Armenfürsorge
und soziale Stiftungen in Münster im 16. Jahrhundert (1535–
1588). Münster 1997.

540. [5.] M. KRAUSS, Armenwesen und Gesundheitsfürsorge in Mann-
heim vor der Industrialisierung 1750–1850/60. Sigmaringen
1993.

541. [5.] S. KREIKER, Armut, Schule, Obrigkeit. Armenversorgung und
Schulwesen in den evangelischen Kirchenordnungen des
16. Jahrhunderts. Bielefeld 1997.

542. [5.] S. KRÖGER, Armenfürsorge und Wohlfahrtspflege im frühneuzeitlichen Regensburg. Regensburg 2006.

543. [5.] A. KÜHNE, Essen und Trinken in Süddeutschland. Das Regensburger St. Katharinenspital in der Frühen Neuzeit. Regensburg 2006.

544. [5.] T. KÜSTER, Alte Armut und neues Bürgertum. Öffentliche und private Fürsorge in Münster von der Ära Fürstenberg bis zum Ersten Weltkrieg (1756–1914). Münster 1995.

545. [5.] H. LUDYGA: Obrigkeitliche Armenfürsorge im deutschen Reich vom Beginn der Frühen Neuzeit bis zum Ende des Dreißigjährigen Krieges (1495–1648). Berlin 2010.

546. [5.] M. MATHEUS (Hrsg.), Funktions- und Strukturwandel spätmittelalterlicher Hospitäler im europäischen Vergleich. Stuttgart 2005.

547. [5.] R. NEUMAIER, Pfründner. Die Klientel des Regensburger Katharinenspitals und ihr Alltag (1649 bis 1809). Regensburg 2011.

548. [5.] R. NOLTE, Pietas und Pauperes. Klösterliche Armen-, Kranken- und Irrenpflege im 18. und frühen 19. Jahrhundert. Köln u. a. 1996.

549. [5.] V. PAWLOWSKY, Mutter ledig – Vater Staat. Das Gebär- und Findelhaus in Wien 1784–1910. Innsbruck 2001.

550. [5.] F. PRÄGER, Das Spital und die Armen. Almosenvergabe in der Stadt Langenzenn im 18. Jahrhundert. Regensburg 1997.

551. [5.] W. F. REDDIG, Bürgerspital und Bischofsstadt. Das St. Katharinen- und das St. Elisabethenspital in Bamberg vom 13.–18. Jahrhundert. Vergleichende Studie zu Struktur, Besitz und Wirtschaft. Bamberg 1998.

552. [5.] M. RUDERSDORF, „Das Glück der Bettler". Justus Möser und die Welt der Armen. Mentalität und soziale Frage im Fürstbistum Osnabrück zwischen Aufklärung und Säkularisation. Münster 1995.

553. [5.] W. SANNWALD, Spitäler in Pest und Krieg. Untersuchungen zur Wirtschafts- und Sozialgeschichte südwestdeutscher Spitäler im 17. Jahrhundert. Gomaringen 1993.

554. [5.] E. SCHEPERS, Als der Bettel in Bayern abgeschafft werden sollte. Staatliche Armenfürsorge in Bayern im 16. und 17. Jahrhundert. Regensburg 2000.

555. [5.] M. SCHEUTZ u. a. (Hrsg.), Europäisches Spitalwesen. Institutionelle Fürsorge in Mittelalter und Früher Neuzeit. Wien/München 2008.

556. [5.] E. SCHLENKRICH, Von Menschen auf dem Sterbestroh. Sozialgeschichte obersächsischer Lazarette in der frühen Neuzeit. Beucha 2002.

557. [5.] A. SCHMAUDER (Hrsg.), Macht der Barmherzigkeit. Lebenswelt Spital. [Begleitband zu einer Ausstellung in Ravensburg]. Konstanz 2000.

558. [5.] S. Schmidt/J. Aspelmeier (Hrsg.), Norm und Praxis der Armenfürsorge in Spätmittelalter und früher Neuzeit. Stuttgart 2006.

559. [5.] B. Schneider (Hrsg.), Konfessionelle Armutsdiskurse und Armenfürsorgepraktiken im langen 19. Jahrhundert. Frankfurt a. M. u. a. 2009.

560. [5.] K. D. Sievers/H.-P. Zimmermann, Das disziplinierte Elend. Zur Geschichte der sozialen Fürsorge in schleswig-holsteinischen Städten 1542–1914. Neumünster 1994.

561. [5.] A.-K. Stanislaw-Kemenah, Spitäler in Dresden. Vom Wandel einer Institution (13. bis 16. Jahrhundert). Leipzig 2008.

562. [5.] U. Sträter u. a. (Hrsg.), Waisenhäuser in der Frühen Neuzeit, Tübingen 2003.

563. [5.] R. Tappe, „Der Armuth zum besten". Das Goslarer Armen- und Waisenhaus und die Sozialpolitik der Freien Reichsstadt im 18. Jahrhundert. Bielefeld 1997.

564. [5.] S. Veits-Falk, „Zeit der Noth". Armut in Salzburg 1803–1870. Salzburg 2000.

565. [5.] C. Watzka, Vom Hospital zum Krankenhaus. Zum Umgang mit psychisch und somatisch Kranken im frühneuzeitlichen Europa. Köln u. a. 2005.

566. [5.] C. Watzka, Arme, Kranke, Verrückte. Hospitäler und Krankenhäuser in der Steiermark vom 16. bis zum 18. Jahrhundert und ihre Bedeutung für den Umgang mit psychisch Kranken. Graz 2007.

567. [5.] A. S. Weiss, „Providum imperium felix". Glücklich ist eine voraussehende Regierung. Aspekte der Armen- und Gesundheitsfürsorge im Zeitalter der Aufklärung, dargestellt anhand Salzburger Quellen ca. 1770–1803. Wien 1997.

568. [6.] K. Härter u. a. (Hrsg.), Repräsentationen von Kriminalität und öffentlicher Sicherheit. Bilder, Vorstellungen und Diskurse vom 16. bis zum 20. Jahrhundert. Frankfurt a. M. 2010.

569. [6.] T. Nichols, The Art of Poverty. Irony and Ideal in Sixteenth-Century Beggar Imagery. Manchester u. a. 2007.

570. [6.] H. Uerlings u. a. (Hrsg.), Armut – Perspektiven in Kunst und Gesellschaft. Darmstadt 2011. [Begleitband zur Ausstellung des Sonderforschungsbereichs 600 „Fremdheit und Armut", Universität Trier, in Kooperation mit dem Stadtmuseum Simeonstift Trier und dem Landesmuseum Trier].

Register

Autorenregister

Personen-, Sach- und Ortsregister

(Die Stichworte Armut, Randgruppen und Unterschichten werden nicht eigens ausgeworfen)

Joseph II. 43, 47, 107
Juden 7, 35, 36, 40 f., 59, 88, 95, 113
Jugend 113
Justi, J.H.G. von 52

Kameralismus 52
Kantonist 31
Kapitalismus 108, 116
Karl V. 49
Karlsruhe 51, 86, 108
Karrenschieber 21
Kasernen 30
Kesselflicker 33, 37, 43
Kinder, Kindheit 22, 26, 27 f., 30, 33, 34, 47, 85, 88, 89, 115, 122
Kindsmord 25, 82
Kipper und Wipper 12
Kirchenbücher 68, 100
Kirchenordnungen 58
Kirchspiel 75
Klasse(n) 56, 66, 77, 84
Klassenkampf 56
Kleidung 28, 40, 88
Kleinbauern 6, 15, 68, 69, 72
Kleine Eiszeit 64
Kleinkrämer 19
Klimaverschlechterung 64
Kloakenreiniger 38
Knechte (s. auch Dienstboten, Gesinde) 23, 24
Koblenz 19, 51, 66, 73, 77
Köbler 15
Köhler 36
Köln 33, 39, 42, 63, 76, 88, 89, 91, 92, 99, 100, 102, 103, 107
Kommunalisierung 47, 104, 106
Komödianten 37, 38, 98
Konfession 34, 45, 48 f., 102, 104, 106 f.
Konjunkturen 79
Konskription 31
Korbmacher 19, 43
Kötter 15
Krankenhaus: s. Spital
Krankheit 22, 25, 32 f., 34, 65, 89
Krefeld 26
Krieg 12, 26, 29, 33, 34, 91
Kriminalisierung 41 f., 95
Kriminalität (vgl. auch Gauner, Räu-

ber) 24, 29, 33, 34, 35 f., 37, 49 f., 64, 76, 79, 85, 92 f., 112, 123 f.
Kriminalitätsforschung 123 f., 125
Kunst 124 f.

Laizierung 104, 106
Landarbeiterfrage 80
Landarmut 67, 71
Landesverweis 92
Landhandwerk 82
ländliche Unterschichten 15–17, 25–28, 66, 67–73
Landsknechte 6, 28 f., 35, 85 f., 90, 95
Landstörzer 35
Lebenshaltungskosten 8, 14, 62
Lebensmittelpolitik 11, 63
Lebensmittelpreise 8, 9
Lebensstandard 14, 60, 61
Lehrlinge 79
Leinen 26
Leineweber 37, 39, 97, 98
Leprose 46, 103
Liber Vagatorum 32 f.
Lieder 58
Lindau 103
Literatur 124
Lohn-Preis-Schere 12–14
Lohnarbeit(erschaft) 19, 61, 62, 66, 78, 79, 80
Löhne 8, 59, 60, 61, 62, 91, 104
Lohnkonflikte 79
Lothringen 43
Lübeck 76
Luther 48, 105, 106
Luzern 42

Magazinierungspolitik 11
Mähren 26
Mainz 19, 51, 108
Manufaktur 51, 52, 62, 84 f., 109, 114
Märchen 58
Marginalisierung 7, 32, 38, 39, 41 f., 88, 99
Maria Theresia 43
marxistische Forschung 51, 56, 67, 70, 77, 84, 85, 108, 109, 115
Märzrevolution 116
Massenarmut 7–14, 56, 59–65, 94, 107
Medikalisierung 108

Enzyklopädie deutscher Geschichte

Themen und Autoren

Mittelalter

Agrarwirtschaft, Agrarverfassung und ländliche Gesellschaft im Mittelalter (Werner Rösener) 1992. EdG 13 — *Gesellschaft*

Adel, Rittertum und Ministerialität im Mittelalter (Werner Hechberger) 2. Aufl. 2010. EdG 72

Die Stadt im Mittelalter (Frank Hirschmann) 2009. EdG 84

Die Armen im Mittelalter (Otto Gerhard Oexle)

Frauen- und Geschlechtergeschichte des Mittelalters (N. N.)

Die Juden im mittelalterlichen Reich (Michael Toch) 2. Aufl. 2003. EdG 44

Wirtschaftlicher Wandel und Wirtschaftspolitik im Mittelalter (Michael Rothmann) — *Wirtschaft*

Wissen als soziales System im Frühen und Hochmittelalter (Johannes Fried) — *Kultur, Alltag, Mentalitäten*
Die ritterlich-höfische Kultur des Mittelalters (Werner Paravicini) 3., um einen Nachtrag erw. Aufl. 2011. EdG 32

Die mittelalterliche Kirche (Michael Borgolte) 2. Aufl. 2004. EdG 17 — *Religion und Kirche*
Grundformen der Frömmigkeit im Mittelalter (Arnold Angenendt) 2. Aufl. 2004. EdG 68

Die Germanen (Walter Pohl) 2. Aufl. 2004. EdG 57 — *Politik, Staat, Verfassung*
Das römische Erbe und das Merowingerreich (Reinhold Kaiser) 3., überarb. u. erw. Aufl. 2004. EdG 26
Die Herrschaften der Karolinger 714–911 (Jörg W. Busch) 2011. EdG 88
Die Entstehung des Deutschen Reiches (Joachim Ehlers) 4. Aufl. 2012. EdG 31
Königtum und Königsherrschaft im 10. und 11. Jahrhundert (Egon Boshof) 3., aktual. und um einen Nachtrag erw. Aufl. 2010. EdG 27
Der Investiturstreit (Wilfried Hartmann) 3., überarb. u. erw. Aufl. 2007. EdG 21
König und Fürsten, Kaiser und Papst nach dem Wormser Konkordat (Bernhard Schimmelpfennig) 2. Aufl. 2010. EdG 37
Deutschland und seine Nachbarn 1200–1500 (Dieter Berg) 1996. EdG 40
Die kirchliche Krise des Spätmittelalters (Heribert Müller) 2012. EdG 90
König, Reich und Reichsreform im Spätmittelalter (Karl-Friedrich Krieger) 2., durchges. Aufl. 2005. EdG 14
Fürstliche Herrschaft und Territorien im späten Mittelalter (Ernst Schubert) 2. Aufl. 2006. EdG 35

Frühe Neuzeit

Bevölkerungsgeschichte und historische Demographie 1500–1800 (Christian Pfister) 2. Aufl. 2007. EdG 28 — *Gesellschaft*
Migration in der Frühen Neuzeit (Matthias Asche)
Umweltgeschichte der Frühen Neuzeit (Reinhold Reith) 2011. EdG 89

Bauern zwischen Bauernkrieg und Dreißigjährigem Krieg (André Holenstein)
1996. EdG 38
Bauern 1648–1806 (Werner Troßbach) 1992. EdG 19
Adel in der Frühen Neuzeit (Rudolf Endres) 1993. EdG 18
Der Fürstenhof in der Frühen Neuzeit (Rainer A. Müller) 2. Aufl. 2004. EdG 33
Die Stadt in der Frühen Neuzeit (Heinz Schilling) 2. Aufl. 2004. EdG 24
Armut, Unterschichten, Randgruppen in der Frühen Neuzeit
(Wolfgang von Hippel) 2., aktualisierte und um einen Nachtrag erw. Aufl.
2013. EdG 34
Unruhen in der ständischen Gesellschaft 1300–1800 (Peter Blickle) 3.,
aktualisierte und erw. Aufl. 2012. EdG 1
Frauen- und Geschlechtergeschichte 1500–1800 (N. N.)
Die deutschen Juden vom 16. bis zum Ende des 18. Jahrhunderts
(J. Friedrich Battenberg) 2001. EdG 60

Wirtschaft   Die deutsche Wirtschaft im 16. Jahrhundert (Franz Mathis) 1992. EdG 11
Die Entwicklung der Wirtschaft im Zeitalter des Merkantilismus 1620–1800
(Rainer Gömmel) 1998. EdG 46
Landwirtschaft in der Frühen Neuzeit (Walter Achilles) 1991. EdG 10
Gewerbe in der Frühen Neuzeit (Wilfried Reininghaus) 1990. EdG 3
Kommunikation, Handel, Geld und Banken in der Frühen Neuzeit (Michael
North) 2000. EdG 59

Kultur, Alltag,   Renaissance und Humanismus (Ulrich Muhlack)
Mentalitäten   Medien in der Frühen Neuzeit (Andreas Würgler) 2009. EdG 85
Bildung und Wissenschaft vom 15. bis zum 17. Jahrhundert (Notker Hammer-
stein) 2003. EdG 64
Bildung und Wissenschaft in der Frühen Neuzeit 1650–1800
(Anton Schindling) 2. Aufl. 1999. EdG 30
Die Aufklärung (Winfried Müller) 2002. EdG 61
Lebenswelt und Kultur des Bürgertums in der Frühen Neuzeit (Bernd Roeck)
2., um einen Nachtrag erw. Aufl. 2011. EdG 9
Lebenswelt und Kultur der unterständischen Schichten in der Frühen Neuzeit
(Robert von Friedeburg) 2002. EdG 62

Religion und   Die Reformation. Voraussetzungen und Durchsetzung (Olaf Mörke)
Kirche   2., aktual. Aufl. 2011. EdG 74
Konfessionalisierung im 16. Jahrhundert (Heinrich Richard Schmidt)
1992. EdG 12
Kirche, Staat und Gesellschaft im 17. und 18. Jahrhundert (Michael Maurer)
1999. EdG 51
Religiöse Bewegungen in der Frühen Neuzeit (Hans-Jürgen Goertz)
1993. EdG 20

Politik, Staat,   Das Reich in der Frühen Neuzeit (Helmut Neuhaus) 2. Aufl. 2003. EdG 42
Verfassung   Landesherrschaft, Territorien und Staat in der Frühen Neuzeit (Joachim
Bahlcke). 2012. EdG 91
Die Landständische Verfassung (Kersten Krüger) 2003. EdG 67
Vom aufgeklärten Reformstaat zum bürokratischen Staatsabsolutismus
(Walter Demel) 2., um einen Nachtrag erw. Aufl. 2010. EdG 23
Militärgeschichte des späten Mittelalters und der Frühen Neuzeit
(Bernhard R. Kroener)

Das Reich im Kampf um die Hegemonie in Europa 1521–1648 (Alfred Kohler)   Staatensystem,
1990. EdG 6   internationale
Altes Reich und europäische Staatenwelt 1648–1806 (Heinz Duchhardt)   Beziehungen
1990. EdG 4

19. und 20. Jahrhundert

Bevölkerungsgeschichte und Historische Demographie 1800–2000 (Josef   Gesellschaft
Ehmer) 2004. EdG 71
Migrationen im 19. und 20. Jahrhundert (Jochen Oltmer) 2010. EdG 86
Umweltgeschichte im 19. und 20. Jahrhundert (Frank Uekötter) 2007.
EdG 81
Adel im 19. und 20. Jahrhundert (Heinz Reif) 1999. EdG 55
Geschichte der Familie im 19. und 20. Jahrhundert (Andreas Gestrich)
2. Aufl. 2010. EdG 50
Urbanisierung im 19. und 20. Jahrhundert (Christoph Bernhardt)
Von der ständischen zur bürgerlichen Gesellschaft (Lothar Gall)
2., aktual. Aufl. 2012. EdG 25
Die Angestellten seit dem 19. Jahrhundert (Günter Schulz) 2000. EdG 54
Die Arbeiterschaft im 19. und 20. Jahrhundert (Gerhard Schildt)
1996. EdG 36
Frauen- und Geschlechtergeschichte im 19. und 20. Jahrhundert (Gisela Mettele)
Die Juden in Deutschland 1780–1918 (Shulamit Volkov) 2. Aufl. 2000.
EdG 16
Die deutschen Juden 1914–1945 (Moshe Zimmermann) 1997.
EdG 43
Pazifismus im 19. und 20. Jahrhundert (Benjamin Ziemann)

Die Industrielle Revolution in Deutschland (Hans-Werner Hahn)   Wirtschaft
3., um einen Nachtrag erw. Aufl. 2011. EdG 49
Die deutsche Wirtschaft im 20. Jahrhundert (Wilfried Feldenkirchen)
1998. EdG 47
Ländliche Gesellschaft und Agrarwirtschaft im 19. Jahrhundert (Clemens Zimmer-
mann)
Agrarwirtschaft und ländliche Gesellschaft im 20. Jahrhundert (Ulrich Kluge)
2005. EdG 73
Gewerbe und Industrie im 19. und 20. Jahrhundert (Toni Pierenkemper)
2., um einen Nachtrag erw. Auflage 2007. EdG 29
Handel und Verkehr im 19. Jahrhundert (Karl Heinrich Kaufhold)
Handel und Verkehr im 20. Jahrhundert (Christopher Kopper) 2002.
EdG 63
Banken und Versicherungen im 19. und 20. Jahrhundert (Eckhard Wandel)
1998. EdG 45
Technik und Wirtschaft im 19. und 20. Jahrhundert (Christian Kleinschmidt)
2007. EdG 79
Unternehmensgeschichte im 19. und 20. Jahrhundert (Werner Plumpe)
Staat und Wirtschaft im 19. Jahrhundert (Rudolf Boch) 2004. EdG 70
Staat und Wirtschaft im 20. Jahrhundert (Gerold Ambrosius) 1990.
EdG 7

Kultur, Bildung und Wissenschaft im 19. Jahrhundert (Hans-Christof Kraus)   Kultur, Alltag und
2008. EdG 82   Mentalitäten

Kultur, Bildung und Wissenschaft im 20. Jahrhundert (Frank-Lothar Kroll) 2003. EdG 65
Lebenswelt und Kultur des Bürgertums im 19. und 20. Jahrhundert (Andreas Schulz) 2005. EdG 75
Lebenswelt und Kultur der unterbürgerlichen Schichten im 19. und 20. Jahrhundert (Wolfgang Kaschuba) 1990. EdG 5

Religion und Kirche

Kirche, Politik und Gesellschaft im 19. Jahrhundert (Gerhard Besier) 1998. EdG 48
Kirche, Politik und Gesellschaft im 20. Jahrhundert (Gerhard Besier) 2000. EdG 56

Politik, Staat, Verfassung

Der Deutsche Bund 1815–1866 (Jürgen Müller) 2006. EdG 78
Verfassungsstaat und Nationsbildung 1815–1871 (Elisabeth Fehrenbach) 2., um einen Nachtrag erw. Aufl. 2007. EdG 22
Politik im deutschen Kaiserreich (Hans-Peter Ullmann) 2., durchges. Aufl. 2005. EdG 52
Die Weimarer Republik. Politik und Gesellschaft (Andreas Wirsching) 2., um einen Nachtrag erw. Aufl. 2008. EdG 58
Nationalsozialistische Herrschaft (Ulrich von Hehl) 2. Aufl. 2001. EdG 39
Die Bundesrepublik Deutschland. Verfassung, Parlament und Parteien (Adolf M. Birke) 2. Aufl. mit Ergänzungen von Udo Wengst 2010. EdG 41
Militär, Staat und Gesellschaft im 19. Jahrhundert (Ralf Pröve) 2006. EdG 77
Militär, Staat und Gesellschaft im 20. Jahrhundert (Bernhard R. Kroener) 2011. EdG 87
Die Sozialgeschichte der Bundesrepublik Deutschland bis 1989/90 (Axel Schildt) 2007. EdG 80
Die Sozialgeschichte der DDR (Arnd Bauerkämper) 2005. EdG 76
Die Innenpolitik der DDR (Günther Heydemann) 2003. EdG 66

Staatensystem, internationale Beziehungen

Die deutsche Frage und das europäische Staatensystem 1815–1871 (Anselm Doering-Manteuffel) 3., um einen Nachtrag erw. Aufl. 2010. EdG 15
Deutsche Außenpolitik 1871–1918 (Klaus Hildebrand) 3., überarb. und um einen Nachtrag erw. Aufl. 2008. EdG 2
Die Außenpolitik der Weimarer Republik (Gottfried Niedhart) 2., aktualisierte Aufl. 2006. EdG 53
Die Außenpolitik des Dritten Reiches (Marie-Luise Recker) 2., um einen Nachtrag erw. Aufl. 2010. EdG 8
Die Außenpolitik der Bundesrepublik Deutschland 1949 bis 1990 (Ulrich Lappenküper) 2008. EdG 83
Die Außenpolitik der DDR (Joachim Scholtyseck) 2003. EDG 69

Hervorgehobene Titel sind bereits erschienen.

Stand: (Januar 2013)